교육정치학의 이론과 실천

교육정치학의
이론과 **실천**

초판 1쇄 인쇄 2024년 10월 1일
초판 1쇄 발행 2024년 10월 10일

지은이 김용일
펴낸이 김승희
펴낸곳 도서출판 살림터

기획 정광일
편집 이희연·조현주·송승호
북디자인 꼬리별

인쇄·제본 (주)신화프린팅
종이 (주)명동지류

주소 서울시 양천구 목동동로 293, 2215-1호
전화 02-3141-6553
팩스 02-3141-6555
출판등록 2008년 3월 18일 제313-1990-12호
이메일 gwang80@hanmail.net
블로그 http://blog.naver.com/dkffk1020
한국교육연구네트워크 www.kednetwork.or.kr

ISBN 979-11-5930-290-9 93370

교육정치학의 이론과 실천

POLITICS OF EDUCATION

김용일 지음

머리말

2024년 4월 2일 이 책의 머리말을 쓰기 시작했다. 한국교육정치학회가 출범한 지 꼭 30년이 되는 날에 출간을 위한 마무리 작업에 착수한 것이다. 오랫동안 이 시간을 기다렸다. 하지만 막상 닥치고 보니 만감이 교차한다. 다른 무엇보다 시간의 빠른 흐름이 온몸에 고스란히 전해진다. 줄잡아 40년 가까이 교육정치학 공부와 연구에 매달렸다. 그러는 사이 예순을 훌쩍 넘겨 정년을 코앞에 두고 있다. 1980년대 초, 격동의 캠퍼스에서 시작된 고민을 공부로 해결해 보겠다고 결기를 세웠던 파릇한 청춘은 온데간데없다.

석사과정에 입학해 지도교수를 정하던 때의 일이 생생하다. 학과 교수님 두 분을 찾아가 청했으나 거절당했다. 여러 이유가 있었겠지만, 1980년대 중반 교육학과의 보수적인 분위기가 한몫했을 것이다. 어쩐지 대학원에서 공부할 사람이 아니란 판단을 하셨던 듯하다. 연구실을 세 번 방문하고 나서야 겨우 승낙을 받았다. 올해 구순을 맞이하신 안기성 선생님이 받아주신 것이다. 인사를 드리니 무얼 공부할 생각이냐고 물으셨다. 용감하게 '교육의 정치경제학'을 공부하고 싶다고 말씀드렸다. 내 딴에는 많이 준비한 답이었다.

잠시 생각하시더니 서가에서 책 한 권을 꺼내 건네셨다. 그 책이 바로 1977년 전미교육학회National Society for the Study of Education, NSSE에서 펴낸 『The politics of education』이었다. 짙은 감색 장정의 원서였는데, 받아 들었을 때의 느낌이 아직도 잊히질 않는다. 단단한 '학문의 세계'에 들어선 듯한 감흥이 일었다. 1985년 초가을, 이렇게 교육정치학과 첫 대면을 했다. 책을 펼쳤을 때의 설렘이라니! 편집자인 스크리브너Jay D. Scribner가 잉글러트Richard M Englert와 함께 쓴 서문부터 눈을 뗄 수 없게 만들었다. 그래, 나는 교육정치학을 공부하러 대학원에 온 거야!

가만 생각해 보면, 안기성 선생님을 뵙게 된 건 연구자로서 큰 행운이고 복이다. 평생 즐겁게 공부할 수 있는 푯대를 선물로 받았다. 나의 형편을 헤아려 석·박사과정 내내 장학금 등을 챙겨주셨다. 게다가 몸소 실천을 통해 학자의 정도正道를 깨닫게 해주셨다. 선생님은 교육법학자로서 1986년 9월 대한교육법학회를 만드셨다. 또 이 책 제3부 「교육정치학의 역사와 미래 과제」에서 자세히 기록하고 있듯이 1994년 4월 한국교육정치학회를 창립하셨다. 이 모든 일을 가까이 지켜보고 심부름하면서 학문하는 사람이 무얼 해야 하는지를 알게 되었다.

사실 선생님과 나는 상당히 다른 성향을 지니고 있었다. 선생님이 보수적이라면, 나는 그와는 아주 다른 평판을 듣곤 했다. 특히 공부하는 데 있어서 왕왕 부딪혔고, 그럴 때면 대체로 양보가 없었다. 한국교육정치학회 창립 기념 학술대회에서의 '미신' 대 '신화' 논쟁이 대표적인 예로 참석자들을 깜짝 놀라게 할 정도였다. 선생님은 "apolitical myth of education"을 '비정치의 "미신"'으로 나는 "신화"로 번역해야 한다면서 사제 간에 팽팽한 설전을 벌였기 때문이다. 모두 선생님의 너그러움이 있었기에 가능한 일이었다.

올봄 학회 창립 30주년 기념 오찬 자리에 선생님을 모셨다. 선생님은 지난 시간을 회상하시면서 내게 덕담을 건네셨다. 스승의 정을 넘어 연구자로서의 '우정' 내지 '동료애'를 느낄 수 있었다. 최근 나는 '진보·개혁 세력'을 자처해온 지식인들의 행태에 주목하고 있다. 이 사회를 건강하게 만드는 자산이 급속히 고갈되고 있다는 문제의식 때문이다. 좌우를 막론하고 '내로남불'의 비난의 정치politics of blame가 판치는 세상이다. 다름을 넘어 학자로서 선생님께서 보여주신 아량이 두고두고 생각나는 데는 다 그만한 이유가 있는 게 아닐까?

이 책에는 특별히 이런 나의 인생 역정이 녹아들어 있다. 교육정치학 연구자로서 평생의 고민과 성과의 응축물인 셈이다. 그런 점을 살리고자 책 제목을 『교육정치학의 이론과 실천』으로 정했다. 이론 차원의 논의는 공부를 시작할 때부터의 관심사로 제1부 「교육정치학론」에 담아냈다. 제2부 「한국의 교육과 정치, 그리고 교육정책 연구」에서는 네 개의 연구논문을 통해 이 학문의 특장特長과 유용성을 드러내고 있다. 제3부 「교육정치학의 역사와 미래 과제」에서는 이 학문의 성장사를 정리하고 앞으로의 과제에 대해 논하고 있다.

이 책을 세상에 내놓기까지 오랜 시간이 걸렸다. 언제부턴가 한국교육정치학회 창립 30주년을 넘겨서는 안 된다는 강박에 시달리기도 했다. 이번 책 출간으로 마음속의 '큰 짐'을 덜게 되었다는 소회를 밝히지 않을 수 없는 까닭이다. 그러나 다른 한편 연구자로서 누릴 수 있던 즐거움도 적지 않았다. 책 작업을 마무리하면서 다시 접하게 된 여러 글 덕분이다. 오래전에 읽은 논문과 저서들이지만, 아주 새롭고 더욱 실감이 나 독자들에게 대표적인 몇 가지만 소개하기로 한다. 모두 교육정치학을 공부하는 데 있어 이정표와 같은 역작들이다.

- Wilson, Woodrow(1887). The study of administration. *Political science quarterly*. 2(2), 197-222.
- Waldo, Dwight ed.(1971). *Public administration in a time of turbulence*. San Francisco: Chandler Publishing Co.
- Eliot, Thomas H.(1959). Towards an understanding of public school politics. *American political science review*. 52, 1032-1051.
- Kirst, M. W., and Mosher, E. K.(1969). Politics of education. *Review of educational research*. 39, 623-641.
- 堀 和郎(1972). 米國教育政治學の成立とその理論的構成: 敎育と政治への新しい視覺. 敎育學研究. 39(3), 31-45.
- 안기성(1975). 일본의 민주주의 교육제도 수용과정에 대한 교육정치학적 고찰. 교육학연구. 13(3), 167-179.
- Scribner Jay D. & Englert Richard M.(1977). The politics of education: an introduction. Scribner Jay D.(ed.), *The politics of education*(The seventy-sixth yearbook-Part II, Chicago, Illinois: The University of Chicago Press), 1-29.

윌슨의 논문은 1887년 옥스퍼드대학 출판부에서 간행한 정치학회지에 실렸다. '정치-행정 이원론'을 정식화하여 근대 행정학을 정립시켰다는 평가를 받는 기념비적인 글이다. 왈도가 편집한 책에는 "정치-행정 일원론"에 기초한 신행정학자들의 여러 논문이 수록되어 있다. 이 책을 통해 우리는 교육정치학의 대두 배경 등을 소상히 파악할 수 있다. 정치학자 엘리엇은 1959년 발표한 위의 논문 덕에 '교육정치학의 아버지'로 불린다. 거기서 그는 교육과 정치의 관계, 교육 부문의 정치적 이슈에 관한 연구의 필요성을 역설하고 있다.

커스트와 모셔는 엘리엇의 논문 출간 이후 1969년 미국교육정치학회가 미국교육학회American Educational Research Association, AERA 산하 특수연구분과special Interest group, SIG로 결성되기까지의 연구 현황을 생생하게 전하고 있다. 호리 가즈오는 미국교육정치학회가 결성된 지 얼마 되지 않아 신생 학문의 정체성과 연구 동향 등을 일본 교육학계에 보고하고 있다. 안기성의 논문은 우리나라 최초로 "교육정치학적 고찰"이란 제목을 달아 미국과 일본의 교육정치학 연구 성과를 반영하고 있다는 점에서 주목할 만하다.

맨 마지막의 스크리브너와 잉글러트의 논문이 바로 안기성 선생님으로부터 건네받았던 책의 서문이다. "Man is by nature a political animal."(Aristotle, Politics)로 시작하는 이 글은 교육(학)계가 줄곧 '비정치의 신화'에 휘둘려 왔다는 점을 감안할 때 1960년대 초 이후 교육정치학이 거둔 성과를 과소평가해서는 안 된다는 말로 마무리하고 있다. 이처럼 교육정치학은 1969년 미국교육학회AERA, 1972년 일본교육학회, 1975년 한국교육학회에 이어 1977년 전미교육학회NSSE 등에 소개되면서 학문적 시민권을 공고히 하였다.

올 한 해 한국교육정치학회는 창립 30주년을 맞아 다양한 행사를 이어가고 있다. 개인적인 작업이지만, 이 책 출간 역시 학회 창립 30주년을 축하하고 기념하는 데 보탬이 되었으면 한다. 청년기에 접어든 학회가 힘차게 도약하는 데 유용한 밑돌로 쓰였으면 하는 바람에서다. 이 책 제10장에서 밝히고 있듯이 지난 30년간의 눈부신 성과에도 불구하고 교육정치학은 저서 발간 등 연구의 대중화를 위한 출판 작업이 부진했다. 모쪼록 이 책이 학문 후속세대는 물론 교육정치학에 관심이 있는 사람들에게 살갑게 다가갔으면 한다.

끝으로 이 책이 나오기까지 애써주신 출판사 관계자분들께 감사의 마음을 전한다. 살림터 정광일 대표는 어려운 출판 환경 속에서도 흔쾌히 출간을 결심해 주셨다. 출판사에 건넨 원고를 살펴본 뒤 아주 참신한 의견을 개진해 주신 익명의 검토자들께 감사의 말씀을 드린다. 두 분의 검토 의견 덕에 2부와 3부의 순서를 조정하는 등 책의 구성을 탄탄하게 할 수 있었다. 이희연 선생님은 까다로운 주문을 마다않고 편집의 수고로움을 감당해 주셨다. 고마운 마음을 전한다.

2024년 9월 26일
강화도 작은 연구실에서
김용일 씀

제2부 한국의 교육과 정치, 그리고 교육정책 연구

제3부 교육정치학의 역사와 미래 과제

1부

교육정치학론

제1부에서는 교육정치학의 학문적 성격을 드러내는 데 초점을 맞추고 있다. 모두 세 개의 장으로 구성하여 교육정치학이 하나의 독자적인 연구 분야로 자리 잡게 된 배경과 학문의 특성, 그리고 그 실천적 의의에 대해 살펴보고 있다.

제1장
교육정치학은 어떤 학문인가?

교육정치학politics of education은 1960년대 공교육의 문제 상황에 대한 학문적 대응의 소산이다. '소용돌이의 시대'에 정치-행정 이원론의 한계를 절감하면서 정치와 교육(행정)에 대한 일원론적 접근으로의 전환을 이루어 낸 것이다. 교육정치학은 행태주의를 넘어 방법론적 다양성을 추구하는 한편, 학제 간 연구interdisciplinary studies를 통해 교육(행정)의 실재에 다가가려는 노력을 기울여 왔다.

1. 떠오르는 학문

교육정치학은 어떤 학문인가? 이 물음에 대해서는 사람마다 제각각의 방식으로 답할 공산이 크다. 그만큼 쉽지 않은 주제이기 때문이다. 또 질문 자체가 간명하게 답하기 어려운 속성을 지니고 있다. 오래전 카Carr, 황문수 역, 1981의 『역사란 무엇인가』라는 책의 제목에서 느꼈던 난감함이 고스란히 되살아날 정도다. 게다가 낯설고 새로운 연구 분야라는 점도 한몫한다. 미국교육정치학회Politics of Education Association, PEA가 1969년에 결성되고, 꼭 4반세기 후인 1994년 한국교육정치학회Korean Society for the Politics of Education, KSPE가 창립되었다. 이것만 보더라도 얼마나 '젊은 학문'[1]인지 잘 알 수 있다.

---

1. 우리나라에서 이 '젊은 학문'이 올해로 30주년을 맞이하게 된다. 바야흐로 청년기에 접어든 것이다. 머리말에서도 밝혔듯이 이 책은 우리 교육정치학의 태동과 성장 과정을 기록하고 축하하는 의미도 함께 지니고 있다.

이 책 제3장에서는 교육행정학과의 비교 검토를 통해 교육정치학의 학문적 성격 또는 정체성을 파악하려는 노력을 기울이고 있다. 두 연구 분야의 문제의식, 연구 내용, 연구 방법 등의 차이에 주목한 것이다. 사실 교육정치학은 교육행정학의 이론적·실천적 한계를 극복하려는 고민과 노력의 산물로 정치학, 행정학, 교육행정학 등 여러 분야의 연구자들이 가세하여 빠른 성장을 이뤄 냈다. 그런 점에서 양자를 비교 분석하는 가운데 교육정치학의 성격을 규명하려는 시도는 아주 자연스럽고도 효과적이다.

여기서는 "정치와 행정, 마찬가지로 정치와 교육(행정)의 관계를 어떻게 보는가?"라는 기본관점의 차이에 주목하고 있다. 양자의 관계를 일원론적 관점에서 통일적으로 인식하는가 아니면 이원론적 관점에서 단절적으로 인식하는가?[2] 이 문제가 교육정치학의 성격을 규명하는 데 핵심적인 사안이라고 보았기 때문이다. 요컨대, 이 장에서는 정치와 교육(행정)의 관계에 대한 인식론적 차이를 중심으로 교육정치학의 학문적 성격을 규명해 나가고 있다.

이 글의 전개 순서는 다음과 같다. 먼저 제2절에서는 '소용돌이 시대 a time of turbulence', "정치-행정 이원론의 한계" 등을 키워드로 하여 교육정치학의 대두 배경에 대해 살펴보고 있다. 다음으로 제3절에서는 교육정치학의 문제의식과 연구 대상, 연구 방법 및 이론의 문제 등을 중심으로 그 학문적 성격을 드러내고 있다. 끝으로 제4절에서는 이론적으

---

2. 일원론(momism)이란 세계의 통일성을 현실의 근본적인 규정으로 받아들이는 세계관을 일컫는 말이다. 반면, 이원론(dualism)은 세계의 통일성과 단일성(Einheit)을 부정하고 대신에 이원성(Zweiheit)을 현실의 기본 규정으로 삼고 있다.(한국철학사상연구회 편, 1989: 1039-1040, 1093 참조) 처음에는 단순히 행정과 정치를 '구분(dichotomy)'한다는 의미로 사용하였는데, 현재에는 양자의 관계를 분리하여 보는 관점을 일반적으로 "이원론"이라 표현하고 있다.(Frederickson, 1980; Waldo, 1971 참조)

로 논란이 될 만한 문제를 간략히 살펴본 후, 우리의 교육 현실에 비추어 교육정치학 연구가 왜 필요하고 또 얼마나 유용한지에 대해 생각해 보고 있다.

2. '소용돌이 시대', 정치-행정 이원론의 한계

교육정치학의 대두 배경은 크게 두 가지로 나누어 볼 수 있다. 하나는 공교육을 둘러싼 사회 현실(실천의 측면)이며, 다른 하나는 그에 대한 학문적 대응(이론의 측면)이다. 그런데 이 둘은 실천practice과 이론theory의 변증법적 관계[3]로 서로 연결되어 있다. 전자는 1950~60년대 미국 공교육이 당면하였던 여러 문제 상황과 그로 인해 정치적 논란과 갈등이 격렬하게 분출되던 사회적 조건을 의미한다. 이 글에서는 신행정학자들의 표현을 그대로 가져와 "'소용돌이 시대'의 공교육"이라 이름 붙여 살펴보고 있다.

후자는 종전의 정치와 교육(행정)에 대한 이원론적 사고가 한계에 달해 새로운 접근방법이 필요했던 학계의 동향과 관련이 있다. 1960년대 전후 당면한 문제 상황을 진단하고 해결하기 위한 이론적 모색이 여러 분야에서 이루어지게 된다. 정치학, 행정학, 사학 등의 분야를 필두로 교육사, 교육행정학, 교육사회학 등에서 문제의식과 접근방법의 변화가 일

---

3. 대두 배경에 관해서는 논자에 따라 강조하는 내용이 조금씩 다르다. 그렇지만 논의를 간추리면 대체로 "교육 현실의 변화 → 이론적 대응 → 새로운 이론의 현실에의 영향력" 등과 같이 교육 실천과 이론의 변증법적인 과정으로 파악하고 있다. 교육 실천에 있어 문제 상황에 대한 이론적 대응으로 교육정치학이 등장하고, 이것이 또다시 교육 실천에 일정한 영향을 미치는 관계인 셈이다.(堀 和郎, 1972: 36 참조)

어난다. 이런 과정을 거쳐 교육정치학이 하나의 독자적인 연구 분야로 자리 잡게 된다. 미첼$^{Mitchell, 1990: 156-158}$이 말하는 "교육정치학의 재발견"이 이루어지게 된 것이다.

가. '소용돌이 시대'의 공교육

1960년대 전후의 상황은 20세기 초 사회개혁가들의 낙관주의적 미래상과는 아주 달랐다. 흑백 간의 인종 문제와 사회적 불평등 문제가 심각해 미국 전역에서 정치적 갈등이 분출했다. 경제성장과 사회발전에도 불구하고 베트남 전쟁, 도시 폭동, 인종 투쟁, 실업 등 위기감이 한껏 고조되었다. 사회적 약자의 조직적인 저항에서 보듯 기존의 사회발전 이념이 거센 도전에 직면하게 된 것이다. 게다가 당시 공공정책을 담당하던 정치가나 행정가들이 속수무책이라는 사실이 사태를 더 악화시켰다.

그간 기대를 한 몸에 받았던 '행정 전문가들'이 대중으로부터 의혹의 눈초리를 받게 되었다. 20세기 초 이들은 전문주의professionalism 이데올로기에 편승하여 막강한 행정 권력을 부여받았다. 그런데 공공의 이익 증진이라는 약속을 저버린 채 지배 세력과 공모하여 분파적 이익을 추구하였다는 불만이 터져 나온 것이다.$^{Kaufman, 1971: 3-4 참조}$ 이제 정책입안자나 행정가들은 이전과는 다른 접근방법을 통해 당면한 사회문제를 해결하지 않으면 안 되는 절박한 상황에 놓이게 되었다.

마찬가지로 20세기 초 교육개혁 운동의 정착으로 50여 년간 안정을 구가해 온 미국의 공교육은 1960년대를 전후로 변화의 요구에 직면하게 된다.$^{한국교육정치학연구회 편, 1994: 15-16 참조}$ '소용돌이 시대'로 불리는 이 시기에 공교육의 역할 및 효과성에 대한 회의, 교육행정가들에 대한 불신 등 교육체제를 근본적으로 뒤흔들게 되는 상황이 조성된 것이다. 민권운동의 연장선상에서 학교통합을 명한 1954년 연방대법원 판결Brown Decision과 그에 따른 교육의 형평성에 관한 격렬한 논쟁이 이어졌다.^{Patterson, 2001 참조}

그런 가운데 1957년의 스푸트닉 쇼크Sputnik shock를 계기로 공교육의 효과성에 대한 신랄한 비판이 가해졌다. 그 결과 1958년 국가방위법National Defence Act이 제정되면서 연방정부의 역할 제고 및 교육재정 지원과 그에 따른 통제를 둘러싼 논란[4]이 가시화된다. 지방교육세 신설에 대한 조세저항으로 인해 연방정부에 대한 재정의존도가 높아지면서 재정확보를 위한 공개적인 정치 활동도 가속화되었다.^{Brademas, 이일용 역, 1991:20-27 참조}

1960년에 발생한 뉴욕주의 교사 파업은 교육 부문에 내재한 정치적 갈등, 즉 교육행정가 및 교육정책 엘리트와 교사 간의 갈등을 확인시켜 주는 계기였다. 파업의 성공으로 교원단체의 노동조합화와 단체교섭 운동이 전개되어 교육의 정치적 면모가 도드라지게 되었다. 아울러 1964년 가을 버클리 대학 사태에서처럼 학생운동이 교육 전반에 큰 영향을 끼쳤다.^{Massialas, 1969: 115-204 참조} 과거 이런 문제들이 없었던 것은 아니다. 그러나 1960년대를 전후로 집중됨으로써 공교육을 둘러싼 정치적 이슈에 대한 정책적 대응이 아주 절실해졌다.

이제 공교육은 새로운 관점에서 진단·처방되어야 하며, 반드시 재구조화되어야 할 대상으로 인식되기에 이르렀다. 공교육 환경의 변화가 '교육의 정치화politicization of education'를 심화시키고 공개적인 정치 활동을 부추김으로써 정치와 교육(행정)의 긴밀한 연계를 확인시켜 준 셈이

---

4. 미첼(Mitchell, 1990: 153-167)은 19세기 말 이후 미국의 공교육에 커다란 영향을 끼쳐 온 정치적 이슈를 "학교정치의 3Rs"로 정리한 바 있다. 바로 (1) 종교(Religion), (2) 인종 (Race), (3) 교육재정을 둘러싼 지방과 도시의 갈등(Rural/urban conflicts) 등이 그것이다.

다.[堀 和郞, 1993:376-377 참조] 교육이 "정치적 이슈"라는 사실이 확인된 이상 정책 입안자와 교육행정가들은 과거와는 다른 각도에서 정책대안을 마련하지 않으면 안 되었다. 이런 과정을 거치면서 교육(행정)의 문제를 정치와 분리해서는 해결할 수 없다는 인식이 자리 잡게 된 것이다.

나. 정치-행정 이원론의 한계

공교육의 문제 상황은 교육(행정) 현상을 설명해 온 종전의 관점에 큰 변화가 초래될 것임을 예고하는 것이었다. 실천의 변화는 필연적으로 그에 관련된 이론적 대응을 수반하기 때문이다. 그런 점에서 교육정치학은 1960년대 전후의 교육 현실에 대한 학문적 대응의 결과라 할 수 있다. 정책과제가 분출되는 상황에서 정치와 행정의 문제에 대한 새로운 접근방법이 절실했다. 이에 사회과학 전 분야에서 전통적인 관점의 한계를 극복하려는 움직임이 힘차게 일었다. 특히 정치학, 행정학, 교육행정학 등을 중심으로 학문의 사회적 유용성social relevance을 회복하려는 자구 노력이 나타나게 된다.

먼저 정치학 분야에서는 이전과는 달리 공교육체제에 관한 관심이 높아져 많은 연구논문[5]이 출간된다. 행정학의 경우 '신행정학new public administration'[6]이 등장하면서 일대 전환의 계기가 마련된다. 특별히 정치적 이슈 또는 규범적 가치를 연구에 끌어들이는 접근방법의 변화가 나타나며, 이런 변화 과정에서 정치-행정 이원론이 많은 비판을 받는다.

---

5. 공교육에 관한 연구의 필요성을 역설한 정치학자 엘리엇(Eliot, 1959)의 논문이 교육정치학의 길을 열었다고 평가되고 있다. 그런데 1930년대에서 50년대까지 지역사회의 권력 구조에 관한 수많은 사회과학, 특히 정치학 분야의 연구물이 출간되었다. 이러한 연구 성과가 교육학자들에게 영향을 끼쳤고, 이를 통해 정치학적 개념이나 정치구조가 교육체제에 연계되어 있다는 점을 깨닫게 되었다고 한다.(한국교육정치학회 편, 1994: 17)

이렇게 정치학은 연구 방법과 이론 면에서 교육정치학의 성장에 필요한 자양분을 제공하였다. 행정학은 신행정학적 관점을 통해 정치-행정의 이원론을 극복할 수 있는 방법론적 토대를 마련해 주었다. 이를 바탕으로 일단의 교육행정학자들은 교육정치학이 독자적인 연구 분야로 자리 잡게 하는 연구 성과[7]를 내놓기 시작하였다.

정치-행정 이원론은 행정에서 정치적 요소를 추방하고 정치와 행정을 분리하여 보려는 신념 체계다. 그렇다면 이런 신념 체계의 본질은 무엇이고, 그것이 교육 실천과 이론에 뿌리를 내리게 된 배경은 무엇일까? 이 물음에 답하기 위해서는 교육정치학 대두 이전의 정치학과 행정학 분야의 사정을 살펴볼 필요가 있다. 교육(학)에서 이원론이 정치와 행정의 관계에 대한 정치학자와 행정학자의 신념 체계에 뿌리를 두고 있기 때문이다.[8] 신행정학의 리더인 왈도Dwight Waldo는 정치와 행정에 대한 전통적인 관점을 다음과 같이 정리한 바 있다.

---

6. 신행정학을 협의로 보면 왈도를 중심으로 행정학에서 규범적 접근의 중요성을 강조하는 관점이라 할 수 있다. 이러한 관점은 1968년 미노브룩 회의(Minnowbrook Conference) 참석자들의 논문에 잘 나타나 있다. 반면, 광의로는 행정학 연구방법론상에서의 변화를 의미하는 것으로 이해할 수 있다. 탈행동주의(post-behaviorism), 현상학·해석학적 접근, 비판이론적 접근 등을 포함하는 탈실증주의(post-positivism)로의 방법론상의 변화를 일컫는 개념이다.(Frederickson, 1980 참조; 임의영, 1994 참조)

7. 이런 변화를 이끈 동인으로 교육사 분야의 수정주의 운동(revisionist movement)과 교육사회학에서의 연구 노력을 빼놓을 수 없다. 특별히 영국의 경우에는 주로 사회학에 기반을 둔 연구자들이 교육정치학 연구를 주도해 왔음을 알 수 있다.(한국교육정치학회 편, 1994; Karabel and Halsey eds., 1977: 367-372; Blase ed., 1991; Ball, 1990; McNay and Ozga eds., 1985 참조)

8. 이원론적 사고는 정치학, 행정학, 교육행정학 등에 국한된 것이 아니었다. 20세기 초 과학적 관리론의 대두와 함께 관료제적 공정성(업적주의)이라는 이데올로기를 바탕으로 한 미국 사회개혁 운동의 기본정신이 바로 이원론적 사고였다. 즉, 행정은 관료제 및 기술적 합리성에 기초한 행정 전문가의 일이고, 여기에 정치적 요소가 개입되어서는 안 된다는 것이었다. 이러한 생각이 지성계에 널리 퍼지게 되는 한편, 국민의 일상생활을 지배하는 신념체계가 되었다.(Tyler, 김형관·김용일 공역, 1997: 26 참조)

"… **원칙적으로 정치와 행정은 별개**다. 전자는 기본적으로 공공정책을 형성하고, 후자는 그것을 실행한다. 정치기관이나 과정이 정책을 수립하고 행정을 통제하는 것은 옳고 적절하지만, '**나쁜**bad' **의미에서의 정치는 행정에 간섭하지 말아야** 하며, 적절한 관리 과정에 관여할 때 대체로 유해하다. **행정 - 관리 과정 또는 관리기능 - 은 과학적인 연구에 맡겨져야** 한다. 행정 수행에 있어 유용한 '원리들'은 행정에 관한 과학적인 연구로부터 도출된다. **행정 연구의 목적과 행정의 성공적인 실천 기준은 경제성**economy**과 효율성**efficiency**이다.**"Waldo, 1968: 448

이런 생각의 뿌리는 19세기 말에서 20세기 초의 행정개혁 운동[9]까지 거슬러 올라간다. 동일한 사고방식이 교육에도 그대로 수용되어 교육(행정)으로부터 정치적 이슈를 분리하여 취급하려는 이원론적 관점으로 자리 잡게 된다. 20세기 초 미국 교육개혁가들의 구호였던 "교육으로부터 정치를 몰아내자"라는 생각은 이런 맥락에서 이해될 수 있다. 이와 같은 정치와 행정에 대한 이원론적 관점을 처음 학문적으로 체계화한 사람은 정치학자 윌슨Woodrow Wilson이었다.[10] 그는 자신을 '행정학의 아버지'로 불리게 만든 논문에서 다음과 같이 말하고 있다.

---

9. 카우프만(Kaufman, 유낙근 외, 1988: 32-33 참조)은 행정학이 추구하는 중요한 가치를 대표성(representativeness), 정치적 중립성(politically neutral competence), 관리적 리더십(executive leadership) 등으로 정리한다. 그러면서 각각에 대한 강조점이 시대에 따라 달라졌다고 한다. 연방주의자인 잭슨주의 시대(Jacksonian era)에는 대표성 문제가 가장 중요하였는데, 그 반작용으로 정치적 중립성과 관리적 리더십을 강조하는 행정개혁 운동(the reform movement)이 대두되었다는 것이다.

10. 윌슨의 논문은 미국 자본주의의 지속적인 능률 향상과 생산성 제고를 위해서는 행정에 전문기술을 갖춘 공무원이 필요하다는 분위기가 무르익고, 이를 제도화하기 위한 펜들턴법(Pendlton Act, 1883년)이 제정되어 '정치적 중립을 확보한 실적주의'가 확립되어 가는 현실을 배경으로 하고 있다. 이와 같은 정치로부터 행정의 독립론은 굿노우(F. J. Goodnow), 윌로우비(W. F. Willouhby)를 거쳐 굴릭(L. Gulick)과 어윅(L. Urwick)의 원리접근법에서 완성을 보게 되었다고 한다.(안해균, 1989: 65-66 참조)

"행정은 정치의 고유한 영역 밖에 존재한다. 행정의 문제는 정치의 문제가 아니다. 비록 정치라는 것이 행정의 과제를 설정하지만, 행정부의 관직을 마음대로 조종하게끔 허용해서는 안 된다. Administration lies outside the proper sphere of politics. Administrative questions are not political questions. Although politics sets the tasks for administration, it should not be suffered to manipulate its offices."Wilson, 1887: 210

위의 인용문에서 윌슨은 행정이란 정치적으로 결정된 사항을 행정 전문가들이 실행하기만 하면 되는 공공활동이라고 주장한다. 정치와 행정은 각각 나름의 중시하는 가치[11]가 있으며, 결국 양자는 별개의 사안이라는 의미를 함축하고 있다. 이런 관점이 20세기 초 미국에서 정치 및 행정 개혁의 기본이념 역할을 담당했다. 마찬가지로 학계에서는 그 한계에 대해 본격적으로 문제가 제기된 시기[12]까지 정치와 행정의 관계를 설명하는 유력한 관점으로 입지를 구축해 왔다.

---

11. 페이지(Page, 1971: 63)는 이원론자들이 주장하는 행정적 가치와 정치적 가치를 다음과 같이 요약·정리하고 있다. ① 행정에서 중시하는 가치: 전문적 능력, 공복의 중립성(civil-service neutrality), 효율성, 경제성(이러한 가치들이 전문성을 강조하고 자신들을 정치적·대중적 압력으로부터 보호하면서 행정의 실제를 개선해 왔다.) ② 정치에서 중시하는 가치: 입법기관(부)에 대한 복종, 행정기관의 대표성, (행정)기관과 서비스의 분권화, 연방 체제 안에서 수 개의 통치 단위 간의 협력(이러한 가치들이 미국 정부로 하여금 다양한 이데올로기적 문제점을 해결하고, 변화하는 조건에 적응할 수 있도록 해주었다.)
12. 정치와 행정에 대한 관점은 시대의 정치, 사회, 경제환경에 따라 변전을 거듭해 왔다. 안해균(1989: 65-66)은 그 과정을 다음과 같이 정리하고 있다. "정치체제의 부정과 부패로부터 독립하여 능률적인 행정을 펼쳐야 했던 시대적인 요청에서 행정의 관리 기술적 성향(경영 관리적 성향)을 강조한 정치-행정 이원론(분리론)에서 1929년의 세계공황과 제2차 세계대전을 치르는 과정에서 행정의 정치적인 가치 배분 역할을 경험하게 되어 정치-행정 일원론(분리 불가론)으로 변하게 되었다. 그 후 행정 연구의 학문적 과학성 확보와 관련하여 의도적으로 가치문제를 배제하고 '사실' 문제만을 연구 대상으로 하자는 행태론자들의 반일원론(신이원론)이 1940~50년 이후 대두하여 행정이론의 과학화에 공헌하였고, 1960년대 이후 발전행정론과 신행정론의 흐름 속에서 한층 강화된 정치-행정 일원론으로 오늘날의 정책 중심 연구의 시대에 이르고 있다."

1920년대 말 이후 정치와 행정에 대한 이원론에 대한 비판이 제기되고 일원론으로의 복귀가 시도된 바 있다. 그러나 모두 성공하지 못했다.[13] 그러다가 1960년대 전후로 상황이 급변한다. 신행정론자들이 "행정연구에서 규범적(정치적 가치 포섭) 접근방법의 유용성"[14]을 제기한 것이다. 행정을 정책 결정 과정인 정치와 분리할 수 없으며, 행정의 현실을 볼 때 정치와 행정 모두 가치 배분적인 정치적 성격을 내포하고 있다는 것이다. 프레데릭슨[Frederickson, 1980: 6]은 전통적인 행정관과 신행정관의 차이점을 다음과 같이 정리하고 있다.

"전통적 혹은 고전적 행정학에서는 다음 두 가지 질문에 대한 답을 모색한다. 1) 가용자원으로 어떻게 하면 더 나은 서비스를 제공할 것인가?(**효율성**) 2) 경비지출을 최소화하면서 어떻게 현재의 서비스 수준을 유지할 수 있을까?(**경제성**) 신행정학은 여기에다 이런 서비스가 과연 **사회적 형평성**social equity을 제고하는가? 라는 물음을 더한다."

정치-행정 이원론이 행정학의 학문적인 독자성을 마련해 주긴 하였으나 행정의 실상은 그와 다른 것으로 이제 가치와 윤리 문제가 행정 연구의 주요 관심사라는 것이다.[안해균, 1989: 68: Frederickson, 1980 참조] 이처럼 당면한 시대적 상황이 연구자들에게 정치-행정 이원론을 버리고 일원론적 관점

---

13. 윌슨(Wilson, 1887: 209)이 행정(학)은 "경영(학)의 한 분야(a field of business)이며, 정치와는 구분되어야 한다."라고 주장한 지 대략 40년 후의 일이다. 대표적인 예로 화이트 (White)는 행정학은 정치이론과 행정이론의 통합을 통해서만이 효과적일 수 있다고 반박하였다(Frederickson, 1980:1 참조).
14. '규범적 접근방법'이란 "사실관계 속에서 교육정책 과제에 대한 실현 가능한 여러 대안을 마련하고 대안의 우선순위를 매기는 가치판단"을 의미하는 것이다. 이는 실증주의에 기초한 행태주의자들의 '가치 중립적' 입장과 대조되는 것이다.

에서 두 가지 변인을 통일적으로 바라보도록 요구하였다. 이에 따라 행정학과 정치학 분야에서는 정치적 이슈를 중심으로 한 정책연구에 몰두하는 경향이 나타나게 된다. 이러한 상황에 관한 페이지의 논지는 많은 것을 시사하고 있다.

"행정 전문가들의 일차적인 과제는 끊임없이 정치-행정 이원론의 위험스러운 오류를 인식하는 것이다. **정치와 행정은 분석적인 차원에서는 분리될 수 있지만, 기능에서는 결코 분리된 것이 아니다.** 분리하려는 시도나 그런 척하는 것이 2, 3세대 전에는 일정한 기능을 할 수도 있었지만, 그러한 이분법은 미국의 건국 시기에 제도화된 것이 아닐뿐더러 헌법에 명시되어 있지도 않다. 더욱 중요한 사실은 **현재 이원론의 사상에 기초한 제반 조치들로 인해 행정에 대한 적대감이 야기된다**는 점이다. 소외되거나 배제된 시민들은 행정에서 많은 사람들이 간과한 점을 인식하고 있다. 즉, **행정은 결코 정치적 맥락(상황)으로부터 분리될 수 없다**는 사실이 그것이다."[Page, 1971: 69]

정치-행정 이원론이 교육에서도 똑같이 발견된다는 점은 앞서 언급한 바와 같다. "교육에 대한 비정치의 신화apolitical myths of education"[15]('비정치의 신화'로 줄임)가 그것인데, 이를 매개로 이원론적 관점이 교육 현실에 아주 탄탄하게 자리 잡게 된다. 그 결과 교육행정 연구에서는 교육행정 활동과 정치적 이슈를 별개로 취급하는 이원론적 관점이 주류를 이룬다.[Kirst and Mosher, 1969 참조] 과학적 관리론의 시대, 그리고 1940~50년대의 행태주의를 기반으로 한 이론화 운동의 시대 등의 교육행정학이 그 대표적인 모습이다.

이런 관점에서는 교육행정이 경제성, 효율성, 관료제적 통제, 교육행정가의 전문성에 기초한 이른바 '전문적인 활동' 영역으로 여겨질 개연성이 높다. 실제로 교육정책 결정을 둘러싼 정치적 이슈를 소홀히 다루는 한편, 교육(행정)전문가들의 정책 결정 과정 독점과 비전문가인 시민의 배제 현상이 나타나게 되었다. 이로써 정책 수행의 결과가 특정 계층에 유리해지는 등 교육의 형평성이 크게 파괴되는 현실[16]이 초래되었다.

　　이와 같은 문제 상황을 해결하기 위해 다양한 형태의 이론적 모색이 시도된다. 1960년대 전후 유럽을 중심으로 현상학, 해석학, 그리고 비판이론 등으로 체계화된 탈실증주의 관점이 등장하게 된다. 모두 종래의 이원론적 관점에 대한 근본적인 의문을 제기하는 흐름이다. 그린필드와 그리피스의 논쟁으로 대표되는 전통 과학과 논리실증주의의 인식론상의 문제 제기도 같은 맥락에 이루어졌다. 아울러 지금까지 주류를 형성해 온 조직이론 연구의 부적절성에 대한 지적 등 교육행정학 연구에 대한 비판이 거세게 제기된 것도 이런 문제 상황과 무관하지 않다.조광제,

---

15. 교육에서 이원론적 관점은 '교육의 정치적 중립성', 교육행정의 전문화 및 교육행정가의 전문성 강조 등 다양한 모습으로 나타난다. 그중 '비정치의 신화'는 이원론적 관점을 집약적으로 보여주고 있는 개념으로 1960년대 이전까지 교육(행정)과 정치의 관계를 설명하는 데 있어 지배적인 관점이었다. "교육으로부터 정치를 분리시키고, 교육행정에서 정치적 이슈를 배제하자"라는 것으로 요약할 수 있는 이 신념 체계에 대해서는 다음 장에서 보는 것처럼 연구자들마다 조금씩 달리 표현하고 있다. 스크리브너는 "apolitical myth of education", 아이아나콘은 'non-political myths', 워트와 커스트는 'The myth of apolitical education' 등으로 표현하고 있다.(한국교육정치학회 편, 1994: 11; Wirt and Kirst, 1972: 5-9; 김용일, 1989 참조)

16. 이런 현실은 20세기 초기의 도시화와 산업화에 기초한 산업계 및 연방정부와 지방 정부의 "과학적 관리 운동"과 그러한 운동이 학교에 영향을 미친 결과다. 전문가에 의한 기관의 관리가 다중에게 가장 효율적이고 유익하다는 믿음은 보통 시민들이 그들의 생활에 영향을 주는 의사결정에서 배제되는 상황을 정당화시켰다. 새로운 관리 전문성은 노동자는 물론 지방행정 단위의 대표자들, 그리고 교육위원회로부터 기획과 의사결정 권한을 빼앗아 갔다. 이것은 부분적으로 효율적이지만, 전문가들의 권한 증대로 인해 민주성 면에서는 취약성을 초래하게 되었다. 의사결정과 기획은 전문적인 훈련을 통해 모든 사람을 대신하여 정책을 결정하는 전문가들의 수중으로 한층 집권화되었다.(최희선·한상진·윤기옥 편역, 1989: 28 참조)

1991:112-126; 주심환, 1987:40-58; 노종희, 1987:59-74 참조 톰슨의 표현을 빌리자면, '정치적 영향력의 홍수'[17]에 빠지게 된 1960년대의 연구자들은 당면한 교육 현실을 지혜롭게 헤쳐 나가기 위해 '비정치의 신화', 즉 교육(행정)과 정치에 대한 이원론을 넘어서는 과제를 안고 씨름하게 된 것이다.

3. 교육(행정)과 정치의 관계, 일원론으로의 재구성

가. 문제의식 및 연구 대상

1) 문제의식

교육정치학의 문제의식을 요약하면 정치-행정 이원론을 극복하고 정치적 가치 또는 이슈를 연구의 중심에 두려는 것이라 할 수 있다. 정치-행정 이원론으로는 교육행정의 실제에서 발견되는 정치적 이슈에 대한 이론적 대응이 불가능하다. 이제 특별히 교육정책을 둘러싼 정치적 이슈를 실재하는 현실로 받아들여 정책의 결정 과정, 내용 및 결과를 탐구해야 한다. 그것이 교육정치학의 주된 과제다. 이런 의미로 호리堀 和郎, 1993: 376는 "교육정치학은 지역사회 및 국가와 같은 사회·정치적 맥락 안에서 고찰하지 않으면 교육행정 현실을 제대로 포착할 수 없다는 문제 제기를 포함하고 있다"[18]라고 한 바 있다.

---

17. 톰슨(Thomson, 1989: 202-205)은 1950년대 말부터 이후 30여 년간을 ① 스푸트닉 시대(1958-1967): 학교 교육과정과 조직에 대한 개혁기, ② 정치-법률의 시대(1968-1977): 학생운동을 중심으로 한 강력한 정치 운동기, ③ 학문의 시대(1978-1988): 국제경제의 경쟁으로 인한 교수와 학습에 대한 강조기 등으로 구분하고 있다. 이러한 시기 구분에는 학교에 대한 정치적 영향력이 어떻게 변화했는지라는 기준이 적용되었는데, 이는 교육정치학의 연구관심의 변화와도 일치하는 것이다.

주 및 지방 정부의 독직과 부패로 인해 19세기 후반부터 도시municipal 개혁 운동과 함께 진보주의 교육 운동[19]이 나타나게 되었다. 이런 움직임이 일상적인 정치와 교육정책 형성 간의 연계를 차단하자는 생각으로 귀결되었다는 사실은 지금까지 살펴본 대로다. 미첼은 교육행정과 정치에 대한 이원론을 일종의 이데올로기로 파악하면서 개혁 운동의 성격을 아래와 같이 설명하고 있다.

> "… 현실적인 면에서보다 이데올로기적인 측면에서 더 성공적이었던 이 개혁은 **교육정책이 전문적인 교육자들에게 맡겨야 할 '기술적인 문제**technical matter'라는 점을 지식인 및 정치 엘리트에게 주입하는 데 성공하였다. 그 결과 **20세기 전반에 개발된 학교 관리 이론과 학습이론이 정치이론으로부터 분리**되었다. 더욱이 정치학의 연구 방법으로 훈련받은 연구자들조차 학교 정치 또는 교육정책 형성에 아무런 주의도 기울이지 않았다."Mitchell, 1988: 455

이와 같은 이원론을 극복하면서 등장한 교육정치학의 초기 연구에서의 주된 관심은 전통적인 정치학적 물음, 즉 "누가, 언제, 무엇을 얻고,

---

18. 호리(堀 和郎, 1993: 373-376)는 교육정치학을 미국 교육행정학의 하위 학문(sub-discipline)으로 보고 있다. 요컨대, "정치과정으로서 교육행정"이라는 연구 관점(대상 파악)에 기초하여 ① 교육행정의 정치적 다이내믹스를 분석하고, ② 그간 경시되어 온 교육행정의 새로운 현실을 해명하는 많은 연구 결과를 내놓으면서, ③ 1970년대 이래 교육(행정)학계에 학문적 시민권을 획득하였다는 것이다.
19. 미국 교육에서 '진보주의 시대'의 중요한 유산은 "교육과 정치를 분리할 수 있고, 또 반드시 그렇게 해야 한다"라는 가정이었다. 20세기 중반까지 커다란 영향력을 끼쳤던 진보주의에 대해 캐츠(Kats)는 다음과 같이 비판하고 있다. "진보주의 교육사상은 무정부주의 또는 극단적인 개인주의 이론이 아니면서도 사회복지에 관한 이론을 정교화하지 못했다."(Meyer, 1950: 455에서 재인용) 진보주의 교육사상이 교육정치학이 대두되는 시점의 사회적 문제에 대해 적절한 해결책을 제시하지 못하였다는 비판인 셈이다.

또 그것을 얻지 못하는 사람은 누구이며 그 이유는 무엇인가?[Lasswell, 이극 찬 역, 1960: 174-175[20]]에 답하는 데 있었다. 이는 정치학자 라스웰이 제기한 문제로 곧바로 교육정치학의 문제의식 형성에 커다란 영향을 미치게 되었다. 말하자면, 1960년대 이전의 사회적·학문적 상황이 초래한 이론적 공백을 메우는 데에 교육정치학의 문제의식이 자리하고 있었다.

그러다가 1970년대 말에 이르게 되면, 교육정치학에서 이른바 "정책분석policy analysis"이라는 새로운 연구 경향이 대두된다. 교육정책 결정 과정에 대한 이론적·실증적 지식을 어느 정도 축적하게 된 교육정치학이 이제 또다시 새로운 사회적 요구에 직면하게 된 것이다. 이러한 요구에 대한 응답으로 종전의 정책 결정 과정 연구, 즉 정치과정political process 분석에서 정책의 내용 및 결과에 주목하는 연구 관심의 변화를 보여준다. 정책분석으로의 문제의식의 변화 등에 관해서는 이 책 제8장에서 자세히 살펴보기로 한다.

2) 연구 대상

교육정치학의 연구 대상을 한마디로 정리하기란 쉽지 않은 일이다. 거시정치학적 접근과 미시정치학적 접근으로 나누어 각각의 연구관심사를 종합하는 것이 하나의 방법이 될 수 있다.[石田 純三, 1993:415-445; Blase ed., 1991; Ball, 1987 참조] 그런가 하면, 호리[堀 和郎, 1983:183-188; 堀 和郎, 1972: 38]의 경우처럼 정치체제political system 모델을 적용하여 "입력-전환과정-출력"과 환경 차원으로 나누어 연구 대상을 정리해 볼 수도 있을 것이다.

---

20. 라스웰(Lasswell)은 위의 저서에서 주로 학설과 법칙의 공식적인 측면만을 강조해 온 기존 정치학의 정태적인 분석 방법에 불만을 표하고 있다. "누가, 무엇을, 언제, 어떻게 얻느냐(Who Gets What, When, How?)"라는 물음이야말로 정치의 본질을 구명(究明)하는 불변적인 테마라는 입장에서 현실정치의 동태적인 분석을 시도한 것이다.

이와 관련하여 정치학자 엘리엇은 교육의 다양한 정치적 양상을 사려 깊게 살피면서 교육정치학의 연구 영역을 범주화하는 데에 선구적인 역할을 하였다.[Scribner and Englert, 1977: 13] 1959년에 발표한 교육정치학의 기념비적인 논문("Towards an understanding of public school politics")을 통해서다. 거기에서 그는 (1) 교육과정, (2) 교육시설, (3) 통치government의 단위와 조직, (4) 인사, (5) 재정(앞의 네 가지 사안 결정에 반드시 뒤따르는) 등을 주요 연구 주제로 제시하고 있다.[Eliot, 1959: 1036][21] 이 다섯 가지의 정책 결정과 집행에는 항상 정치적인 이슈가 개입되기 때문에 교육정치학적 고찰이 필수적이라는 주장이다.

다른 한편, 스크리브너와 잉글러트는 "가치의 권위적인 배분을 수행하고, 그에 영향력을 행사하는 상호작용의 집합"이라는 정치의 기본개념을 수용하면서 (1) 통치, (2) 권력, (3) 갈등, (4) 정책 등을 교육정치학의 기본적인 개념범주로 제시한 바 있다.[한국교육정치학회 편, 1994: 25-29] 이처럼 연구대상을 포괄적으로 제시하는 데서 한 걸음 더 나아가 호리[堀 和郞, 1993: 371-372]는 〈표 1-1〉과 같이 구체화하고 있다.

그런가 하면, 미첼[Mitchell, 1984: 145-147, 150]은 교육정책분석의 주요 이슈나 주제를 논구하는 가운데 교육정치학의 연구 대상을 크게 네 가지로 나누어 정리하고 있다. 교육 평등equity, 학교 관리school governance, 교수와 학습, 교육경제educational economics 등이 그것인데, 각각 수많은 하위 연구 주제가 있다고 한다. 이런 연구 주제들에 관해 정책형성이나 정책집행 과정에 관심을 두는 '정책 과정 분석process analysis' 및 특정 정책의 내용과 파급효과에 주목하는 '정책 내용 연구content research' 차원

---

21. 아울러 그는 논문의 말미에 지방, 주, 그리고 연방 수준으로 나누어 구체적인 연구과제를 열거하고 있다.(Eliot, 1959: 1050-1051)

<표 1-1 > 교육정치학의 기본 주제와 연구 영역

구분	연구 대상
기본적인 주제	1. 교육(정치체계)에서의 가치의 권위적 배분(정책 결정)에 대한 정치 행동의 효과 2. 교육(정치체계)의 특질과 그 변동 3. 교육(정치체계)의 정책 결정 기구의 유효성
구체적인 영역	1. 교육문제에 대한 시민의 의견, 태도, 투표 행동 2. 정책 엘리트의 전략, 정보원(source), 이해 관심 3. 정책 결정 과정 참가자의 상호관계 4. 정책 결정의 전제와 현실맥락(context) 5. 교육이익집단의 영향 6. 교육행정기구 및 절차(手續)의 영향 7. 지역 권력 구조의 영향

에서 규명하는 것이 교육정치학의 임무라는 말이다. 〈표 1-2〉는 이상의 논의를 바탕으로 우리의 교육 여건에 비추어 쉽게 이해할 수 있도록 연구 대상을 정리한 것이다.

<표 1-2 > 교육정치학의 기본 주제와 연구영역

연구 대상	연구 내용 및 관련 분야	주요 관심사
교육체제	학교제도, 중앙 및 지방 교육행정제도, 입법-사법-행정 등 교육제도의 정치적 맥락 등	교육 권력 구조 및 관계: 교육 거버넌스의 변화, 교육체제의 변화는 누구에 의해 왜 어떻게 발생하는가?
교육정책	교육과정, 재정, 시설, 인사, 입시, 교육개혁, 교육 관련 법규와 입법과정, 교육 관련 당사자(학생, 학부모, 교원단체, 이익집단)의 참여 등	누가 어떤 과정을 통해 교육정책을 결정하며, 누가 이익을 보고 손해를 보는가? 그 결과는 바람직한가?(정치과정, 정책 내용 및 결과 분석)
교육정치학론	연구방법론, 이론, 주요 접근방법, 교육정치학사 등	주요 연구 방법의 존재론 및 인식론적 기초, 이론화의 과제 등

위와 같이 연구 대상을 정리·제시하는 데 엄격한 기준이 적용된 것은 아니다. 다만, 교육체제 내부 및 다른 정치체제와의 관계에서 발생하

는 사안을 '교육체제'로 분류하였다. 이어 교육체제 전반에서 수행되는 활동 및 내용과 관련된 정책에서 발생하는 정치적 이슈 등을 '교육정책'으로, 연구 방법 및 이론 등에 관한 사항을 '교육정치학론'으로 구분해 보았다. 여기서는 일단 교육체제, 교육정책을 둘러싼 정치과정 및 그 내용과 결과, 그리고 이론에 관한 문제 등을 중심으로 한 교육 부문의 제반 정치적 이슈를 교육정치학의 연구 대상으로 정리하기로 하고, 연구 방법을 논하는 데서 이 문제를 더 깊이 생각해 보기로 하자.

나. 연구 방법과 이론의 문제

1) 연구 방법

연구 설계 이후 자료를 수집하여 분석하고, 그 결과를 해석하는 것과 같은 의미에서의 교육정치학 연구 방법[22]은 다른 사회과학 연구와 크게 다르지 않다. 그런 점에서 교육정치학은 현대의 사회과학, 그중에서도 특히 교육학과 정치학에서 상용하는 연구 방법을 가져다 쓰고 있다고 볼 수 있다.[Isaak, 1981 참조] 그런데 우리가 여기서 생각해 보아야 할 문제는 교육정치학을 다른 연구 분야, 특별히 교육행정학과 구별 가능케 하는 요소가 무엇인가 하는 점이다. 이는 연구의 기본관점에 관한 질문으로 교육정치학이 정치와 교육(행정)의 관계를 어떻게 파악하고 있는지에 대해 논증하는 것으로 귀착된다고 할 수 있다.

종래의 교육행정학에서는 교육(행정)과 정치의 관계를 두 개의 분리

---

22. 러츠(Lutz, 1977: 33-40)는 교육에서의 정치권력에 관한 대표적인 연구 방법으로 조사분석법, 명성 분석법, 이슈(현안) 분석법, 사회인류학적 현장 분석법, 비교분석법 등을 들고 있다.

된 실체로 보았다. 이렇게 이원론적 관점을 수용하게 될 경우, 교육행정
과 정치는 별개의 영역으로 취급되어 정치적 상호작용이 추상화되고 만
다. 정치에는 정치 나름의 논리가 있고, 교육은 위계적인 중앙 및 지방
의 교육행정 기구에 의해 운영되는 독자적인 영역으로 인식된다. 따라서
교육학자나 정치학자 모두 양자의 상호관계나 교육(행정)에서의 정치적
이슈를 탐구할 가능성이 그만큼 줄어들게 된다. [그림 1-1]은 이런 이원
론적 관점을 나타낸 것이다.

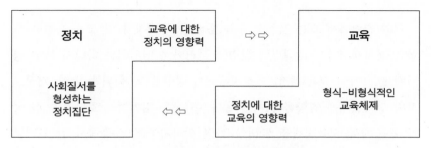

[그림 1-1] 분리된 실체로서의 정치와 교육[23]

이와는 달리 교육정치학에서는 정치-행정 일원론적 관점, 나아가 정
치와 교육(행정)에 대한 일원론적 접근이라는 기본 입장을 견지하고 있
다. 바로 이 점에서 교육정치학의 고유성을 말할 수 있다. 이에 대해 토
마스[Thomas, 1983: 4]는 "정치와 교육의 공생적 관계symbiotic linking of politics
and education"로 정의하면서 하나의 분석 모델을 제시한 바 있다. 이런
교육정치학적 접근의 특성을 이해하기 쉽게 도식화하여 제시하면 [그림
1-2]와 같다.

_____

23. 이 그림은 토마스(Thomas, 1983)의 책 3쪽에서 가져온 것이다.

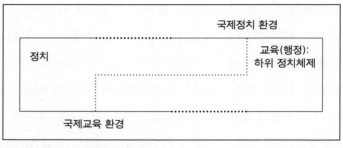

── 국가의 경제   ⋯⋯ 영향력의 침투

[그림 1-2] 정치와 교육(행정)의 일원론적 개념도

위의 그림에서 보는 것처럼 교육(행정)은 국제정치 및 교육 환경을 포함한 정치체제라는 생태학적 환경에 둘러싸여 영위되는 하나의 하위 정치체제다. 자연 교육(행정)은 정치체제의 영향을 받게 되는 한편, 거꾸로 상위 정치체제에 영향을 미치게 된다. 이 같은 정치적 상호작용은 한 국가 수준에서 교육정책을 둘러싼 관련 당사자들의 각축에서 잘 드러난다. 같은 맥락에서 "가치를 권위적으로 배분한다"라는 정치에 대한 이스턴David Easton의 정의를 수용할 경우 교육(행정) 활동은 교육 관련 재화나 서비스를 분배하는 정치 활동으로 간주된다. 정치와 교육(행정)의 관계가 일원론적 관점에서 파악되는 것이다.

정치와 교육(행정)의 관계는 이 밖에도 다양한 이론의 지원을 받아 고찰할 수 있다. 정치체제로서 학교제도 및 단위 학교는 관련 정치세력이 영향력을 주고받는 정치적 경쟁의 장이 된다. 이처럼 교육정치학에서는 정치와 교육(행정)의 관계, 교육 부문의 정치적 이슈 등에 관한 연구가 자연스럽게 이루어진다. 여기에서 우리는 교육정치학이 교육과 정치의 관계를 분석하는 기본관점 또는 하나의 접근방법의 위상[24]을 지니고 있음을 알 수 있다. 사실 교육정치학이 곧 실증주의나 탈실증주의postpositivism, 마르크스주의 등과 같은 방법론methodology 차원의 어떤 것이 아니라는 사실은 분명하다.

실증주의는 탈실증주의적 관점이 대두되기 훨씬 전부터 현재까지 교육행정학 분야를 지배해 온 가장 유력한 방법론이다. 우리가 유의해야할 점은 이런 주류적 방법론의 한계 때문에 교육행정학 분야에서 교육정치학 연구가 수행되지 못했던 것이 아니라는 사실이다. 그보다는 오히려 교육행정학의 기본관점의 한계가 주요 원인이다. 즉, 연구자가 "교육과 정치를 분리해야 한다"라는 잘못된 신념 체계를 받아들인 이상 정치적 이슈나 가치 문제를 적극적으로 다루기 쉽지 않았던 것이다. 이것이 앞에서 미첼이 정치-행정 이원론을 "이데올로기"라고 한 이유다.

여기에 더하여 실증주의에 기초한 행태주의가 '연구 방법의 단일성'에 집착함으로써 교육정치학 연구에 커다란 제약 요소로 작용하였다. 교육행정학이 경험적 또는 양적 연구만을 지나치게 강조하여 규범이나 가치 등의 문제로 연구 관심을 확장하기 어려웠다는 뜻이다. 연구 방법과 관련된 이런 논의에서 우리는 교육(행정) 연구에서 이원론이 뿌리 깊게 자리하게 되어 교육정치학의 출현이 어려웠던 사정을 다시 한번 확인할 수 있었다. 〈표1-3〉은 지금까지의 논의를 교육행정학과 교육정치학의 기본관점의 차이 등을 중심으로 비교 정리한 것이다.

---

24. 이런 구분은 방법론, 연구 방법 등의 용어 사용의 혼란을 피하면서 교육정치학 연구 방법의 특성을 밝혀보기 위한 것이다. 연구자들이 방법론, 연구 방법(method), 접근방법(approach), 자료수집 및 분석기술(techniques) 등을 혼용하는 경향이 있다. 방법론은 연구 대상(제 사건이나 현상)을 바라보는 관점과 관련된 것으로 세계관의 문제를 내포하고 있다. 그러므로 방법론에 따라 연구관심사와 대상이 다르며, 연구 방법 또한 달라진다. 예컨대, 가르송(Garson, 1971)은 구조기능주의나 마르크스주의를 연구방법론으로, 정신분석학 이론을 정치학 연구 방법으로, 체제분석을 하나의 접근방법으로, 참여관찰, 사례연구, 양적 측정 방법, 이념형 등을 분석기술(또는 접근방법)로 구분하여 사용하고 있다.

<표 1-3> 교육행정학과 교육정치학의 차이

구분	정치와 행정의 통일성에 대한 인식	
	교육행정학	교육정치학
기본관점	이원론적 관점(단절성) 교육(행정) ⇄ [분리] 정치	일원론적 관점(통일성) 교육(행정) ⇄ [연계] 정치
분석 모델	기술적 합리성(경영학 및 근대경제학 모델)	가치비판적(정치학 모델)
주요 개념	조직관리, 경영, 경제성, 효율성, 가치 중립	통치, 권력, 정책, 갈등, 민주주의, 형평성 등 규범적 가치
주요 이론	관료제론, 과학적 관리론, 인간관계론, 체제이론, 공공선택론 등	체제이론, 분배이론, 교환이론, 계급이론 등
연구 방법	양적 연구, 문헌연구, 사례연구 등	경험적 연구, 사례연구, 비교분석, 역사적 접근, 민속학 방법 등
방법론	규범주의, 법률주의, 실증주의	규범주의, 법률주의, 실증주의, 탈실증주의

2) 이론의 문제

교육정치학에서 상용하는 이론으로는 체제이론, 사회교환이론, 계급이론, 행동이론action theory, 정치경제학 관련 이론 등을 들 수 있다.[25] 실로 정치학, 경제학, 사회학, 심리학 등 사회과학의 모든 분야의 이론적 성과가 동원되고 있다고 해도 과언이 아니다. 그런 점에서 교육정치학은 학제 간 연구interdisciplinary studies 내지 다학문적 접근이라는 근자의 연구 경향을 잘 따르고 있다고 할 수 있다.

경험적 연구를 중시하는 풍토에서 연구자들에게 이론의 문제는 일반화generalization의 과제와 관련이 있다. 그런데 일반화, 즉 이론화에 관한한 교육정치학은 여전히 많은 과제를 안고 있는 게 사실이다. 이런 점은

---

25. 러츠(Lutz, 1977: 41-61)는 교육정치학 연구에 유용한 이론을 크게 6가지 모델 - ① 일반체제 모델, ② 계급권력 모델, ③ 이념형 모델, ④ 대중참여 모델, ⑤ 비교기술 모델, ⑥ 정치심리학 모델 등 - 로 정리하면서 각각의 특성을 논하고 있다.

교육정치학 연구의 초기 단계인 1969년에 커스트와 모셔[Kirst, M. W., & Mosher, E. K., 1969]가 처음 언급한 바 있다. 1977년 전미교육학회NSSE 연보yearbook 에 실린 스크리브너와 잉글러트[Scribner Jay D. & Englert Richard M., 1977: 17-19]의 논문에서도 별반 진전이 없는 사정[26]을 전하고 있다. 이후 또다시 10여 년이 지난 1980년대 말에도 이론 개발의 과제는 별다른 성과를 거두지 못하였다는 지적을 받은 바 있다.[Burlingame, 1988: 449]

새로운 세기에 접어든 지 20여 년이 지난 지금 교육정치학 고유의 이론 개발 과제는 여전히 답보 상태다. 그렇기는 하나 교육정치학의 많은 경험적 연구와 사례연구 결과를 일반화하기 어렵다는 지적에는 많은 연구자가 공감하고 있다. 미국의 경우 주 수준이나 지역 수준의 교육정책 결정 과정 및 그 추진, 나아가 내용과 결과 면에서 상당한 차이가 존재하는 게 사실이다.[Eliot, 1959 참조] 이를 하나의 일반화된 틀로 묶어낸다는 것이 그리 용이한 작업은 아니다. 연방, 주, 그리고 지방에서의 교육정책에 대해 분석 수준을 달리하여 일반화를 시도하려는 움직임[27]은 바로 이런 사정을 반영한 것이라고 볼 수 있다.

그러나 일반화의 어려움은 교육정치학 분야만이 아니라 정치학의 경우도 마찬가지다. 커스트와 모셔[Kirst and Mosher, 1969: 633-634]는 "모학문인 정치학과 교육학 모두 교육정치학이나 정책 수립 관련 연구를 위한 명확한 개념 및 연구 방법을 제공해 오지 못했다."라고 한 바 있다. 정치학과 교

---

26. 요컨대, "진정한 이론(true theoy)은 아직 출현하지 않았다."(Scribner and Englert, 1977: 19)는 것이다. 워트(Wirt, 1977a: 403-406) 역시 "솔직히 말해 우리가 현재 확보한 이론은 단지 기술적(descriptive), 즉 체제분석이라는 발견학적 분석 틀뿐이다."라고 고백하면서 새로운 이론이 갖추어야 할 요건에 대해 논하고 있다.
27. 이에 관해서는 교육정치학 연구에서의 일반화 노력 및 그 가능성을 지방, 주, 연방의 세 수준으로 나누어 검토하고 있는 책에 실린 벌링엄(Burlingame, 1988: 439-451)과 미첼 (Mitchall, 1988: 453-466)의 논문에 자세히 소개되어 있다.

육정치학에서 상용해 온 체제이론도 그것이 이론이라기보다는 하나의 분석체계라는 지적이 만만치 않게 제기되고 있는 게 사실이다.[28]

이상에서 우리는 정치학, 경제학, 행정학, 정치경제학, 사회학 등 사회과학의 모든 분야의 이론을 빌려와 현실을 설명하거나 예측하는 분석모델을 고안해 온 사정을 알 수 있었다. 경험적 연구 결과 및 사례연구를 바탕으로 적용된 이론과 모델을 점검·수정하며, 연구 결과를 종합하여 이론화를 모색하는 것이 교육정치학의 이론 현황인 셈이다. 그러나 지금부터는 이론의 문제를 조금 다른 각도에서 생각해 보고자 한다. 이론화의 필요성을 부정하는 게 아니라 그 작업에 있어 다음 몇 가지 문제를 같이 생각해 보려는 것이다.

먼저 이론화 작업에서 행태주의적 이론관에 집착하지 말아야 한다는 점이다. 사회과학은 학제 간 연구를 그 특징으로 하고 있으며, 엄밀한 의미에서 교육행정이나 교육사회학 이론 등은 이론발달의 상황을 정확하게 표현하고 있는 말이 아니다. 마찬가지로 '교육정치학 고유의 이론'에 집착하는 것은 얻는 것보다 잃는 게 더 많을 수 있다. 더구나 연구의 실증성 확보가 중요하지만, 그것이 곧 실증주의나 경험적 연구 방법의 절대화는 아니라는 사실이다. 그런 점에서 교육정치학 연구에서는 "방법론상의 다원주의적 입장"이 견지되어야 마땅하다.

다음으로 우리의 현실에 적합한 이론을 개발하기 위해 역사적 접근 방법의 중요성이 강조될 필요가 있다. 무릇 모든 이론은 논리적이고 역

---

28. 워트와 커스트는 체제분석이 하나의 이론이라기보다는 작업가설이라는 점과 아울러 그 것이 경험적 연구와 결합하여 보수적인 정치 모델화하는 점을 지적한 바 있다. 그란트(Grant) 또한 체제이론이라는 분석 틀을 가지고 무수한 사례연구가 가능할 뿐 일반화는 불가능하다고 하면서 가능하더라도 현실과 무관한 것이 될 뿐이라고 비판한다.(Wirt and Kirst, 1972: 227-253 참조)

사적이어야 한다. 특히, 이론화의 과제에서 역사적 연구는 사례연구, 비교연구, 경험적 연구만큼이나 중요하다. 예컨대, 우리나라의 교육행정제도는 미국이나 유럽 여러 나라의 그것과 아주 다르다. 강력한 중앙정부와 소수의 교육 관련 이해집단들이 동맹을 맺어 교육행정을 좌지우지해 온 역사적 전통 때문이다. 이런 까닭에 다른 분야의 이론을 가져와 연구할 때 그 이론이 우리의 현실에 얼마만큼 타당성을 지니고 있는지 등에 대한 면밀한 검토가 필수적이다.

끝으로 우리 근현대사에 커다란 영향력을 미쳐 온 국제정치 및 국제교육 환경이라는 외적 규정력에 대한 설명의 필요성이다. 우리의 교육철학 및 이념, 교육제도, 교육행정의 실제를 지배해 온 기본적인 힘에 대한 이해가 선행 또는 병행되어야 한다는 뜻이다. 예컨대, 교육의 이념과 제도 등을 결정한 미군정美軍政의 역사적 경험을 도외시 하고서는 연구자로서 한 걸음도 내딛기 어렵다. 연성 거버넌스soft governance로 불리는 OECD 등의 우리 교육에 대한 영향력도 비판적으로 검토하지 않으면 안 된다. 보편적인 이론에 앞서 우리 사회 고유의 교육정치 및 교육정책에 대한 이론화의 과제를 고민해야 한다. 형용모순처럼 들릴지 모르나 "상대적으로 특수한 일반화"의 과제가 먼저라는 생각이다.

4. 교육정치학의 유용성

지금까지 "정치와 행정의 관계를 어떻게 인식하느냐?", 즉 이원론인가 아니면 일원론적 관점을 취하느냐를 기준으로 교육정치학의 학문적 성격을 살펴보았다. 고찰 결과 교육정치학이 정치와 교육(행정)에 대한 이원론적 관점을 극복하고, 일원론적 관점에서 양자에 대한 통일적인 인식의 산물이라는 사실을 알게 되었다. 그런데 여기서 '교육(행정)에서 정치의 규정력을 절대화하여 교육(행정)의 상대적 자율성을 부정하는 것이 아닌가?'라는 의문이 제기될 수 있다. 그러므로 여기서는 우선 이 문제를 검토하고 넘어가기로 한다.

정치-행정 이원론은 실재하는 교육의 정치적 성격, 달리 말해 정치와 교육(행정)의 통일성을 부정하는 관점이다. 그런데 지금까지의 논의에서 이는 사실과 다르다는 것이 확인되었다. 교육정치학의 성립 자체가 정치와 교육(행정)의 관련성을 부정해 온 신념 체계(이데올로기)의 오류 또는 인식론상의 한계를 보여준 셈이다. 그런 점에서 교육정치학은 정치-교육(행정) 일원론적 관점에 기초한 하나의 접근방법이라 할 수 있다. 그러면 이런 관점이 교육(행정)에서 정치의 우위 또는 정치의 규정력을 절대화하는 것을 의미하는 것일까?

"일원론이라는 명칭은 이원론, 다원론 등의 명칭과 마찬가지로 철학의 근본 방향을 나타내 주는 말이 아니라 단지 특정한 철학이 세계의 통일성에 관한 문제에 대해 어떠한 입장을 취하고 있는가를 뚜렷하게 보여주는 말이다. 그러므로 어떤 철학을 일원론이라고 부른다 해서 이를 통해 그 철학의 근본 입장을 파악할 수 있는 것은 아니다."[29]한국철학사상연구회 편, 1989:1093

정치와 교육(행정)의 관계가 일원론적 관점에서 파악되어야 한다는

---

29. 이에 관해서는 『西洋思想大事典』(東京: 平凡社, 1990), 제1권 694쪽과 제3권 449-455쪽에도 자세히 언급되어 있다.

점은 이제 분명해졌다. 그러나 인용문에서 보듯 그것이 곧 교육(행정)에 대한 정치의 절대적인 규정력을 허용[30]하는 것은 아니다. 이론적 입장이나 현실의 국면에 따라 교육에 대한 정치의 우위 또는 그 반대의 상황을 상정해 볼 수 있다. 정책 결정 및 집행의 조건이나 사안의 성격에 따라 양자 간의 규정성은 얼마든지 달라질 수 있다. 요컨대, 교육정치학은 일원론적 관점에서 정치와 교육(행정)의 관계 및 교육 부문의 정치적 이슈를 다루는 하나의 접근방법 내지 새로운 연구 분야일 따름이다.

그러면 이제 우리의 현실에 비추어 교육정치학 연구가 왜 필요하고 또 얼마나 유용한지 같이 생각해 보자. 먼저 지난 30여 년의 교육 환경의 변화가 이원론적 관점의 한계를 여실히 보여주고 있다. 세계 최저의 출산율과 학령인구의 급격한 감소, 학교교육에 대한 불만과 우려 등 서로 연결된 현안들이 산적해 있다. 그런데 이런 문제들의 바탕에 정부의 교육정책이 자리하고 있다. 이 책 제6장에서 보듯이 기업과 부유층의 이익을 일방적으로 반영한 정책이 문제를 키운 것이다. 당파성이 강한 교육정책의 정치적 역동성을 드러내고 유효한 대안을 찾아가야 한다. 이런 일에 교육정치학보다 비교우위에 있는 학문이 또 어디 있을까?

다음으로 교육행정제도의 변화와 관련된 문제를 생각하지 않을 수 없다. 우리나라는 1980년대 중반 이후 시민사회의 급격한 성장과 함께 1990년대 초부터 지방자치의 연장선상에서 지방교육자치제를 실시하게 되었다. 그 결과 교육 거버넌스 구조의 변화는 물론 '교육의 정치화' 현

---

30. 당연한 말이지만, 교육정치학이 '교육을 정치화하자'라는 데 관심이 있는 것은 아니다. 교육과 정치를 분리해 왔던 이원론적 관점에 사로잡혀 있을 때, 그와 같은 우려를 제기할 수 있다. 그러나 교육의 문제를 정치의 문제로 환원한다든가 교육행정의 전문성을 부정하려는 것은 교육정치학과 아무런 관계가 없다. 교육에 대한 정치 결정론적 시각과는 당연히 구분되어야 할 것이다.

상이 그 어느 때보다 가속화되어 왔다. 교육행정제도 자체를 하나의 정치-행정제도a politico-administrative system로 파악하는 교육정치학의 학문적 유용성이 돋보일 수밖에 없는 형국인 셈이다. 지방교육자치를 포함한 교육행정제도를 논구하는 데 있어 '교육의 정치적 중립성' 등과 같은 낡은 규범을 넘어서야 한다.

끝으로 정부의 교육정책 및 행정 독점이 여전한 현실이 교육정치학의 유용성을 잘 입증해 주고 있다. 평화적인 정권 교체가 가능해져 '문민정부' 이래 네 번의 정권 교체와 7번의 정부 교체를 경험하였다. 그런데도 교육정책과 행정은 민주주의의 사각지대와도 같다. 시민과 교육 관련 당사자들이 배제된 채 교육부를 중심으로 한 정부의 손에 내맡겨져 왔기 때문이다. 이 책 제7장에서 보듯 윤석열 정부에서는 "교육부 주도의 교육 거버넌스"를 구축하여 "신민영화 교육정책"을 밀어붙이고 있다.

어째서 이런 일이 벌어지는 걸까? 현 정부의 신민영화 정책은 시장주의 교육정책이 고도화된 형태라 할 수 있다. 이 책 제4장에서 살펴보고 있는 것처럼 '문민정부'에서 마련된 시장주의 교육정책은 정권 교체에도 불구하고 문재인 정부까지 계속성을 유지하였다. 바로 이런 토대 위에서 윤석열 정부가 신민영화 정책을 전면화하고 있다는 사실이 밝혀졌다. 이와 같은 교육정치학의 연구 성과를 정책 레짐policy regime, 이중권력dual power, 숨겨진 국가deep state 등의 개념을 동원하여 더 심화시켜 나갈 필요가 있다.

제2장
교육에 대한
비정치의 신화의 실천적 귀결

이 장에서는 교육에 대한 비정치의 신화에 관한 고찰을 통해 교육정치학의 학문적 성격을 더 깊이 이해하려는 노력을 기울이고 있다. '비정치의 신화'는 정치와 교육(행정)의 관계는 물론 교육 부문에 정치적 이슈가 존재한다는 사실 자체를 부정하는 허구적 신념 체계다. 20세기 초 교육(행정) 개혁을 위한 정치적 구호로 등장하여 교육행정 및 정책에 대한 국가와 전문가 독점을 이끌었다. 아울러 학문적으로 체계화됨으로써 교육 부문의 정치력의 빈곤을 초래했다.

1. 정치-행정 이원론의 교육 버전

근대사회에 접어들어 공교육체제가 구축되면서 우리의 삶은 학교교육schooling과 떼려야 뗄 수 없는 관계를 맺게 되었다. 학교와 대학을 떠나서는 인간의 '정상적인' 생존 자체가 불가능한 시대가 도래한 것이다. 그런 점에서 근대사회를 '학교교육의 시대'라고 불러도 좋을 것이다. 그런데 공교육체제를 둘러싼 제 현상에 대한 이해 방식은 한결같지 않다. 여기서 검토하고 있는 '교육에 대한 비정치의 신화apolitical myths of education'(이하 '비정치의 신화'로 줄임)만 해도 그렇다.

'비정치의 신화'는 공교육체제를 연구하는 사람이라면 누구나 한 번쯤은 접하게 되는 하나의 신념 체계a belief system다. 연구자를 비롯한 많은 사람이 이 신념 체계를 지지하지만, 반대로 강하게 부정하는 사람도 존재한다. 이렇게 상반된 반응을 불러일으키며, 입장에 따라 다르게 해석되는 '비정치의 신화'란 무엇인가? 그런 신념 체계가 등장하게 된 맥락은 무엇이고, 교육 현실에 빚어낸 결과는 무엇일까?

이 장에서는 교육계에 널리 퍼져있는 '비정치의 신화'에 대한 고찰을 통해 교육정치학의 학문적 성격을 더 깊이 이해하고자 한다. '비정치의 신화'는 사실fact과 달리 특정 관점에서 정치와 교육(행정)의 관계, 나아가 교육 부문의 정치적 이슈를 설명하는 허구적인 신념 체계다. 정치-행정 이원론의 교육 버전이라 할 수 있는 '비정치의 신화'의 이데올로기적 성격에 주목하여 교육정치학에 더 가까이 다가가 보기로 하자.

논의의 순서는 다음과 같다. 제2절에서는 여기서 사용되는 주요 개념의 범주를 설정한 후 '비정치의 신화'가 대두하게 된 사회·정치적 맥락을 검토하고 있다. 제3절에서는 '비정치의 신화'가 교육행정 및 정책에 대한 국가(정부)와 교육전문가의 독점으로 귀결되는 한편, 학문적으로 체계화되어 교육 부문의 정치력의 빈곤을 심화시켰다는 점을 논증하고 있다. 끝으로 제4절에서는 고찰 결과를 정리한 후 한국판 '비정치의 신화'인 '교육의 정치적 중립성' 극복의 과제에 대해 간략히 논하고 있다.

2. 20세기 초 교육개혁의 정치적 구호

가. 예비 검토: 개념의 범주 설정

'비정치의 신화'는 여러 가지 모습으로 교육 현실에 뿌리내리고 있어 한마디로 정리하기가 쉽지 않다. 혹자는 이를 교육개혁가들이 내세운 정치적 구호political rhetoric라고 하며^{Scribner and Englert, 1977: 4}, 또 다른 이들은 교육과 정치의 관계에 대한 하나의 이데올로기 또는 신념 체계라고 하기도 한다.^{Page, 1971: 59-73 참조} '비정치의 신화'가 다양한 외양으로 교육 현실에 존재하기 때문에 그 표현 또한 연구자마다 제각각이다.

스크리브너와 잉글러트^{Scribner and Inglert, 1977: 4}는 이를 'apolitical myths of education'으로 쓰고 있다. "정치와 교육은 분리되어야 하고, 교육은 교육전문가가 다루어야 할 문제이지 정치가의 손아귀에 내맡겨서는 안 된다"라는 생각을 이렇게 표현한 것이다. 20세기 초 개혁가들에게 정치는 당파성partisanship으로 받아들여졌다. 그러니 그 손아귀에서 벗어나야만 교육의 '고상한 원칙'과 '사회적 책임'을 달성할 수 있다는 생각에 이르게 되었다는 것이다.

워트와 커스트^{Wirt and Kirst, 1972: 5}는 'the myth of apolitical education'이라는 표현을 쓰고 있다. "미국의 시민들과 학자들이 오랫동안 별다른 이견 없이 교육계가 정치계政治界와 분리되어 있고 또한 반드시 그래야만 한다"라는 생각을 지지해 왔다는 것이다. 워트와 커스트는 이런 생각을 하나의 규범norm 또는 민간전승folklore으로 규정하면서 위와 같이 개념화 하였다.

그러면서 그 이유를 교원이 공개적인 정치활동가로 나서는 데 따른 위험성과 공교육을 어딘가 독특하고 비정치적인 기능이라는 이미지로 고수하는 교원들이 더 큰 이득을 얻는다는 점에서 찾고 있다. 즉, 어느 때부터인가 교원의 정치 활동은 위험시되고, 교육은 정치로부터 일정한 거리를 둘 때 더 많은 이익이 보장된다는 관념이 자리 잡게 되었다는 것이다. 이런 생각이 상정하고 있는 교육 현상이 스크리브너와 잉글러트의 그것과 다르지 않음을 알 수 있다.

아이아나콘^{Iannaccone, 1984}은 같은 생각을 'non-political myths'라고 표현한 바 있다. 이렇게 표현은 조금씩 다르지만, 모두가 이 책에서 '비정치의 신화'라고 번역한 신념을 일컬으면서 그 본질에 대한 규명을 자신들의 과제로 삼고 있음을 알 수 있다. 결국 중요한 것은 표현 방식의 차이가 아니라 이런 표현이 담고 있는 본질이 무엇인가 하는 점에 있다고 할 것이다. 그러면 이제 '비정치의 신화'의 개념 검토와 함께 그런 관념이 자리 잡게 된 사회·정치적 맥락에 대해 살펴보기로 하자.

논의의 전개를 위해 일단 "교육과 정치는 반드시 분리되어야 한다"라는 식의 주장을 '비정치의 신화'로 정의하기로 한다. 모호한 개념을 논구하기 위해서는 일단 대상을 일정 범주에 고정할 필요가 있으며, 또 여러 연구자의 견해를 간추려 볼 때 그다지 무리가 없다고 판단되기 때문이다. 그러나 이렇게 개념 정의를 한다고 해서 그 의미가 곧바로 전달되는 것은 아니다. 본격적인 논의는 차차 하기로 하고, 여기서는 일단 영어 표현인 'apolitical myths of education'을 우리말로 번역할 때 고려해야 할 몇 가지 문제를 생각해 보자.

먼저 '비정치'라는 표현은 적절한가? 'apolitical'이라는 수식어는 "교육education"의 성격을 규정하는 것으로 이해된다. 즉, "교육은 정치가 아니다(non-)" 또는 "교육에는 정치적인 요소가 없다(without)"라는 뜻이다. 그런 의미에서 교육의(에 대한) '반정치' 또는 '비정치'라고 번역할 수 있다. 적극적으로는 "교육이 정치와 연계성을 갖는 것, 나아가 교육 부문에 정치적 요소가 존재한다"라는 생각을 부정하는 관점이다. 그런 점에서 "반정치"라는 표현이 더 적절할지도 모른다. 그러나 우리말의 표현상 '비정치'라는 개념이 '반정치'의 개념보다 더 포괄적이라 판단되어 전자의 용어를 선택하였다.

다음으로 '신화'는 'myths'를 번역한 것이다. 그런데 안기성[1994. 4: 1 참조]선생님은 여러 차례 이를 "미신"으로 번역한 바 있다. 교육과 정치를 분리해야 한다는 관념이 "과학적인" 인식 체계가 아니라는 점에서 '미신'이란 표현이 적절할 수 있다. 그러나 필자가 이를 굳이 '신화'로 번역한 데에는 나름의 이유가 있다. 교육에서 '비정치의 신화'는 단순히 '미신'에 그치는 것이 아니라 학문적으로 체계화되어 현실을 설명하고 해석하는 기능을 해왔다. 바로 이런 점을 부각시키기 위해서 정치학에서 상용하는 '신화'라는 개념을 채택했다.

"'신화'는 광의로 '인간이 보유하고 있는 인간 생활의 수단 또는 목적이 되고 있는 신념 또는 관념'으로 정의되는데, 현대 사회과학에서는 사회현상 연구를 위한 유력한 단서로서 신화를 중요시하게 되었다. 이는 정치권력의 기능이 사회적 이해의 통합에 있기 때문으로, 개인이나 집단 간의 이해가 불일치·대립할 가능성이 항상 존재하기 때문에 권력은 사회적 이해의 일치를 표방하지 않으면 안 된다. 바로 여기에 신화 발생의 근거가 발견되는 것이다. 그런 점에서 신화는 몰가치적이고 검증 불가능한 것이며, 합리적·경험적 체계라기보다는 '신념 체계'와 더 관련되어 있다고 한다. 따라서 신화는 그것을 창작한 사회집단이 소멸한 뒤에도 인간의 마음속에 심적 현실로서 남아 있게 되는 경우가 많다. 이처럼 신화는 인간의 비합리적인 심리작용을 자극하여 사회적 연대 행동을 유발하는 기능을 발휘한다."^{정인흥 외, 1990: 942-943}

'신화'는 하나의 신념 체계로서 정치적 이데올로기의 기능을 하게 된다는 분석이다. 사실 여부를 떠나 특정 신화가 받아들여지면, 그러한 신념 체계 내에서 현실이 해석되고 만다. 통상적인 용법에서 '미신'보다는 '신화'를 자주 사용하고 있다는 점 말고도 영어 표현인 'apolitical myths of education'이 교육 현실에서 아주 중요한 정치적 이데올로기[31]

역할을 해왔다는 점에 주목하여 '신화'라는 용어를 택했다.

다음으로 교육과 정치의 개념에 관한 문제이다. 교육이 다의적으로 해석되는 것과 마찬가지로 정치 또한 여러 범주에서 각기 달리 정의된다. 그러므로 '교육'과 '정치'의 개념적 범주 설정 문제가 양자의 관계에 대한 논의에서 중요한 쟁점으로 떠오르게 된다. 교육에 대해서는 의도적·체계적·지속적인 교수학습 활동을 요체로 하는 근대적인 사회제도, 즉 공교육제도 안에서 수행하는 일체의 활동 정도로 정의하는 데 큰 문제가 없을 것이다.^{한국교육정치학회 편, 1994: 42 참조}

교육이 위와 같이 정의될 수 있다면, 이제 교육과 정치에 관련된 논의에서 논란의 핵심은 정치를 어떻게 정의하느냐 하는 문제다. 교육이라는 개념이 그렇듯이 정치 역시 다양하게 정의되고 있는 게 현실이다. 광의로 정치는 "권력을 행사하는 과정"으로 정의될 수 있으며, 이때 권력이란 "인간의 견해와 행동에 대해 영향을 미치는 것"이라고 할 수 있다. 마크리디스Roy C. Macridis도 맥락이 조금 다르기는 하지만, "갈등을 결정으로 변화시키는 과정the translation of conflict into decisions"이라는 광의의 개념을 제시한 바 있다.^{김영국 외, 1984: 164 참조}

그런데 문제는 "정부의 관직에 대한 인사권과 정부의 정책에 대한 결정권을 획득하기 위한 투쟁"이라든가 "입법부나 행정부 수준에 국한된 정치가들의 행위"라는 협의의 개념 정의에 있다. 이 경우 정치는 정치활동가들의 행위 또는 그러한 활동의 무대를 의미하며, 교육과는 별개의 영역으로 인식된다. 정치학사를 일별해 볼 때, 이러한 생각은 19세기 말

---

31. 일반적으로 정치적 이데올로기는 국가, 계급, 정당 그 밖에 사회집단이 국제적·국내적 정치 현실에 대하여 지니는 표상·원망(願望)·확신·전망·환상 등의 제 관념의 복합체라고 할 수 있다.

이전의 법률주의legalism 단계와 관련이 있다. 정치를 국가의 활동과 동일시하고 논의의 초점을 법률 구조에 둔 것이다. 정치를 이처럼 협의의 개념으로 묶어 두게 되면, 교육과 정치 관계나 교육 부문의 정치적 이슈에 대한 접근이 어려워질 수밖에 없다.

그러므로 여기서 우리는 정치에 대한 광의의 개념에 주목하여 "가치의 권위적인 배분authoritative allocation of values"이라는 이스턴Easton, 1965: 50의 조작적 정의operational definition를 수용하기로 한다. 이제 정치는 "사회의 이익이나 가치를 배분하는 과정에서 권력이라는 힘을 바탕으로 한 의사결정과정을 통해 사회 구성원 간에 서로 대립하는 가치나 이해를 조정하고 통제하는 활동"[32]안기성, 1994: 59 정도로 받아들여진다. 정치를 이렇게 이해할 때, 앞에서 살펴본 협의의 정치도 교육과 떼려야 뗄 수 없다는 사실을 자연스럽게 확인할 수 있다.

나. 교육(행정) 개혁과 정치적 동원의 필요성

앞에서 우리는 '비정치의 신화'를 일단 '교육과 정치는 반드시 분리되어야 한다'라는 식의 신념 체계로 정의한 뒤 논의를 출발시켰다. 그러면 이제 이런 생각에 함축된 의미를 생각해 볼 차례다. 그런데 이는 '비정치의 신화'가 배태된 미국 교육의 역사에서 그 단서를 찾을 수 있다. '비정치의 신화'가 미국의 교육(행정) 개혁기에 등장한 정치적 구호 또는 이데올로기였기 때문이다.

---

32. 이와 관련하여 다음의 논지도 음미해 볼 만하다. "정치는 자신들에게 유리하게 정책을 형성하기 위한 사람들, 통상 집단 간의 계속되는 경쟁이다. 이를 위해 각 집단은 자신이 속한 사회 구성원들의 신념과 가치 형성을 통해 간접적으로 정책을 이끌 수도 있다. 이러한 정의는 정부의 정치(the politics of government)와는 다른 맥락에서의 정치적 역동성(political dynamics)을 포괄할 수 있다."(Roskin et. als., 2017: 17)

교육과 정치가 분리되어야 한다는 신념 체계는 미국에서 교육개혁이 한창이던 20세기 초엽에 등장하였다. 19세기 말에서 20세기 초 미국에서는 '정치와 행정에 대한 이원론적 관점'을 정착시킨 행정개혁 운동이 전개되었다.[김용일, 1994: 6-8 참조] 이 운동에서는 '정치적 중립성'과 '관리론적 리더십'이 중시되고, 그 결과 경제성과 효율성이 행정 활동의 목적 내지 '행정연구의 기준'[33]으로 자리 잡게 되었다. 교육(행정) 개혁은 행정개혁 운동과 함께 당시 미국 사회 전반을 휩쓴 사회개혁 운동의 연장선상에 있었다. 이런 연유로 이원론적 관점이 교육(행정)과 정치의 관계를 설명하는 데에도 그대로 수용되어 '비정치의 신화'로 자리 잡게 된다.

이렇게 정립된 '비정치의 신화'는 교육행정 및 정책 등의 실제적인 측면에서 크게 두 가지 의미를 함축하고 있다. 하나는 정치영역과 교육 부문의 관련성에 대한 부정이며, 다른 하나는 교육 부문 내의 정치적 이슈의 실재에 대한 부정이다. 전자는 정치영역(연방과 주 수준의 입법부, 사법부, 행정부 등)의 교육행정 및 정책에 대한 관여를 배제하고자 했던 교육개혁가들의 의지에서 나온 것이다. 정치가 교육 부문에 직접 영향력을 행사해서는 안 된다. 교육에 관련된 기존의 정치적인 결정과 행위가 교육적으로 나쁜 결과를 초래하였다. 본질상 '추잡한' 정치dirty politics[34]가 교육행정 및 정책 결정 과정에 개입하여 '교육적 가치'가 손상되었을

---

33. 미국에서 윌슨(Woodrow Wilson)에 의해 주도된 초기 행정학의 이론구성은 통치 기능의 적절한 분석을 "행정을 정치로부터 분리한다"라는 명제 위에 정립하는 것이었다고 한다. 많은 사람들은 정치와 행정을 끝까지 분리하려 한 윌슨에게 있어 정치는 정당 활동의 범주 안에서만 파악되는 것으로 정책형성 과정으로는 인식되지 못한 한계를 지적하고 있다.(김영훈, 1974: 9-11 참조)
34. 개혁가들은 당시 만연되어 있던 엽관제도(spoils system)에 대한 혐오에서 이를 극복하기 위한 대안으로 정치로부터 교육(행정)의 분리를 시대적 과제로 받아들였다.(김영훈, 1974: 15-18 참조) 정치를 아주 좁게 해석하여 당파성에 입각한 정당의 활동, 구체적으로 엽관주의와 동일시하고 있음을 알 수 있다.

뿐만 아니라 정치적 부패와 타락을 초래하였다.

　이런 주장은 곧바로 교육 내부의 정치적 이슈를 부정하는 논지로 이어진다. 정치가 교육에 개입하지 않을 때, 교육 부문은 순수하게 '교육적 가치'에 의해 운영될 수 있다는 것이다. 전문성에 기초한 교육행정 활동을 통해 갈등이나 파국을 합리적으로 예견하고, 교육정책에 대한 합의를 끌어내어 행정의 효율성을 달성할 수 있다는 생각이다. 이제 교육 부문은 가치를 둘러싼 갈등, 즉 정치적인 이슈가 존재하지 않는 조화로운 활동 영역[35]인 것이다. 교육은 인격의 내면적 성장·발전이라고 하는 '교육적 가치'에 의해 영위되며, 정치는 권력작용(당파성)을 본질로 하는 별개의 영역일 따름이다.

　이런 관념이 대두하여 '비정치의 신화'로 자리 잡게 한 가장 중요한 요인이 교육개혁이라는 실천적 필요였다는 점은 지금까지 살펴본 대로다. 교육개혁을 성공시키기 위해서는 사회 구성원의 지지를 끌어내야 하는데, 이를 위해 대중의 정치적 동원이 필수적이다. 그런데 정치적 동원은 구체적인 정책보다는 단순하고 명쾌한 정치적 상징symbol의 제시를 통하여 이루어지는 것이 일반적이다. 이것이 바로 정치적 구호slogan나 정치적 수사rhetoric로 집약된다.

　개혁가들이 보기에 당시 교육개혁에서 핵심 의제는 "교육이 정치의 손아귀에 붙들려 있는 현실의 타파"였다. 이에 대해서는 많은 사람이 대체로 일치된 견해를 갖고 있어 더할 나위 없이 좋은 개혁의 구호가 될 수 있다고 판단하였다. 이에 '교육(행정)과 정치를 분리하자'라는 '비정치의 신화'를 대중 동원의 기제로 내세운 것이다. 그런 점에서 '비정치의

---

35. 여기서 우리는 '비정치의 신화'가 어째서 교육 부문의 탈정치화(depoliticization)로 귀결될 수밖에 없었던가 하는 의문에 대한 해답의 실마리를 발견하게 된다.

신화'는 그 자체가 교육개혁가들의 정치적 의도를 관철하기 위해 동원된 정치적 수사 또는 정치적 상징인 셈이다.

3. 국가와 전문가의 교육 독점, 정치력의 빈곤화

가. 교육(행정)에 대한 국가와 전문가의 독점

지금까지 '비정치의 신화'가 교육개혁을 위해 대중을 동원해야 할 필요에 따라 만들어져 널리 유포된 신념 체계라는 사실을 확인하였다. 그렇다면 이런 이데올로기로 대중을 동원해 낸 사람들이 누구였고, 또 그들이 관철하고자 한 정치적 이해는 무엇이었는가? 나아가 '비정치의 신화'가 교육 현실에서 어떠한 결과를 초래했는가? 이제 이런 의문들을 조금 더 자세히 검토하기로 하자.

앞에서 살펴본 것처럼 '비정치의 신화'를 만들어 낸 주체는 사회개혁가들이다. 더 깊은 이해를 위해 19세기 말 미국의 국가적 과제를 생각해 볼 필요가 있다. 이 시기는 국가기능의 변화를 요구할 뿐만 아니라 정부의 부패와 비능률에 대한 개혁 운동이 시작된 때다. 사회의 구조적 변화, 즉 독점자본주의화에 따라 정부에 대해 외교와 군비의 충실은 물론 고도의 산업 발전과 기술화에 상응하는 제반 복지시설이나 편익 제고 등이 요청되었다. 요컨대, 독점자본주의 경제 질서에 수반되는 갖가지 폐단을 해소하기 위한 대책이 필요하였다.

이에 대응하여 일련의 정치개혁이 뒤따랐는데, 당면한 위기 극복으로서의 이 개혁 운동은 민주주의의 완성을 위한 움직임과 함께 민주주의 체제의 기능화를 지향함으로써 직능국가의 출현을 촉진했다. 이러한 개혁의 와중에서 정치와 행정을 구분하는 '이원론적 관점'에 기초한 미국의 행정학이 성립하게 된다. 그 이론적 표현이 기업관리 원칙을 본질로 하는 과학적 관리론이었다는 사실은 이 책 제1장에서 이미 살펴본 바와 같다.^{김영훈, 1974: 6-7 참조}

그런데 19세기 말에 시작된 일련의 사회개혁 운동은 20세기 초 교육 개혁으로 이어져 경제계나 정치계의 유력 인사들이 커다란 영향력을 행사하게 된다. 그런 까닭에 이들의 이원론적 관점이 교육개혁의 논리 또는 사상에 그대로 수용된다. 그런 점에서 당시의 사회적 과제와 사회개혁가들의 생각이 교육에서 '비정치의 신화'가 배태·성장하는 데 필요한 토양을 제공해 주었다고 할 수 있다.

다음으로 교육전문가들(교육행정가, 교육학자 등)의 주도적인 역할을 빼놓을 수 없다. 이들은 당시 교육이 정치와의 지나친 유착으로 인해 수많은 폐해를 드러내고 있다고 판단하였다. 그러므로 이런 상황을 타개하기 위해 '비정치의 신화'를 주창하고 널리 전파해 나간다. 스크리브너와 잉글러트는 교육전문가들이 '비정치의 신화'를 쉽게 수용하고 맹신하게 된 원인을 다음과 같이 분석하고 있다.

"… 첫째 이유는 1900년대 초 엽관주의의 폐단과 부정은 사실상 가공할 만한 것으로서 그 대부분이 '정치'와 관련되어 있었다는 사실이다. 둘째 이유는 지성계가 정치계보다 우월하다고 인식되던 당시의 풍토를 들 수 있다. 셋째 이유는 이러저러한 정당과 연합하기를 극도로 꺼리는 태도와 관련이 있다. 정치는 당파성으로 규정되고, 많은 교육자가 교육에 대한 초당적인 지지만이 집권당이 누구이든지 간에 재정적인(그리고 그 밖의 다른) 지원을 보장해 줄 것이라 믿었다. 끝으로 교육에 대한 대중의 지지를 얻는 데에 교육자들은 고상한 원칙과 사회적 책무 등을 강조함으로써 결국 '자구적이거나 파당적인'(이게 바로 정치적임) 요소를 한사코 피하려 하였다."^{Scribner and Englert, 1977: 4-5}

직접적으로는 교육전문가들이 교육개혁에 대한 대중의 지지를 끌어내기 위해 '비정치의 신화'를 만들어 유포하였다. 여기에 경제계나 정치계 인사들이 간접적으로 가세하였다. '간접적'이라고 하나 이는 영향력이 적다는 의미가 아니다. 사회개혁 운동에 필요한 논리, 즉 정치-행정 이원론을 한발 앞서 만들어 넘으로써 교육 개혁기에 '비정치의 신화'가 등장할 수 있는 토양을 마련해 주었다는 뜻에서 그렇게 표현한 것이다. 이처럼 '비정치의 신화'는 경제계·정치계·교육계의 지도자들이 교육개혁에 대중을 동원하기 위해 유포한 '작품'이었다.

그러면 이제 개혁가들이 '비정치의 신화'를 통해 관철하려 했던 정치적 의도와 그 결과에 대해 살펴보기로 하자. 교육개혁가들이 교육개혁을 위해 버려야 할 것으로 꼽았던 것은 인사의 측면에서 엽관제, 교육의원의 소선거구제 선출 방식, 당파성에 기초한 교육정책 결정 및 교육행정 운용 등이었다. 반면 취해야 할 것으로 지목한 사항은 전문성에 기초한 교육행정의 운용 및 행정가의 등용, 대선거구제에 의한 교육의원 선출, 경제적·기술적 합리성에 의한 교육정책 결정 및 전문적인 교육행정 활동, 교육의 전문성 확보 등이었다.^{Scribner and Englert, 1977: 2-5 참조} '비정치의 신화'의 실천적 의미가 "경제적 효율성에 입각한 교육행정 활동, 당파성의 배제, 궁극적으로는 교육의 자율성·전문성 보장 등"이라는 것을 알 수 있다.

교육개혁가들은 개혁의 핵심 과제가 교육행정을 정치의 영향력에서 벗어나게 하는 것이라고 보았다. 그간 당파성에 기초한 정치가 교육(행정)에 과도하게 간섭해왔다. 그러니 교육행정이나 교육정책 결정 과정에서 순수하게 '교육적인 요소' 이외의 모든 영향력을 배제해야 한다는 것이었다. 그런데 교육개혁가들이 정치를 단순히 정당의 활동쯤으로 이해하면서 이러한 주장을 펼쳤다면 하등 문제 될 게 없다. 교육이 당파성에 좌우되는 현상은 사실 바람직하지 않기 때문이다. 그러나 교육개혁가들이 '비정치의 신화'를 통해 대중에게 말하고자 했던 것은 이것만이 아니다. 바로 여기에 중대한 정치적 의도가 함축되어 있다.

앞에서 우리는 정치를 "가치의 권위적인 배분"이라고 넓게 정의하였다. 여기서 "권위적authoritative"이라는 말은 어떠한 결정에 대한 대중의 동의와 지지가 바탕이 된다는 의미다. 그런데 대의제 민주주의에서 동의의 주요한 표현 수단은 선거나 청원 등이다. 이를 통해 대표성representativeness이 획득되며, 그러한 과정이 바로 "정치적"이란 점은 재론할 필요가 없다. 그런데도 정치를 당파적인 것으로 규정하면서 교육과 정치를 분리해야 한다는 논리를 펼쳐온 것이다.

이는 결국 효율성의 원리에 따라 교육행정 및 정책 결정을 합리적으로 수행할 테니 모든 것을 전문가인 자신들에게 맡겨 달라는 뜻으로 받아들여진다. 다른 영향력을 배제하고 오로지 자신들의 권력을 극대화하겠다는 의도를 엿볼 수 있다. 이는 미국에서 '비정치의 신화'가 널리 유포됨으로써 대중이 배제되고 국가(정부)와 전문가의 독점이 초래되었다고 밝히고 있는 많은 연구 결과에서 확인된다.

다른 한편, 국가가 교육행정이나 정책 결정을 장악하게 된 것은 정부의 재정지원을 전제로 하는 공교육의 속성상 교육 부문에 대한 정부의 통제를 원천적으로 배제할 수 없기 때문이다. 교육개혁가들은 '비정치의 신화'를 부르짖으면서 교육 부문의 주도권을 쥐고자 했다. 그러나 이는 정부의 이해관계와 자신들의 이해관계가 일치할 때만이 어느 정도 가능한 일이었다. [그림 2-1]은 이 같은 정치과정의 산물로서 교육행정과 정책을 둘러싸고 형성된 권력의 관계를 나타낸 것이다.

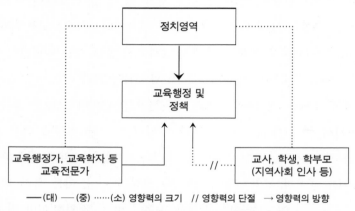

[그림 2-1] '비정치의 신화'의 정치적 귀결로서 권력 관계

위의 그림에서 정치영역(대표적으로 정부)과 교육전문가의 연합적 성격의 독점 권력이 형성되었음을 알 수 있다. 반면, 교사와 학생·학부모 등 일반 국민은 교육행정과 정책 결정에서 상대적으로 완벽하게 배제되었다. 교육은 전문가에 의해 영위되어야 할 영역이지 '고상한 원칙'에 따라 교육받아야 할 학생과 전문가가 아닌 '무식한' 대중에 의해 좌우되어서는 안 된다는 생각이 실현된 것이다. 대중이 교육행정이나 정책 결정에 직접 참여한다면, 결국 정치의 논리를 벗어날 수 없을 것이기 때문이다. 그러나 이런 주장의 사실 여부를 떠나 위와 같은 연합은 교육전문가들의 입장과 정부의 이해가 일치하기 때문에 가능했다. 특별히 전문가로 간주되기 시작한 교사가 배제되어 있다는 점에 유의할 필요가 있다.

다른 한편, [그림 2-1]에서 정부를 중심으로 한 정치영역의 영향력이 교육전문가의 그것보다 훨씬 크다는 사실을 알 수 있다. '비정치의 신화'를 앞세워 교육전문가들이 주도권을 쥐어야 한다는 주장이 거셌다. 그러나 이 문제에 관한 한 교육개혁가들의 주장과 정부의 이해가 엇갈렸다. 행정이나 정책 결정 과정에서 대중을 배제하자는 데는 생각이 같았다. 그러나 그렇다고 모든 권한을 전문가의 수중에 내맡겨서는 안 된다는 정부의 판단이 작용한 것이다.

또 하나, 특기할 만한 점은 교사가 교육전문가로 인정되지 않은 채 정책 결정 과정에서 배제되어 있다는 사실이다. '추잡한' 정치를 피해야 할 교사들이 교육행정이나 정책에 관여하게 될 때, 당파성에 휩쓸리는 위험을 피하기 어렵다. 그러니 교사들을 정치로부터 보호하자는 생각이었던 셈이다. 이것 말고도 교사는 대학교수, 법조인, 의사 등과 같은 전문직이 아니라는 통념이 배제 요인으로 가세했다. 사정의 변화[36]에도 불구하고 오랫동안 교사는 교원 양성 대학교수pedagogues' pedagogues나 교육행정가 등과 같은 교육전문가와는 달리 취급되었다.

이런 조건에서 교육전문가들은 이제 교육에 대한 대중의 요구를 가장 잘 파악하고 '사심 없이' 대응할 수 있는 존재임을 자임한다. 오로지 교육전문가만이 이러한 역할을 할 수 있으며, 사회 구성원은 이에 조건 없이 따라주기만 하면 된다. 아울러 실현 불가능한 일임을 잘 알면서도 계속해서 그들은 정치영역에 대해서도 똑같은 요구를 한다. 전문가적인 식

---

36. 1857년 결성된 미국 교원노조(NEA)의 제일의 목표는 전문직의 지위를 획득하는 것이었다. 직업훈련 기관이던 사범학교(normal school)가 대학이나 대학원으로 대체되고 교원 자격증이 법제화되는 등 전문직으로 인정받기까지 80년 이상의 시간이 걸렸다. 그러나 이후에도 교사는 교육행정 및 정책 결정에 관한 한 전문가로 대접받지 못했다.(Eliot, 1959: 1033-1034 참조)

견에 입각한 교육행정과 교육정책 결정에 손을 들어 주고, 재정지원 등의 조건 정비를 해 주는 것으로 정부의 역할은 충분하다는 것이다.

이런 교육전문가들의 바람이 모두 관철된 것은 아니지만, 정부와 전문가집단이 연합하여 교육행정과 정책 결정을 주도하게 되었다. 그 결과 교육 부문의 탈정치화depoliticization 현상이 가속화된다. 탈정치화는 교육 관련 당사자들을 정치적 무관심 또는 혐오 등으로 빠져들게 만드는 정치사회화가 진행됨에 따라 나타나는 현상이다. 교육행정 및 정책에서 주권자인 대중이 주체가 아니라 수동적인 정치적 조작과 동원의 대상으로 전락하게 된 것이다. 자연 교육에 대한 요구나 지지 등과 같은 사회 구성원의 정치적 영향력도 현저히 감소되었다.

나. 학문적 체계화와 정치력의 빈곤화

본질적으로 강압적이긴 하나 '비정치의 신화'가 사람들에게 일방적으로 강요된 것만은 아니다. 정부와 교육전문가들은 이를 학문적으로 체계화함으로써 교육 관련 당사자들의 동의를 끌어내기 위해 부단히 노력하였다. '비정치의 신화'로 교육에 대한 정부와 전문가의 독점이 이루어졌지만, 거기에 머무르지 않고 이론적으로 정교화하여 독점 상태를 공고히 하려 한 것이다. 이처럼 '학문적 체계화'는 비논리적·감정적 요소로 인해 한계를 드러낼 수밖에 없는 '비정치의 신화'를 정당화justification 하는 의미를 지니고 있다.

학문적 체계화는 앞 장에서 살펴본 정치-행정 이원론적 관점의 수용을 근간으로 한다. 교육 개혁기에 정치적 구호로 등장한 '비정치의 신화'가 '정치와 교육(행정)에 대한 이원론적 관점'이라는 형태로 방법론적 지위를 획득하게 된다. 그 결과 새로운 연구방법론으로 자리 잡은 이원론적 관점에 기초한 연구가 '과학적인 것'으로 인정되기에 이른다. 정치적 구호로서 내세워진 '비정치의 신화'가 하나의 이데올로기로 교육 현실에 힘을 발휘하더니 마침내 이론의 측면에서도 '합법적인 지위'를 부여받게 된 것이다.

이처럼 '비정치의 신화'가 현실적인 영향력을 발휘할 수 있었던 것은 "교육(행정)과 정치가 분리되어야 한다"라는 당위적인 주장 때문이 아니다. 이론의 측면에서 '비정치의 신화'에 대한 부단한 정당화 노력이 뒷받침되었다. 이것이 교육행정학의 성립으로 이어지고, 1960년대 말까지 별다른 도전을 받지 않고 학문적 입지를 구가하게 된다. 교육(행정)의 전문성, 자주성, 교육의 정치적 중립성[37] 등은 그런 노력의 구체적인 산물이다. 교육행정학에서 교육과 정치에 관련된 논의를 할 때 이런 개념들이 자주 거론되는 것이 결코 우연이 아니란 뜻이다.

[그림 2-2]에서 보듯 '비정치의 신화'가 학문적으로 체계화되는 것은 곧 교육 현실에 그 영향력을 더해가는 과정임을 알 수 있다. '비정치의 신화'의 학문적 체계화는 일차적으로 교육 실천의 측면에서 탈정치화라는 절박한 필요를 반영하여 진행된 것이다. 그런데 학문적 체계화가 이번에는 교육 부문에서 정치력[38]의 빈곤을 초래하는데, 양자는 정비례하는 속성을 지니고 있다. '비정치의 신화'가 학문적으로 체계화되면 될수록 교육 부문에서 정치력의 빈곤이 가중되는 식이다.

미국의 경우 1960년대 말경부터 이론 차원에서 도전이 감행되어 '비

---

37. 미국에서는 '교육의 정치적 중립성'이라는 개념보다 교육의 자주성(autonomy) 또는 전문성(professionalism)이라는 용어를 상용한다. 필자가 일찍이 석사학위 논문에서 밝혔듯이 '교육의 정치적 중립성'은 "한국판 '비정치의 신화'"라고 할 수 있다.(김용일, 1989 참조)
38. 여기서 정치력(政治力)이라고 함은 "정치적 능력 또는 역량"을 의미한다. 다시 말해, 교육 부문의 다양한 주체들이 가치의 권위적 배분에 영향력을 미칠 수 있는 힘의 크기 또는 정도를 나타내는 말로 사용하고 있다.

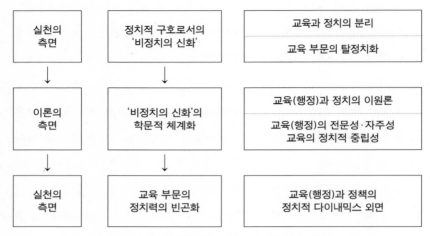

[그림 2-2] '비정치의 신화'의 이론과 실천의 변증법

정치의 신화'를 타파해야 한다는 문제의식이 표출되고 현실 또한 이런 방향으로 진전된다. 다시 말해 정치-행정 일원론적 관점, 즉 교육정치학의 성립 등으로 교육 부문의 정치적 활성화 또는 정치 기능의 정상화의 토대가 마련된 것이다. 이런 변화는 행정학이나 교육행정학에서 공통적인 발견되는 현상이다. 이 책 제1장에서 살펴보았듯이 행정학에서는 신행정학이 대두하는 한편, 교육행정학의 경우 교육정치학의 거센 도전에 직면하는 과정을 거치게 된다.

교육 부문에서 정치력이 빈곤해지는 현상은 '비정치의 신화'의 변전 과정을 생각할 때 당연한 결과라 할 수 있다. 교육(행정)과 정치의 관계를 부정하고 교육 부문의 정치적 이슈를 의도적으로 인정하지 않으려는 관념이 자리 잡게 될 때, 교육(행정)과 정책의 정치적 역동성을 제대로 파악하기란 불가능한 일이다. 자연 역동적인 교육 환경에 적절히 대응할 수 없는 문제 상황에 봉착할 수밖에 없다. 사례를 들어 설명해 보면, '비정치의 신화'로 인한 정치력의 빈곤화를 보다 쉽게 이해할 수 있다.

우리나라에서는 '비정치의 신화'가 '교육의 정치적 중립성'이라는 모호하고 포괄적인 명제에 집약되어 있다. 현행 헌법 제31조 제4항에 "교육의 자주성·전문성·정치적 중립성 및 대학의 자율성은 법률이 정하는 바에 의하여 보장되어야 한다"라고 명시된 것이다. 이 가운데 '교육의 정치적 중립성'[39]이라는 조문은 「교육기본법」 제14조 제④항[40], 「국가공무원법」 제65조[41]의 규정 등과 함께 교원의 정치참여는 물론 교실에서 정치적 논란이 될 수 있는 문제에 대한 거론을 실질적으로 규제해 왔다. 더구나 학생들에게 꼭 필요한 정치교육도 불가능하게 만들었다.[Entwistle, 1971: 1-8 참조] 조금 다른 각도의 분석이지만, 정치교육의 제약 등에 관해서는 다음의 진단을 음미해 볼 필요가 있다.

"우리나라의 경우 도덕교육, 반공교육, 민주시민교육, 인간교육, 국민윤리교육, 통일교육, 국민정신교육 등 다양한 명칭으로 실시된 교육이 바로 **넓은 의미의 정치교육에 해당**되는 것이다. 그러나 **우리는 '정치교육'이라는 명칭을 사용하기를 꺼려 회피해 왔다.** 그 까닭은 여러 가지 있겠으나, **그 명칭이 풍기는 의미에 대해서 거부 반응을 유발할 가능**

---

39. '교육의 정치적 중립성'은 애초 「교육법」(1949.12.31. 제정·공포) 제5조의 "교육은 … 정치적, 파당적 … 편견의 선전을 위한 방편으로 이용되어서는 아니 된다"라는 규정과 관련이 있는 조문이다. 5.16 직후 국가재건최고회의의 개헌 입법 활동에서 헌법으로 자리를 옮겨 오늘에 이르고 있다. 그런데 이것이 교원의 정치 활동 금지를 규정하고 있는 다른 법률과 결부되어 있다. 요컨대, 군사정권의 탈정치화 의도에서 나온 것으로 '비정치의 신화'와 본질적으로 다르지 않은 것이라 할 수 있다.(김용일, 1989: 57-65 참조)
40. 동 조항은 "제14조(교원) ④ 교원은 특정한 정당이나 정파를 지지하거나 반대하기 위하여 학생을 지도하거나 선동하여서는 아니 된다."라는 내용이다.
41. 그 주요 내용은 다음과 같다. "제65조(정치 운동의 금지) ① 공무원은 정당이나 그 밖의 정치단체의 결성에 관여하거나 이에 가입할 수 없다. ② 공무원은 선거에서 특정 정당 또는 특정인을 지지 또는 반대하기 위한 다음의 행위를 하여서는 아니 된다. (하략)"

성이 있다고 여겨온 점이 가장 큰 이유였을 것이다. 이러한 이유로 '정
치교육'이라는 명칭을 사용하지 못하고 다양한 명칭의 교육을 실시함
으로써 **오히려 혼돈과 갈등을 유발하게 되고, 진작 중요시하고 강조해
야 할 정치교육을 기피하게 된 것**이라 여겨진다.”[Langeveld, 박용헌 역, 1982: 1]

인용문은 정치교육이 다양한 이름으로 실시되어 왔으며, 또 피할 수
없는 교육 내용이라는 사실 확인에서 출발한다. 그렇지만 '정치교육'이
란 명칭 사용을 꺼려 회피해 왔다고 하여 '비정치의 신화'의 영향이 얼
마나 뿌리 깊은지를 깨닫게 해 주고 있다. 곱씹어 볼 만한 대목은 정부
의 이런 처사가 혼동과 갈등을 유발하고, 교육적으로 중요한 정치교육
을 기피하게 만들었다는 지적이다. 이처럼 한국판 '비정치의 신화'인 교
육의 정치적 중립성은 제대로 된 정치교육조차 가로막는 막강한 힘을
발휘해 왔다.

또 다른 예로 '문민정부' 시절 학교운영위원회 설치를 들 수 있다.[교육개
혁위원회, 1995.5.31: 43-45] 이 개혁안은 '비정치의 신화'를 타파하는 쪽으로 교육
현실이 변할 것이란 기대를 한껏 품게 하였다. 교사를 포함한 교원, 학부
모, 지역 인사, 동문 대표, 교육전문가 등으로 학교운영위원회를 구성하
여 단위 학교 운영에 관한 심의, 의결, 자문 기능을 수행하도록 설계되
었기 때문이다. '비정치의 신화'가 강하게 뿌리내리고 있던 당시의 현실
에서 실로 획기적인 구상으로 받아들여졌다.

학부모와 지역 인사 등 교육 소비자를 다수파로 하는 등 시장주의 요
소가 강하다는 비판이 존재했다. 그러나 학교장 전권체제로 비판받아
온 단위 학교의 교육 거버넌스educational governance가 크게 변하는 등
의 효과는 있었을 것이다. 그런 점에서 교육 관련 당사자들을 정치력의

빈곤 상태에 놓아두고서는 교육개혁이 성공하기 어렵다는 반성이 깃들인 구상으로 해석해 볼 여지가 있었다. 하지만 지난 20여 년간 학교운영위원회는 '계륵'과 같은 존재로 명맥만을 유지해 오고 있다. 단체행동을 불사한 학교장의 반발로 재심의조항을 삭제하는 법률 개정 등으로 인해 애초의 구상에서 한참 멀어졌기 때문이다.^{김용일, 2009 참조}

관리자인 학교장과 여타 구성원의 입장이 극명하게 갈리고 또 서로의 이해가 정면으로 충돌한 것이다. 이 과정에서 단위 학교 운영 차원에서도 정치적 이슈가 엄존한다는 사실을 확인했다는 점이 그나마 '성과'라면 성과일 수 있다. 문제는 학교장의 요구를 수용한 법률 개정을 통해 갈등이 봉합됨으로써 단위 학교 운영상의 정치적 활성화 기회가 무산되었다는 점이다. 우리 교육이 여전히 '비정치의 신화'에 사로잡혀 정치력의 빈곤 상태를 벗어나지 못하고 있는 좋은 예라 할 수 있다. '비정치의 신화'를 방패막이로 교육(행정)과 정책의 정치적 역동성을 외면할 때, 교육 부문에서 정치력의 빈곤은 피할 수 없는 일이다.

4. 교육의 정치적 중립성 극복 과제

실현 가능성을 떠나 교육을 당파적 이해관계에 좌우되게 해서는 안 된다. 공교육의 이념을 실천하는 학교 수준, 특히 초·중등 단계의 학교에서는 더욱 그러하다. 정치적인 사안에 대한 정보와 판단력이 부족하여 정치교육을 통해 능력을 길러야 하는 학생들에게는 일정한 유예기간이 필요하다. 따라서 교사들은 교실에서 정치에 관련된 이슈를 다루는 데 신중해야 하며, 정부·정당·학부모 등 교육 관련 당사자들 모두가 이원칙을 준수해야 한다. 이런 의미에서라면 교육과 정치가 당연히 분리되거나 일정한 거리를 두어야 한다고 생각한다.

그러나 지금까지의 고찰에서 '교육과 정치를 분리하자'라는 '비정치의 신화'는 뜻하는 바가 전혀 다르다는 사실을 확인할 수 있었다. 허구적인 신념 체계일 뿐만 아니라 그 자체가 고도의 당파성을 함축하고 있는 관념이다. 20세기 초 교육개혁가들이 '비정치의 신화'를 통해 자신들의 정치적 목적을 달성하려 했다는 점에서 교육과 정치의 관계에 대한 하나의 이데올로기라고 할 수 있다. 그러한 전통이 이어져 교육행정 및 정책에 대한 국가와 교육전문가의 독점이 실현되었다.

'비정치의 신화'를 주창한 세력들은 그 이데올로기적 성격을 감추기 위해 끊임없이 노력해 왔다. '비정치의 신화'의 학문적 체계화가 그것인데, 교육(행정)과 정치의 이원론이 그 방법론적 기초가 되었다. 자신들의 주장을 정당화하는 과정에서 '교육(행정)의 전문성·자주성', '교육의 정치적 중립성' 등의 논리가 동원되었다. 그 가운데 특별히 교육의 정치적 중립성은 "한국판 '비정치의 신화'"라 할 만하다. 이를 매개로 '비정치의 신화'가 지닌 이데올로기적 기능이 그대로 발현되었으며, 탈정치화 등 교육 부문의 정치력의 빈곤이 심화되었기 때문이다.

이 책 제10장에서 교육정치학 30년의 성과를 논하는 가운데 교육학계에 관한 한 '비정치의 신화'가 극복되었다고 평가하고 있다. 그러나 그렇다고 해서 당파성이 강한 비과학적인 신념 체계가 말끔히 해소되었다는 의미는 아니다. 교육학계 일각에는 "교육의 정치적 중립성"이란 우회로를 터 낡은 관념을 고수하려는 사람들이 여전히 존재한다. '비정치의 신화', 정치-행정 이원론으로 세상을 바라보고 해석할 때 얻는 게 많기 때문이다. 교육정치학의 성장으로 그 세가 많이 기운 건 사실이다. 그렇지만 낡은 신념 체계를 부여잡고 있는 사람들의 모습에서 '비정치의 신화'가 지닌 힘을 새삼 느끼지 않을 수 없다.

제3장
관리론적 교육행정학을 넘어

이 장에서는 특별히 교육행정학과의 관계에 주목하여 교육정치학의 학문적 성격을 조명하고 있다. 교육정치학은 관리론적 전통의 교육행정학이 소홀히 한 교육 정치 educational politics 영역으로 연구 관심을 확장했다. 그런 점에서 교육행정학의 보완재성격이 지니고 있지만, 대체재 성격도 결코 가볍게 볼 수 없다. 정치-행정 일원론으로 교육행정학을 재구성한 학문적 실천이 바로 교육정치학이기 때문이다.

1. 교육정치학의 경계 정체성

1994년 4월 2일은 한국교육정치학회가 창립된 날이다. 2014년 4월 현재를 기준으로 하면, 이제 막 스무 살의 청년기에 접어든 셈이다. 이 시점에서 또다시 "교육정치학의 학문적 성격"에 대해 생각해 보고자 한다. 우리나라에서 처음 이 문제를 안고 씨름한 것이 1994년 6월 학회 창립 기념 학술대회 자리에서였다. 「교육정치학의 학문적 성격」이란 주제 아래 세 편의 논문[42]이 발표되었다. 새로운 학문영역을 개척하는 마당에 그 성격이 무엇이고, 또 앞으로의 과제가 어떤 것인지를 검토하는 것은 너무나 자연스러운 일이었다.

이후 학회 차원에서 같은 문제를 종합적으로 다룬 때가 10년이 지

---

42. 역사의 기록으로 남긴다는 의미에서 이날 발표된 논문과 발표자를 소개하기로 한다.(한국교육정치학회, 1994. 11. 11). 〈1주제〉 교육정치학의 학문적 성격(김용일), 〈2주제〉 미국 교육정치학의 연구 동향(신현석), 〈3주제〉 한국 교육정치학의 과제(안기성).

난 시점에서였다. 2004년 「한국교육정치학 연구의 10년 성과」를 주제로 한 학술대회에서였는데, 10년이란 시간 단위가 개인이든 단체든 그간의 성과를 되돌아보고 무언가 각오를 새롭게 하기에 적절하기 때문이라 할 수 있다. 당시 학술대회에서는 '교육정치학의 학문적 정체성 탐구'[정일환, 2004], '한국교육정치학의 연구 동향'[이일용, 2004], '한국교육정치학회의 발전 과정'[김용일, 2004], '한국교육정치학의 반성과 발전 과제'[김재웅, 2004] 등 모두 네 편의 논문 발표와 함께 활발한 토론이 이루어졌다.

그 연장선상에서 여기서는 창립 20주년을 맞이하여 다시 한번 교육정치학의 학문적 특성 내지 정체성을 점검하고 있다. 그런데 이런 목표에 도달하는 방법은 여러 가지가 있을 수 있다. 그 가운데 2013년 11월 한국교육정치학회의 연차 학술대회에서 시도된 접근방법은 눈여겨볼 만하다. 학회 창립 20주년을 목전에 둔 시점[43]에서 "교육정치학과 인접 학문과의 관계 정립"을 통해 교육정치학의 학문적 성격을 규명하고자 했기 때문이다. 당시 학회에서 이메일 등을 통해 밝힌 "연차 학술대회 주제의 취지"에는 왜 그런 접근방법을 취하게 되었으며, 무엇을 목적으로 하고 있는지가 잘 드러나 있다.

"**연차 학술대회 주제의 취지** 교육정치학의 학문적 성격에 대해서는 1994년 창립 학술대회 당시에 김용일 교수가 발표한 적이 있고, 2000년대 초반에 학술대회를 통해 논의한 적이 있으며, 2012년 연차 학술

---

43. 2012년 말 한국교육정치학회가 "교육정치학의 학문적 성격에 대한 재조명"이란 주제로 연차 학술대회를 개최한 것도 같은 맥락에서 이루어진 것으로 볼 수 있다. 거기에서는 '교육정치학의 학문적 정체성: 진단과 과제의 탐색(신현석, 2012.12.8.)', '미국 연방정부의 확대로 살펴본 중앙집권과 지방분권 사이의 정치학(박대권, 2012.12.8.)', '교육정치학의 연구 동향 분석(가신현, 2012.12.8.)' 등 모두 3편의 논문이 발표되었다.

대회에서 다시 한번 논의했음에도 불구하고, **교육정치학의 학문적 성격은 여전히 미정립 상태**이다. 따라서 이번 연차대회 결과를 통하여 **교육정치학과 인접 학문과의 관계를 정립하고 교육정치학의 성격 규명을 분명히 할 필요가 있다.** 이를 바탕으로 교육정치학회의 미션을 구체화하고 홈페이지와 학술지에 학문의 성격과 범위 명시가 필요하다."

교육정치학의 학문적 성격이 "여전히 미정립 상태"란 평가에 대해서는 이견이 있을 수 있다. 또 연차대회 결과를 바탕으로 "교육정치학회의 미션을 구체화하고 홈페이지와 학술지에 학문의 성격과 범위 명시"할 수 있을지도 장담하기 어렵다. 그러나 교육행정학, 정치학, 정책학 등 인접 학문과의 관계 정립을 통해 교육정치학의 학문적 성격을 규명하려는 시도는 아주 의미 있는 일이다. '경계 정체성'^{신현석, 2012. 12. 8: 29 참조}에 주목하여 특정 학문의 성격을 규명하려는 취지로 받아들여지기 때문이다.

이런 문제의식을 바탕으로 여기서는 특별히 교육행정학과의 관계 정립을 통해 교육정치학의 학문적 성격을 드러내고자 한다. 이를 위해 설정한 연구 내용은 다음과 같다. 본 서론에 이어 제2절에서는 효율성 efficiency 위주의 행정개혁 운동을 배경으로 관리론적 교육행정학이 성립·진화해 온 과정을 검토하고 있다. 제3절에서는 교육정치학이 관리론적 교육행정학을 넘어 독자적인 연구 분야로 정립·성장해 온 과정에 대해 살펴보고 있다. 제4절에서는 이상의 고찰 결과를 간략히 정리한 뒤 교육정치학이 교육행정학의 보완재이자 대체재의 성격을 함께 지니고 있다는 점을 논하고 있다.

2. 효율 위주의 행정개혁 운동과 교육행정학

역사학자들이 진보주의 시대the progressive era라고 부르는 19세기 말에서 20세기 초 미국에서는 행정개혁 운동the reform movement이 활발하게 전개되었다. 이 운동에서는 '정치적 중립성'과 '관리론적 리더십'이 중시되고, 그에 따라 효율성과 경제성이 행정 활동의 목적 또는 행정연구의 기준으로 자리 잡게 되었다. 당시의 사정에 대해 리프킨은 다음과 같이 요령 있게 정리한 바 있다.

> "진보주의자들은 정부의 탈정치화 및 과학적 관리의 원칙이 지방, 주, 그리고 연방정부의 프로그램에 도입되기를 요구하였다. 전통적인 정치의 조작과 음모로부터 개혁 운동가들이 순수하게 행정적인 것이라고 여긴 문제들을 보호하기 위한 노력으로 … 개혁가들은 새로운 전문 경영인 세대가 행정 구조 전반의 정치적 임명자들을 대체하여 정부를 더 효율적이고 과학적으로 만들기를 희망하였다. 정치 기술을 행정의 과학으로 대체하기 위하여 새로운 전문학교를 설립하여 과학적 관리론을 통치에 어떻게 적용하는지를 학생들에게 가르쳤다."Rifkin, 이영호 옮김, 1996: 80-81

제2장에서 살펴본 대로 교육개혁 또한 이 같은 행정개혁 운동은 물론 당시 미국 사회 전반에 걸친 사회개혁 운동의 연장선상에서 추진되었다. 학생의 급격한 증가로 학교가 크고 복잡해지면서 교육행정의 전문성이 요구되었다. 교육구의 규모도 커지고 집권화 방향으로의 변화가 나타나는 한편, 종전의 비전문가들인 주민을 대신하여 엘리트 지배가 강화되

었다. 여기에 더하여 교육위원회의 권력이 교육(행정)전문가인 교육감들에게 이양[44]되기 시작하였다.

"1890년대에 이르게 되면 도시 시스템city system에서 중요한 행정적·조직적 개혁이 이루어진다. 그리고 **다양한 배경을 지닌 아동들의 입학 증가로 학교는 매우 흥미로운 탐구의 대상**이 된다. 이후 새로운 세기에 접어들면서 **대부분의 도시 교육위원회는 집권화되고 더욱 엘리트적인 사회계급에 의해 지배**되었다. 교육위원회의 비전문가들은 종종 **기업 거버넌스 모델을 동경하면서 감독과 정책 수립 권한을 교육감들에게 이양**했다. **교육감들은 대개 대학에서 훈련받았으며, 과학적 관리론**scientific management**과 기업의 효율성**business efficiency**으로 무장한 사람들**이었다."Reese, 2011:123

개혁 운동의 실천적 귀결이 바로 "권력의 이동"이었음을 깨닫게 해 주는 대목이다. 사회 전반에 있어 정치의 과도한 규정력으로 인한 문제 상황을 극복하기 위해 출발한 개혁 운동이 행정 권력을 전문가나 엘리트들에게 집중시킨 것이다. 리스Reese, 2011: 127가 그 변화의 본질을 "민주주의에서 전문주의로의 변화"로 파악하는 한편, "사회정의와 민주주의 대對 경제적·사회적 효율 간의 긴장"이 조성되었다고 한 것은 바로 이 때문이

---

44. 처음에는 교육위원회가 교육감을 고용한 뒤 자신의 권한 가운데 일부를 넘겨주었다. 그런데 당시 주민 대표로 구성된 교육위원회는 무능력하고 정치적으로 편향되어 있으며, 학교 건축 계약 및 교사의 고용에 있어 상대 급부를 제공하는 측에 유리하게 결정하는 등의 부정을 일삼았다. 1892년 36개 도시 공립학교의 상황에 대해 고찰한 후, "학교를 정치가의 수중에서 해방시켜 유능한 교육자에게 넘겨주어야 한다"라는 주장이 제기될 정도였다. 이처럼 교육위원회를 향해 학교의 상황을 개선할 수 있도록 교육감에게 권한과 자율성을 충분하게 부여하라는 목소리가 높았다.(Campbell et al., 1987: 130 참조)

다. 이와 관련하여 김운태가 현대 행정학 발달의 토대를 논하면서 "전문적 관료의 대두"를 세 번째 요인으로 꼽고 있는 대목도 그냥 지나칠 수 없다.

"행정이 비교적 단순하였던 근대에는 행정 수행에 있어 특별한 전문적 지식, 기술 또는 숙련이 그다지 필요하지 않았기 때문에 관직은 정실임용제patronage system 또는 엽관제spoils system하에서 지배적 정당에 의하여 그 지지자에 대한 수회收賄 또는 보상으로서 분배되었고 따라서 관료는 전문가가 아니었으며 직업화되어 있지도 않았다. 그러던 것이 행정이 복잡화됨에 따라 관료는 일정한 기술적 자격에 의하여 채용되고 생애를 통하여 신분이 보장된 직업으로서 관직을 택하게 되었으며 정치로부터 중립성 보지保持를 표방하는 일개의 직업권職業圈을 형성하게 되고, 과학적 기술의 진보는 이들의 직업의 현저한 분화를 더욱 촉진하고 만 것이다."김운태, 1964: 26

엽관제로 상징되는 정치(만능)주의의 폐해가 효율을 추구하는 운동을 촉발한 것은 분명한 사실이다. 그러나 행정에 대한 정치의 과도한 간섭으로 인한 비능률만이 문제였던 것은 아니다. 위의 분석에서 보듯 행정이 복잡해짐에 따라 하나의 '직업권'을 형성한 관료들의 전문화가 정치로부터 행정을 분리·독립시켜야 한다는 주장에 기초한 행정의 실제 및 행정학의 출현을 어느 정도 예고하고 있었다. 관료 조직의 복잡화와 전문화 등 실천 영역의 변화가 행정학의 등장으로 이어진 셈이다.

이와 관련하여 왈도Waldo, 김영성·심재권 옮김, 1997: 31는 "우연이든 필연이든 혹은 누가 뭐라고 말하든 간에 행정학은 정치학의 한 분과에서 새로운 학문으로 독립하게 되었고 …"라고 간명하게 정리한 바 있다. 김운태[1964: 17] 역시 "행정학은 정치학과 어떠한 관련이 있는가?"라는 물음을 던져놓고 같은 취지의 이야기를 한 바 있다. 정치학이 바로 근대 행정학의 개척자이자 모태[45]라는 것이다. 효율을 숭상하는 시대를 배경으로 벌어졌던 일로 다시 리프킨의 분석에 귀 기울여 보기로 하자.

> "경제적 과정에서 **효율이라는 관념을 대중화시킨 사람은 테일러** Frederick W. Taylor였다. 1895년에 발간된 『과학적 관리법 Scientific Management』의 원칙은 작업장을 조직화하는 데 있어 표준적인 참조 사항이 되었으며 그 밖의 많은 사회를 조직화하는 데 사용되었다. … 효율의 열풍은 20세기의 1920~30년대에 미국을 휩쓸었다. 좀 더 효율적으로 되어 작업을 수행하는 데 필요한 노동의 양을 감축하고 그러므로 더욱더 많은 부와 자유 시간을 얻을 수 있다고 사람들은 생각했다. **효율 사회는 전국의 사무실과 공장, 학교 및 시민단체에서 확립되**었다."Rifkin, 이영호 옮김, 1996: 80

정치학에서 분리·독립한 행정학이 당시 성장 일로에 있던 경영학의 영향을 강하게 받게 된 시대적 배경이 한눈에 쏙 들어온다. 그런데 당시 미국 경영학의 주류는 경영관리론management theory에 기초한 것으로 이는 대규모 기업의 출현과 관련이 있다. 미국은 남북전쟁 이후 서부 개

---

45. 이해를 돕기 위해 해당 부분을 그대로 옮겨 보기로 한다. "법률학으로부터 독립한 현대 행정학은 정치학의 일 분과로서 성장하고 발달하여 온 것이다. 현행 행정학이 영미 양국에서 19세기 말에서 20세기 초에 이르러 그 넓이와 깊이를 확장하면서 학문적 독자성을 갖추게 된 것도 이들 양국에서 발달한 정치학과 밀접한 관계하에서 성장할 수 있었기 때문이었다. 본래 영미에서는 정치학자들에 의하여 행정학이 개척되었고 또 그 학문적 발전이 이루어졌다."(김운태, 1964: 17)

척을 위한 철도 부설 등 광범한 시장을 형성함으로써 1890년대에 이미 영국을 추월하여 세계 제일의 공업국이 되었다. 기업이 거대해지면서 기업 내부의 질서유지 및 생산성 향상 등을 위한 능률 증진 운동이 전개된다.

> "더구나 **자본의 집중과 이에 대한 반대 운동이 활발하게 되고 노사 대립이 격화되었으므로 관리 문제의 중요성이 더욱 강하게 인식**되었고, 이러한 사회경제적 배경이 미국 특유의 철학인 실용주의pragmatism 사상과 결부되어 실천적이며 문제해결 지향성을 가지는 **관리론적 경영학을 중심으로 미국 경영학을 형성**하게 하였다."김원수, 1985: 36

관리론적 경영학의 세례를 받게 된 행정학이 관리론적 행정학으로 자기 정체성을 형성[46]하게 되는 것은 이해할 만한 일이다. 행정학의 이러한 행보를 정당화하는 논리가 바로 정치-행정 이원론이며, 이를 처음 학문적으로 체계화한 사람이 정치학자 월슨이라는 사실은 제1장에서 살펴본 대로다. 바로 이 정치-행정 이원론이 교육 부문에서는 교육에 대한 비정치의 신화apolitical myth of education로 현현하여 부패하고 '정치로 더럽혀진' 교육위원회 등의 개편을 이끄는 이념 역할을 하게 된다. 이런 과

---

46. 이에 관해 김운태(1964: 23)는 "경제학의 분과인 경영학이 행정학과 얼마나 밀접한 관계를 가지는가 하는 문제는 재론할 여지가 없다"라면서 "과학적 관리론(Scientific Management)이라든가 … 메이요(Mayo)의 연구, 하버드 경영학파의 연구 등이 행정학 발달의 토대가 된 것"이라고 분석하고 있다. "병행된 것"이라는 완곡한 표현을 쓰고 있지만, 김종철(1984: 64)의 다음과 같은 분석도 같은 점을 말하는 것이다. "미국에 있어서 행정학은 현 세기에 접어들 무렵부터 활발히 발전되었다. 앞에서도 언급한 바와 같이, 현대 사회에 있어서 행정의 발달이 그 계기가 되었음은 물론이다. 한편, 대규모적인 기업이 발달됨에 따라서 경영관리(business administration)를 연구하는 경영학이 발달되었으며, 그것은 행정학의 발달과 병행된 것이었다. 경영학의 발달에 있어서 뚜렷한 이정표가 된 것은 테일러(F. W. Taylor)의 과학적 관리법 이론이었다."

정을 거쳐 교육행정학 역시 행정학과 마찬가지로 관리론적 정체성을 갖게 된 것이다.

> "쿠벌리Cubberly(스탠퍼드 대학교의 교수로 20세기 초 교육행정 개혁을 이끈 인물 - 필자 주)와 다른 교수들은 아주 제한적인 교육행정학 문헌과 학교행정가로서의 경험에 의존한 채 대부분 경영학business administration에서 쏟아져 나오는 연구 문헌을 참조했다. 가장 유명한 것이 테일러의 과학적 관리론이었으며, 후에 페이욜Fayol, 굴릭Gulick, 어윅Urwick 등 다른 관리 전문가들의 저작이 나왔다. … 쿠벌리와 여타의 관리론적 진보주의자administrative progressives들은 여러 면에서 기업관리를 전문화하고, 국가의 제도를 관료화하며, 미국을 기업 국가로 전환시키려는 거대한 운동의 일부에 지나지 않았다. 이런 까닭에 일반관리 사상의 발전에 관심을 기울이지 않으면 교육행정 사상의 발달을 이해하기 어렵다."Sergiovanni, Keller, McCarthy, and Wirt, 2004: 114-115

인용문의 전반부는 교육행정학이 경영학의 연구 성과에 의존할 수밖에 없었던 당시의 사정을 전하고 있다. 교육행정학 자체의 연구는 보잘 것없는 반면, 경영학 연구가 아주 활발하여 거기에 많이 기댔다는 것이다. 후반부는 교육행정 개혁이 관리론에 기초한 사회개혁 운동의 일환이었기 때문에 교육행정학의 발전을 이해하기 위해서는 일반관리 사상의 발전을 알아야 한다는 얘기다. 이런 학문의 전통으로 인해 (교육)행정학과 경영학의 관계에 대한 다음과 같은 설명이 가능한 것이다.

> "행정학은 국민의 복리 향상을 목적으로 하는 공공행정을 대상으로

하는 데 대하여, 경영학은 기업체의 영리를 주안으로 하는 상업경제적 경영관리를 연구 대상으로 한다는 점에 있어서, **양자 사이에는 엄연한 차이가 있음에도 불구하고, 조직·인사·재무·시설 등에 관한 관리 문제를 다루는 데 있어서 양자는 밀접하게 관련**되어 있다.ᐟᵏᐟ종철, 1984: 64

김종철¹⁹⁸⁴: ⁶³⁻⁶⁴ 선생님이 경영학이 어떻게 (교육)행정학에 영향을 미쳤는지를 언급하고 있는 내용이다.⁴⁷ 인상적인 대목은 '공공 부문public sector의 살림살이 관리학'인 행정학과 '민간 부문private sector의 살림살이 관리학'인 경영학의 존립 목적을 명확하게 구분하고 있다는 점이다. 그러나 그러면서도 "관리 문제를 다루는 데서 양자가 만난다"고 하여 (교육)행정학을 경영관리론으로 치환 또는 환원시킬 수 있는 여지를 남겨두고 있다.

이러한 인식이 확장되거나 일반화될 경우 교육행정학의 연구 관심이 하나의 조직으로서 학교 관리 차원으로 좁혀질 공산이 매우 크다. 단정적으로 말하기에 충분치는 않지만, 〈표 3-1〉은 그와 같은 진화 과정을 유추해 볼 수 있는 좋은 자료라 할 수 있다. 다른 무엇보다 연구의 관심이 조직으로서 학교에 집중된 한편, 교육정책과 정책 일반 등에 대한 관심⁴⁸은 상대적으로 적다는 사실을 알 수 있다. 교육행정학의 발달 과정

---

47. 그는 교육행정학의 발달을 크게 다음 네 가지 원천에 소급시킬 수 있다고 말하고 있다. "(1) 행정법학: 근대 법치행정의 원리가 확립되면서 국내법이며 공법으로서의 성격을 가진 행정법에 관한 법률학, (2) 행정학: 16세기 중엽 독일에서 발달한 관방학(官方學, Kameralwissenschaft)에서 기원하는 정책학이며 재정학, (3) 경영관리학, (4) 교육학"(김종철, 1984: 64-65 참조)

48. 김종철의 저서에만 "교육정책"이 별도의 장으로 설정되어 있다. 이는 그가 정치학으로 훈련된 교육행정학자라는 사실과 무관치 않아 보인다. 그런 점에서 아주 선진적이라 할 수 있는데, 이 책 제9장에서 전하고 있는 것처럼 한국교육정치학회 창립기념 학술대회에 참석하여 격려의 말씀을 해 주신 게 결코 우연이 아님을 알 수 있다.

〈표 3-1〉 주요 교육행정학 개론서(교재)의 내용 구성 비교

김종철의 저서	Hoy & Miskel의 저서	윤정일 외의 저서
제1장 교육행정 개설 제2장 교육행정학의 발달	제1장 사회체제로서의 학교 제2장 기술적 핵심: 학습과 교수	제1장 교육행정의 개념과 성격 제2장 교육행정학의 발달 과정
제3장 교육기획		제7장 교육기획과 정책
제4장 교육정책	제9장 학교 안에서의 의사결정	
	제6장 학교 내부의 권력과 정치	
제5장 교육행정조직	제3장 학교의 구조 제5장 학교의 문화와 풍토 제8장 학교의 효과성과 질	제5장 조직론 제8장 교육제도 및 행정조직
	제10장 학교 안에서의 의사소통 제11장 학교 안에서의 리더십	제6장 의사소통론 제4장 리더십론
	제7장 학교의 외부 환경	
제6장 교육내용의 행정		
	제4장 학교 안의 개인	제3장 동기론
제7장 장학행정		제9장 장학행정
제8장 학생행정		
제9장 교육인사행정		제10장 교육인사행정
제10장 교육재정		제11장 교육재정
제11장 교육시설행정		제12장 학교경영계획의 개념과 절차
제12장 사무관리행정		
제13장 특수영역의 문교행정		

자료: 김종철, 1984; Hoy & Miskel, 2001; 윤정일 외, 2008.

에 대한 설명에서도 관리론적 행정학을 그 출발을 하고 있다는 공통점
도 빼놓을 수 없는 특징이다.

이렇게 출발한 관리론적 교육행정학은 1930년대 인간관계론의 시대
를 거쳐 1950년대에 행태주의 시대로 접어든다. 교육행정학자들은 특별
히 행태주의 시대를 '이론 운동theory movement'의 시기로 기억하면서 교
육행정학의 과학화가 이루어졌다고 평가해 왔다.윤정일 외, 2008; 堀 和郎, 1983: 82-88
참조 하지만 그와 같은 긍정적인 평가에도 불구하고 행태주의를 바탕으로
한 교육행정학은 방법론적 단일성에 갇힌 신이원론에 불과하다는 비판
에 직면하게 된다.

요컨대, 행태주의가 가치와 사실을 분리하는 논리적 이원론으로 정
치-행정 이원론(제도적 이원론)을 한층 강화하고 말았다는 지적이다. 웡
Wong, 1995: 22의 표현을 빌자면, 행태주의는 (1) 역사에 대한 적절한 조망을
불가능하게 했으며, (2) 규범적 담론의 부재라는 치명적인 문제점을 드
러내게 되었다. 교육행정학 연구자들의 시야는 더욱 제한되었고, 가치문
제에 적절히 대응할 수 없게 되었다는 뜻이다. 신행정학에서는 이를 행
정학의 적실성relevancy의 위기를 초래한 주요 원인으로 파악하고 있다.

> "정치와 행정이 분리될 수 없는 현실, 그리고 사실과 가치가 분리될
> 수 없는 현실을 알면서도 **이원론의 신화에 얽매임으로써 현실을 파악
> 하는 데 있어서 자기가 파놓은 함정에 빠지고 말았다**는 것이다. 기존
> 의 행정학은 **정치적 측면과 가치적 측면을 행정학적 논의의 주변으로
> 몰아냄으로써 '나침반도 없이 항해하는 배'가 되고 말았다**는 것이다."
> 임의영, 2006: 59

이런 비판에 직면하여 교육행정학은 1960년대를 거치면서 탈실증주의적 관점을 수용하는 태도를 취한다. 방법론적 다원주의를 표방한 것이다. 나중의 일이긴 하지만, 2003년 미국 교육행정학의 대표적인 저널 *Educational Administration Quarterly*에서 교육정치학을 특집으로 다룬 것도 바로 이런 흐름과 무관치 않다.[49] Johnson Jr., 2003; Scribner, Aleman, and Maxcy, 2003 참조

그러나 교육행정학이 관리론적 전통을 부정하거나 그러한 경향을 뚜렷하게 해소하였다는 근거를 찾기 어려운 것 또한 외면할 수 없는 현실이다. 앞의 〈표 3-1〉에서 보듯 교육행정학이란 제목을 달고 있는 대표적인 개론서(교재)의 내용 구성에서 그런 점을 잘 확인할 수 있다.

3. 관리론적 교육행정학을 넘어

글을 시작하면서 언급한 바와 같이 여기에서의 주된 관심사는 교육행정학과의 관계 정립을 통해 교육정치학의 학문적 성격을 규명하려는 것이다. 따라서 관건은 양자의 관계를 얼마나 잘 드러내느냐는 문제다. 이에 숙고의 과정을 통해 찾아낸 표현이 바로 "관리론적 교육행정학을 넘어"라는 이 절의 제목이다. 교육행정학의 한계를 넘어서기 위한 학문적 실천이 바로 교육정치학의 본질이라고 보았기 때문이다. 다음의 인용문에서 호리가 '관리론적 교육행정학의 비판적 재구성'이라고 한 것과 일맥상통하는 표현이라 할 수 있다.

---

49. 미국 교육학계에서 교육정치학에 대한 높은 관심과 반응은 이보다 한참 앞선 시기에 목격된다. 그 대표적인 예로 1977년 전미교육학회(NSSE)가 『교육정치학*The politics of education*』을 연보로 간행한 일을 들 수 있다.(Scribner ed., 1977)

"결국 **교육정치학의 성립은 지금까지의 미국 교육행정학에 있어서 지배적이었던 관리론적 문제 설정에 대한 새로운 문제 제기 방법의 발견**으로, 교육행정학에 의존하여 세워진 이론적 토대를 변화시키는 것을 의미한다. 그런 의미에서 **교육정치학의 성립은 교육행정학 비판, 관리론적 교육행정학의 비판적 재구성**이라는 의의를 부여할 수 있다."[増]
和郎, 1983: 177 (진한 강조는 원저자)

사실 처음에는 '소용돌이의 시대[50]와 교육정치학'이란 표현을 적극적으로 검토하였다. 제2절의 "효율 위주의 행정개혁 운동과 교육행정학"이란 소제목과 대구를 이루어 두 학문의 차이를 드러내기 좋다고 보았기 때문이다. 교육행정학이 효율이란 가치를 바탕으로 19세기 말에서 20세기 초의 문제 상황을 돌파하고자 했다면, 교육정치학은 1960년대 전후의 공교육을 둘러싼 급격한 환경변화에 대한 학문적 대응으로서 큰 의미를 지니고 있다. 하지만 두 학문의 관계 또는 접점을 담아내는 데 취약하다는 점이 마음에 걸려 내려놓았다.

그래서 검토한 것이 '정치-행정의 이원론을 넘어'였다. 교육정치학의 학문적 성격을 이만큼 명료하게 함축하고 있는 표현을 찾아보기 어려운 게 사실이다. 게다가 교육행정학과의 관계 설정 문제에서도 군더더기 없이 아주 분명하다. 교육행정학이 정치-행정 이원론을 바탕으로 한 데 반해 교육정치학은 정치-행정 일원론에 근거한 학문이라는 점이 잘 드러나기 때문이다. 그러나 이런 방식의 논의는 제1장에서 이미 충분히 이루어진 까닭에 되풀이하고 싶지 않았다. 의미상 같은 이야기라고 하더라

---

50. 이 책 제1장에서 살펴본 대로 신행정학의 리더이자 후원자였던 왈도(Waldo, 1971)가 편저자 역할을 맡은 책의 제목과 거기에 수록된 편저자의 논문 제목에 담긴 표현이다.

도 조금 다른 각도에서 접근하고 싶었다.

이에 세 번째로 '교육에 대한 비정치의 신화를 넘어'라는 표현을 검토하였다. 실천적 차원에서 양자의 차이를 부각하는 데 유용하다고 생각했기 때문이다. 교육행정학은 '비정치의 신화'가 수용되기 좋은 시대적 상황에서 분과 학문으로 자리 잡았다. 그런데 이 학문적 실천의 결과가 제2장에서 살펴본 것처럼 교육(행정)에 대한 국가와 전문가의 독점이었다. 이것이 곧바로 대중의 불신과 불만으로 이어졌다. 바로 이러한 문제 상황에 대한 학문적 대응이 '비정치의 신화'를 넘어서는 교육정치학의 성립이었다. 하지만 이 또한 너무 익숙한 접근방법이다. 그런 까닭에 "관리론적 교육행정학을 넘어"라는 표현을 최종 선택하였다.

"진보주의 개혁의 이데올로기는 거버넌스에 대한 통합적 접근 integrative approach으로 요약될 수 있다. **학교가 집권화된 관리구조를 가진 공장처럼 제도화될 수 있다는 믿음** 아래 개혁가들은 교육위원회의 숫자와 크기 그리고 그 영향력을 줄이는 데 크게 성공하였다. … **진보주의 개혁가들은 20세기 초에 공교육에 대한 민중 통제를 뿌리 뽑았다.** 이 정책 엘리트들은 **이런 권력의 변화를 '교육과학educational science'이란 방어막과 '교육을 「정치 위로above politics」 끌어올린다'라는 구호로 정당화**하였다. 교육 경영진들은 테일러에 의해 대중화된 과학적 관리론에 따라 교육행정가라는 엘리트 집단에 권력을 부여하여 학교를 효율적이고 전문적이며, 정치적 부패와 같은 오점이 없이 관리하도록 하였다."Scribner, Aleman, and Maxcy, 2003: 12-13

전체적인 문맥으로 볼 때, 인용문에서 언급되고 있는 '교육과학' 가운데 하나가 관리론적 교육행정학이라는 사실을 어렵지 않게 알 수 있다. 관리론적 교육행정학은 공교육에 대한 민중 통제layman control에서 엘리트와 전문가 통제로 권력의 이동을 촉진하는 역할을 하였다. 그 이론적 자양분이 바로 테일러의 과학적 관리론이다. 핵심은 "구상構想과 실행 기능의 분리, 분권화된 관리체제를 단일한 권위 아래 집중"배영수, 1992: 1057시킬 때 효율이 극대화된다는 것이다. 이런 연유로 관리론적 교육행정학은 처음부터 공장에 비유되는 하나의 조직으로서 학교에 주목하게 된다. 이 점에 착안하여 호리는 교육행정학과 교육정치학의 차이[51]를 다음과 같이 간명하게 정리한 바 있다.

"교육행정학이 조직 내부의 제반 문제에 연구의 초점을 두어 교육행정을 학교라는 조직적 맥락에 두는 것과 달리 교육정치학은 지역 및 국가와 같은 사회·정치적 맥락 안에서 고찰하지 않으면 그 현실을 제대로 포착할 수 없다는 문제 제기를 포함하고 있다."堀 和郎, 1993:376

이처럼 교육정치학은 관리론적 교육행정학과는 달리 교육행정을 관리의 종개념이 아니라 통치의 종개념으로 하여 그 공공성에 주목하는 통치학(정부학)의 한 분야다.[52] 이것이 '관리론적 교육행정학을 넘어'가 의미하는 바인데, 그렇다고 학교조직 내부의 문제에 관한 탐구를 포기하는 건 물론 아니다. 다만, 그런 문제를 다루더라도 조직관리론 차원에

---

51. 주된 관심사가 다른 데 있긴 하지만, 정일환(2004: 9) 역시 미국과 한국 교육정치학회에서 다루는 연구 주제나 접근방법이 교육행정학 분야와 다르다고 말하고 있다. 즉, "교육행정의 전문성을 높이기 위하여 교육행정 조직 및 조직 행위에 관한 이론 모형, 기술의 연구 개발은 물론 교육행정 현상을 과학적으로 분석하는 학문인 교육행정학에서 다루는 주제나 접근방법과는 확연한 차이가 있음을 알 수 있다"는 것이다.

머무르지 않고 '조직정치학'[박기찬, 1993 참조] 등으로 더 나아갈 필요가 있다. 교육에 대한 미시정치학적 접근[Malen, 1995 참조]과 거시정치학적 접근이 상호 보완적으로 이루어져야 한다는 뜻이다. 〈표 3-2〉는 교육행정학과 교육 정치학의 이런 차이를 정리하여 제시한 것이다.

〈 표 3-2 〉 교육행정학과 교육정치학의 비교

구분	교육행정학	교육정치학
기본관점	정치-행정 이원론(→교육에 대한 비정치의 신화)	정치-행정 일원론
중시하는 가치	효율성, 경제성, 중립성	공공성, 민주성, 사회적 형평성
주요 개념	조직관리, 경영, 경제성, 효율성, 가치 중립	통치, 권력, 대표성, 이해, 갈등, 민주주의
연구 대상	학교조직, 리더십, 의사소통, 장학, 교육기획, 교육정책, 교육재정, 교육행정이론	교육제도, 공교육의 정치과정, 교육정책 내용 및 결과, 교육정치학론
연구 방법	양적 연구, 문헌연구, 사례연구 등	경험적 연구, 사례연구, 비교분석, 역사적 연구, 민속학 방법 등
방법론	원리주의, 실증주의, 탈실증주의	방법론적 다양성

*이 표는 제1장의 〈표 1-3〉을 기초로 하여 이 장의 논지에 맞게 보완 발전시킨 것임

교육정치학의 성립이 1960년대 전후의 공교육을 둘러싼 환경변화와 밀접한 관련이 있다는 점은 제1장에서 살펴본 대로다. '소용돌이의 시대'

---

52. '관리의 종개념', '통치의 종개념' 등과 같은 표현은 다음의 글에서 가져왔다. "신자유주의 확산에 따른 행정학의 위기에 대한 지적 반응은 행정의 공공적 성격을 강조하는 데서 출발한다. **행정을 관리의 종개념이 아니라 통치의 종개념으로 강조하는 것이다. 행정학을 관리학의 한 분야가 아니라 통치학(정부학)의 한 분야로서 재정립하는 것이다.** 신자유주의 정부 개혁에 대한 비판이 정치학의 민주주의 혹은 시민권 이론에 논거를 주는 것은 의외가 아니다. 행정학의 존재 근거는 행정의 공공적 성격에서 찾을 수 있고 이는 민주주의의 핵심 개념들을 통해 정당화될 수 있기 때문이다. 예를 들면 정당성, 시민권, 시민참여, 정치적 책임성 등의 개념들이 신자유주의 정부 개혁의 한계를 비판하기 위해 사용되고 있다. **정치학의 담론이 행정학을 관리학으로 전락하는 것을 막기 위해 활용되는 것이다.**"(박종민, 2009: 22)

에 정치적 이슈가 분출하면서 교육(행정)의 문제를 정치와 떼어놓고서는 해결은 물론 이해조차 할 수 없다는 인식이 자리 잡게 된다. 교육에 대한 비정치의 신화, 더 근본적으로 정치-행정 이원론이 일거에 무너져 내린 것이다. 이런 경험에 더하여 정치학과 행정학 등의 학문적 영향이 교육정치학의 성립으로 결실을 보게 된다. 이에 대해 존슨[Johnson Jr., 2003: 43]은 주로 정치학의 영향에 주목하여 다음과 같이 분석한 바 있다.

> "그 이름이 의미하는 것처럼 **교육정치학**the politics of education은 **정치학의 자식**a child of political science으로 초기 연구는 그런 영향을 그대로 반영하고 있다. **1960년대 정치학의 (정치)과정 중심의 이론적 정향** - 행태주의, 다원주의, 엘리트주의 등 - 이 교육 부문의 연구에 관심을 가졌던 엘리엇[Eliot, 1959] 등 정치학자들의 일반적인 관심사를 결정하는 데 커다란 역할을 하였다."[Johnson Jr., 2003: 43]

정치학자 엘리엇[Eliot, 1959]의 논문을 교육정치학의 선구적인 업적으로 평가하고 있는 마당에 '정치학의 자식'이라는 표현에 대해 토를 달 생각은 없다. 다만, 교육정치학의 성립 과정을 이렇게 이해할 때 간과하기 쉬운 점만큼은 짚고 넘어가고 싶다. 신행정학과 교육(행정)학의 중요한 역할에 대해서도 균형 잡힌 이해가 필요하기 때문이다.

신행정학은 1960년대 말 미국 행정학계의 소장 학자들을 중심으로 전개된 기존의 행정학에 대한 성찰적 논의의 소산이다. 다음의 인용문에서 보듯 정치-행정 이원론(제도적 이원론)과 가치-사실 이원론(논리적 이원론)의 신화를 걷어내는 것이 그 핵심이었는데, 이것이 교육정치학에 어떠한 영향을 끼쳤는지는 지금까지 살펴본 대로다.

"정치-행정 이원론은 개혁의 필요상 행정의 중립성 또는 기능성을 강조함으로써 행정 활동 자체가 내포하고 있는 **규범성에 관한 관심을 축소**하는 결과를 가져왔다. 즉, 정치에 의한 행정의 규범적 통제는 '주어지는 것'이고, 따라서 **행정학은 행정의 기능적인 능률에 관심의 초점을 두면 되는 것**이다. 이러한 의미에서 행정학은 규범적인 행정학이 아니라 과학적인 행정학으로 발전하게 된 것이다. 그러나 전후의 사회가 행정에 부여하고 있는 과제는 과학으로 해결될 수 있는 문제가 아니라 **기본적인 가치에 대한 규범적 논의가 동행되어야만 한다**는 인식을 심어주었다. 따라서 **정치-행정 일원론은 민주주의의 실현이 행정 활동 자체에서도 이루어져야 한다는 과제를 제시하고 있는 것**이다."임의영, 2003: 84

다음으로 교육(행정)학의 역할이다. 교육정치학이 '정치학의 자식'인 것은 분명하지만, 커스트의 술회대로 정치학 분야에 그 뿌리를 틀지는 못하였다. 아니 오히려 정치학 관련 학과에서 일자리를 얻거나 정년 보장을 받는 데 걸림돌로 작용했다. 그로 인해 이미 대학에 자리를 잡고 있던 정치학자들을 제외하고 많은 연구자가 교육정치학 연구에서 이탈하였다. 이러한 상황에서 교육정치학을 받아준 곳이 바로 교육행정학 관련 학과들educational administration departments이었다. 이렇게 제도적 차원에서 교육행정학이 교육정치학의 학문적 성장을 위한 길을 터주었을 뿐만 아니라 인적 풀의 기능까지 담당했던 것이다.

"교육정치학politics of education 연구는 그 출발부터 정치학과 모호한 관계에 놓이게 된다. 1960년대 이래 정치학자들은 교육을 정치이론을 설명하는 데에 유용한 여러 변인의 하나로 간주하였다. 정치학자들 대부분은 교육에 전념하기보다는 몇몇 정책 영역들(의료, 복지, 주택 등)에 걸쳐있는 일반이론을 추구하였다. **교육정치학을 전공한다는 것은 줄곧 정치학 관련 학과에서 정년 보장을 받는 데 걸림돌**이었다. … 결국 **교육정치학은 항상 필수과목은 아니었지만 교육행정학 관련 학과에 둥지를 틀게 되었다.**"Kirst, 2006: 5

이런 사정은 우리 교육정치학의 경우도 크게 다르지 않다. 미국보다 정확히 4반세기 뒤에 한국교육정치학회가 결성되었는데, 이를 전후한 상황이 커스트가 묘사한 미국의 상황과 닮은 데가 많다. 다만, 한국의 경우 정치학자들의 참여가 아주 저조하고 교육행정학 전공자들의 참여가 압도적으로 높았다. 미국의 경험 등을 통해 교육정치학이 정치학이 아니라 교육학의 하위 분야로 자리하고 있다는 사실이 이미 널리 알려졌기 때문이라 할 수 있다. 한국 교육정치학의 이러한 특징은 학회 출범 이후 10년간 학회지인 「교육정치학연구」에 논문을 게재한 연구자들의 전공을 분석한 연구에서도 그대로 확인되고 있다.이일용, 2004: 39

미국에서 1960년대 말 학문적 시민권을 획득한 교육정치학은 초기 모학문인 정치학의 영향으로 정치과정 분석에 치중하였다. 앞에서 존슨 Jr.가 1960년대의 정치과정 중심의 연구 경향을 언급한 것은 바로 이러한 사정을 염두에 둔 것이다. 이후 교육정치학은 정책분석policy analysis 으로의 일대 전환기를 맞이한다. 그러다가 1990년대 중반 또다시 학문적 정체성을 놓고 고민하는 단계를 거쳐 현재에 이르고 있다.[53] 이해를

---

53. 교육정치학의 연구 동향에 관해서는 이 책 제8장에서 자세히 살펴보고 있다.

돕기 위해 시기별 특징을 그림으로 요약 정리해 보면 다음과 같다.

구분	정치과정 분석 (1960년대~1970년대 말)	정책 분석 (1980년대~1990년대 중반)	학문적 정체성 재조명 (1990년대 중반~현재)
문제 의식	공교육을 누가 지배하는가?	상이한 교육정책이 공교육에 어떤 차이를 초래하는가?	'정책 패러다임' (policy paradigm)은 여전히 유효한가?
연구 내용	교육정책 수행기구, 교육정책 결정 과정 연구에 역점을 둠	교육정책 선택, 개선, 대체정책 개발·제안 등에 치중	정책분석 시기의 연구 성과와 연구 방법 등에 대한 비판적 검토
한계	정치학 주류의 영향으로 행태주의적 접근을 벗어나지 못하였다는 비판	연구가 정책 옹호 (policy advocacy) 또는 정책주장 (policy argument)으로 변질되었다는 비판	정책분석의 정치화에 대한 반성에 학문적 엄밀성을 추구하는 등 다양한 모색이 이루어짐

[그림 3-1] 교육정치학의 연구 동향 분석

지금까지 살펴본 것처럼 1960년대를 전후로 한 공교육의 문제 상황에 대한 학문적 대응이 교육정치학의 성립으로 이어졌다. 먼저 정치학에서 공교육에 관한 연구 성과를 내놓으면서 교육(행정)에 대한 정치학적 접근이 자연스럽게 이루어졌다.[54] 같은 시기 신행정학은 정치-행정 일원론으로 관리론적 행정학을 재구성하면서 교육 부문에서 '비정치의 신화'를 극복하는 계기를 마련해주었다. 교육(행정)학은 교육정치학이 제도권에 뿌리내릴 수 있는 공간을 열어주었으며, 교육정치학 연구자들을 배출하는 저수지 역할을 하였다.

그런데 교육행정학자들이 교육정치학 연구에 뛰어들게 되는 동기는 특별히 주목할 만하다. 관리론적 교육행정학의 한계를 인식하고 그 지

---

54. 이러한 점에 주목하여 보이드(Boyd, 1983: 1)는 교육정치학은 "정치학의 학문적 자원을 동원하여 교육(행정) 현상을 탐구하는 새로운 연구 분야"라고 간명하게 정리한 바 있다.

평을 넓히거나 뛰어넘으려는 움직임으로 이해할 수 있기 때문이다. 그런
점에서 교육정치학은 교육행정학의 보완재 또는 대체재의 성격을 지니
고 있다고 할 수 있다. 아래와 같은 분석 역시 교육정치학이 교육행정학
의 한계를 극복하기 위한 학문적 대응, 즉 대체재적 성격이 강하다는 점
에 무게를 두고 있는 것으로 볼 수 있다.

"… 대답은 전혀 그렇지 않다는 것이다. 앞에서도 살펴보았듯이
1995년 미국교육학회AERA가 '교육행정 분과Educational Administration,
Division A'와 나란히 '교육정책 및 정치학 분과Educational Policy & Politics,
Division L'를 신설한 데서 잘 확인되는 바이다. **학사적 측면에서 볼 때,
교육행정학과 교육정치학의 관계는 테제와 안티테제라는 일종의 변증
법적 관계로 이해하는 것이 타당**하다."김용일, 1999: 15

오래전 필자가 "교육정치학은 교육행정학의 하위 연구 분야인가?"라
는 질문에 답하는 형식으로 내놓은 분석이다. 다른 무엇보다 미국교육
학회 안에 교육행정 분과와 교육정책 및 정치학 분과가 나란히 존재한
다는 사실은 두 학문의 보완적 성격을 웅변해 주는 것이라 할 수 있다.
그러한 관계가 미국교육정치학회가 출범한 지 26년이 되는 1995년에 학
계의 공인을 받게 된 셈이다. 그러나 양자의 관계를 "테제와 안티테제의
관계"로 묘사하고 있는 대목은 교육정치학이 단순히 보완재적 성격에만
국한되는 것이 아니라는 점을 강력히 시사하는 것이다.

요컨대, 교육정치학은 보완재에서 한 걸음 더 나아가 교육행정학의 대
체재적 성격도 함께 지니고 있다.[55] 이처럼 교육정치학과 교육행정학은
서로 대용될 수 있는 경쟁적 관계이기도 하다. 정치-행정 일원론에 터

한 교육정치학은 정치-행정 이원론에 기초한 교육행정학의 효용을 감소시킬 수밖에 없다. 그런 점에서 교육정치학은 분명 교육행정학의 대체재라 할 만하다. 그러나 "교육정치학은 교육행정학의 대체재라기보다는 독립된 학문영역이라고 표현하는 게 적절하다"[56]김성열, 2013.11.30: 57라는 지적도 음미해 볼 만하다. 보완재냐 대체재냐 같은 순 경제학적 개념으로 양자의 관계를 파악하는 것이 일정한 한계를 지닐 수밖에 없기 때문이다.

4. 보완재인가 대체재인가?

이상의 고찰에서 우리는 교육행정학이 효율 위주의 행정개혁 운동을 배경으로 등장하였다는 사실을 알 수 있었다. 19세기 말에서 20세기 초 미국 사회는 당면한 문제 상황을 극복하기 위해 효율에 주목하였다. 사회 각 분야가 효율성을 높이기 위한 사회개혁 운동에 돌입한 것이다. 교

---

55. 이와 관련하여 신현석(2012.12.8: 32)이 보벤스(Bovens) 등이 사용한 표현을 가져와 "교육행정학의 정치적 전이(transference of politics)"라고 한 논지도 음미해 볼 필요가 있다. 즉, "… 교육행정학이 교육행정의 독자성과 독립성을 강조하는 흐름에서 거버넌스 이론, 민영화 이론, 다원주의 이론 등을 통해 **교육행정학이 자기 소진적 진화 과정에 진입**하고 있고, 이는 여타 학문과 마찬가지로 교육행정학의 학문적 포괄 범위가 확장되면서 근접 학문과의 융합을 활발하게 전개함으로써 학문의 지속가능성과 사회성을 신장해 가는 현상이라고 볼 수 있다."

56. 위와 같은 주장이 제기된 문맥을 그대로 옮겨 보기로 한다. "(혹자는 - 필자 주) 교육정치학을 교육행정학의 대체재로도 보고 있다. 일반적 의미에서 '대체재'라고 하면, 새로운 것이 그 이전의 것을 폐기하고 그 자리를 대신한다는 것이다. 만약 대체재의 의미가 그렇다면, 교육정치학은 교육행정학의 대체재라기보다는 독립된 학문영역이라고 표현하는 게 적절하다. (혹자는-필자 주) 교육정치학이 관리론적 교육행정학의 한계를 극복하려는 노력의 소산이라는 점에서 그렇게 보고 있다. 하지만 관리론적 교육행정학의 한계를 극복한다는 것이 곧 관리론적 교육행정학을 폐기하라는 것은 아니라고 본다. 관리론적 교육행정학이 놓치고 있거나 설명하지 못하는 현상을 교육정치학이 포착하고 설명할 수 있다는 것이다. 이 점에서 교육정치학은 교육행정학의 대체재라기보다는 여전히 보완재이면서 새로운 독립된 학문영역으로 형성되어 가는 과정에 있다고 할 수 있다."(김성열, 2013.11.30: 57)

육 부문에서도 주민의 수중에 있던 교육행정을 전문가나 엘리트가 관리하는 방향으로 개혁을 단행하였다. 학교가 늘어나고 복잡해짐에 따라 비전문가로 구성된 교육위원회로서는 감당할 수 없을 정도로 업무가 폭증했기 때문이다. 게다가 '정치에 오염된' 교육위원회는 부정과 부패로 인해 이미 대중의 불신과 불만의 대상이 되어 있었다.

이런 개혁 과정에서 중요한 역할을 한 것이 바로 정치-행정 이원론이었다. 이로써 정치학으로부터 분리·독립한 행정학은 19세기 말엽부터 급속히 성장한 경영학을 학문적 자양분으로 삼게 된다. 그 결과가 바로 관리론적 행정학의 성립인데, 교육행정학도 같은 범주에서 자기 정체성을 구축하게 된다. 다시 호리의 말을 빌자면, "교육행정을 학교라는 조직적 맥락에 두고 조직 내부의 제 문제에 연구의 초점을 두는" 교육행정학의 관리론적 전통이 마련된 것이다. 이는 21세기에 접어들어서도 크게 달라지지 않았다.

다른 한편, 교육정치학은 1960년대를 전후한 시기에 공교육을 둘러싸고 분출하던 문제 상황에 대한 학문적 대응의 소산이다. 당시 관리론적 교육행정학은 교육 현실을 설명하고 처방하는 데 있어 능력 부재 상태에 빠져들게 된다. 정치-행정 이원론을 요체로 하는 '비정치의 신화'에 붙들려 있었기 때문이었다. 공교육체제 안에서 정치적 이슈들이 터져 나오고 교육과 정치 사이의 떼려야 뗄 수 없는 관계를 확인시켜 주는 사건이 이어지는 상황은 교육(행정)연구자들에게 분명 위기 상황이었다. 하지만 교육(행정)학을 떠받치고 있던 정치-행정 이원론으로 인해 탈출구를 찾을 수 없었다.

이런 상황을 타개할 동력은 정치학과 신행정학 등과 같은 교육학 외부에서 왔다. 교육정치학의 선구적인 업적으로 평가되는 엘리엇의 연구에서 보듯 당시 정치학자들은 전례 없이 공교육체제에 연구 관심을 보이고 많은 성과를 내놓았다. 그 결과 교육과 정치의 불가분의 관계를 인정하는 한편, 교육(행정)을 정치적 맥락에서 파악하는 일이 아주 자연스러워졌다. 게다가 신행정학은 정치-행정 일원론으로 관리론적 행정학을 재구성함으로써 교육정치학의 정립에 결정적인 역할을 했다. 정치-행정 이원론이 20세기 초부터 50여 년 동안 강력한 이데올로기였다는 점에서 실로 많은 시간과 에너지를 필요로 하는 일이었다.

그렇다면 교육정치학은 교육행정학의 '보완재'인가 혹은 '대체재'인가? 이쯤 해서 이렇게 매우 도전적인 질문을 다시 던져볼 필요가 있다고 생각한다. 교육정치학과 교육행정학의 관계를 보다 분명히 하기 위해서다. 그런데 이와 같은 질문에 대답하기 전에 먼저 생각해 봐야 할 점이 하나 있다. 만일 교육행정의 실제가 매우 복잡한 정치과정을 내포하고 있다는 점을 승인하지 않을 경우 위의 질문은 애당초 성립하기 어렵다는 사실이다. 교육정치학의 존재 자체가 부정되는 마당에 양자의 관계를 논하는 것이 가능하지 않을뿐더러 무의미하기 때문이다.

이러한 점에 유의하면서, 결론부터 말하자면, 교육정치학은 교육행정학의 보완재이자 대체재의 성격을 함께 지니고 있다고 할 수 있다. 과거 교육행정학이 관심을 두지 못했던 교육 정치educational politics 영역으로 연구 관심을 확장했다는 점에서 교육정치학은 분명 교육행정학의 보완재적 성격이 강하다. 비로소 학교조직 중심의 연구에서 정치적 맥락 속의 공교육체제에 관한 연구 등으로 연구의 지평을 확장할 수 있게 되었다. 이렇게 교육정치학은 그 존재만으로도 교육(행정)학의 연구 관심을 넓히는 데 크게 기여해 왔다.

다른 한편, 교육정치학은 교육행정학의 대체재의 성격도 함께 지니고 있다. 학문의 사회적 유용성 면에서 서로 대용될 수 있는 경쟁적 관계에 있다는 뜻인데, 바로 이 지점이 교육정치학의 학문적 정체성을 도드라지게 하는 부분이기도 하다. 교육정치학은 정치-행정 이원론에 기초한 관리론적 교육행정학의 한계를 넘어서려는 노력의 소산이다. 또한 1960년대 이후 방법론적 다원주의를 표방해 온 것과는 달리 교육행정학의 '주류'는 여전히 행태주의와 정치-행정 이원론 등에 붙들려 있다. 우리의 경우 특히 더 그러한데, 이런 이론적 한계를 극복하려는 학문적 노력이 교육정치학이라는 점에서 교육행정학의 대체재라 할 만하다.

그렇다면 교육정치학은 교육행정학을 압도하고 있는 것일까? 이 질문에 대해서는 선뜻 "그렇다"라고 답하기 어려운 게 사실이다. 양자는 각자 독자적인 학문영역을 구축하고 있으며, 기본관점 및 연구 관심의 차이를 그대로 노정하고 있다. 보완적 관계로 연구 관심의 확장, 연구 방법 등에서 서로 긍정적인 영향을 미쳐온 것은 사실이다. 그러나 어느 하나가 다른 하나를 포섭 또는 압도할 수준의 연구 성과를 거두고 있다고 말할 상황은 아니다. 교육정치학과 교육행정학의 대체재적 관계가 앞으로 어떻게 전개될지는 좀 더 지켜볼 일이다. 아주 흥미로운 대목으로 이 책 제10장에서 그 단서를 발견하였으면 하는 바람이다.

2부

한국의 교육과 정치, 그리고 **교육정책 연구**

제2부에서는 제1부의 이론적 고찰을 바탕
으로 교육과 정치에 관한 교육정치학 연
구의 전형적인 사례를 살펴보고 있다. 여
기에 소개된 네 가지 연구를 통해 독자들
은 교육정치학의 특장特長과 함께 그 학
문적 유용성을 경험하게 될 것이다.

제4장
정권 교체와 교육정책 변동

이 장에서는 정권 교체에 따른 교육정책 변동을 살펴보고 있다. 고찰 대상 시기는 '문민 정부'에서 문재인 정부까지로 이 기간에 다섯 번의 정부 교체government change와 세 번의 정권 교체regime change가 이루어졌다. 문재인 정부 이전 두 번의 정권 교체까지 는 예상과 달리 "정책의 연속성"이 관찰되었다. 이렇게 정권 교체에도 불구하고 시장주 의 교육정책이 유지되어 온 것은 정책 레짐, 분할 정부, 이중권력 등 서로 관련이 있는 세 가지 요인으로 설명할 수 있다.

1. 정치 민주화와 교육정책

한국 사회는 1980년대 민주화 운동을 거쳐 1987년 헌법 개정을 이루어 냈다. 이른바 '87년 체제'[57]가 시작된 것이다. 이로써 평화적인 정권 교체가 가능해졌다. 직접 선거로 대통령을 선출하고 그 결과에 따라 권력 이동이 가능해진 것이다.최장집·조희연, 2016:89 참조 이렇게 형식적 민주주의가 완성되면서 교육정책에도 주목할 만한 변화가 있었다. 정권 교체 때마다 전임 정권과 다른 교육정책을 접할 수 있는 공간이 열린 것이다. 평화적 인 정권 교체가 이루어지면서 교육정책의 변동 가능성이 커졌다는 뜻인데, 정치 민주화 이전에는 상상도 할 수 없는 일이었다.

---

57. 김종엽(2009: 42-43)은 "87년 체제 개념은 제법 널리 쓰이고 있다"라면서 그 의의를 다음과 같이 밝히고 있다. "… 사람들이 87년 체제라는 말을 사용하도록 이끄는 것은, 87년 민주화가 우리 사회의 구조적 전환점이었으며 이후 20여 년간 우리 사회의 변동을 인식하는 데 **민주화가 인식론적 관제 고지의 역할**을 할 수 있다는 직관이라고 할 수 있다. … **87년 민주화의 구조 형성적 힘에 대해서는 느슨한 합의가 형성**되어 있다고 판단된다."

그런데 정권 교체에 따른 교육정책의 변동 현상에 대한 고찰은 생각만큼 간단치 않다. 정권 교체기에 새 정부가 표방하는 교육정책과 집권 기간 실제로 추진한 정책 간의 괴리 또는 차이 때문이다. 그런 점에서 이 문제에 관해서는 최소한 (1) 공식적인 교육정책official education policy 과 (2) 실제적인 교육정책operational education policy 두 차원으로 나누어 살펴볼 필요가 있다. 정권 교체는 공식적인 교육정책 차원에서 커다란 변화를 이끄는 게 보통이다. 그러나 실제적인 교육정책의 경우 사정이 다르다. 정권 교체에도 불구하고 여러 원인에 의해 정책의 계속성 또는 연속성이 관찰되는 경우가 많다.

여하튼 평화적인 정권 교체가 이루어지면서 우리도 이런 주제를 천착할 자격을 갖추게 되었다. 연구의 지평이 그만큼 넓어진 것이다. 지난 30여 년간 "'문민정부' → '국민의 정부'와 '참여정부' → 이명박 정부와 박근혜 정부 → 문재인 정부 → 윤석열 정부"로의 정권 교체가 이루어졌다. 이런 정권 교체는 과연 어떤 교육정책 변동을 가져온 걸까? 실제적인 교육정책 차원에서 정책 변동을 말할 수 있는 걸까? 게다가 교육감 주민직선제 이후 관찰되는 중앙과 지방 간의 '정책 경쟁' 환경과 정치적 역동성은 또 어떻게 이해해야 하는가?

이렇게 아주 흥미롭고 학문적으로 중요한 주제이긴 하지만, 국내의 관련 선행연구는 그리 많지 않다.[58] 다만, 한국교육정치학회의 경우 다음에서 보는 바와 같이 2018년 5월 12일 춘계학술대회에서 이 문제를 본격

---

58. 한국교육행정학회의 학회지인 교육행정학연구를 검토하였으나 2008~2018년 사이 단 1건의 관련 논문을 발견할 수 있을 뿐이었다.(공병영·이상돈, 2015) 이런 주제에 특화되었다 할 수 있는 한국교육정치학회의 사정도 크게 다르지 않았다. 교육정치학연구에 게재된 논문을 검색해 보니 같은 기간 관련이 있다고 할 만한 연구가 2건에 불과하였다.(김민희, 2018; 이지혜·허준·이경민, 2017)

적으로 다룬 바 있다. 그 정도로 우리에게는 아직 익숙하지 않은 주제라 할 수 있다.

[학술대회 주제]
정권 교체에 따른 교육정책 변동 현상: 문제와 대안

▶ 기조 강연
정권 교체에 따른 교육정책 변동 현상 개관(김용일, 한국해양대)

▶ 주제 발표
1. 정권 교체와 교장공모제 정책변동(이광현, 부산교대)
2. 정권 교체와 교육복지 정책변동(김민희, 대구대)
3. 정권 교체와 대학입시 정책변동(안선회, 중부대)
4. 정권 교체와 학교교육 정책변동(박대권, 명지대)

이에 여기서는 '문민정부'[59] 이후 정권 교체에 따른 교육정책 변동의 특징을 살펴보고자 한다. 이를 위해 제2절에서는 이론적 논의를 통해 정권 교체가 정책 레짐의 변화를 매개로 정책 변동을 이끈다는 통설을 확인하고 있다. 제3절에서는 문재인 정부 이전 두 번의 정권 교체에도 불구하고 교육정책이 연속성을 지니고 있다는 점을 드러내는 한편, 그 원인 분석과 함께 교육감 주민직선제 이후 한층 복잡해진 교육정책 변동의 역동성에 대해 검토하고 있다. 제4절에서는 연구 결과를 요약 정리한 다음 후속 연구과제에 대해 간략히 언급하고 있다.

---

59. 김영삼 정부의 별칭으로 이때부터 김대중 정부('국민의 정부')를 거쳐 노무현 정부('참여정부')까지 대통령 이름이 들어간 정부 명칭보다 별칭을 사용하였다.

2. 정권 교체, 정책 레짐, 그리고 교육정책 변동

가. 정권 교체와 정책 레짐

정권 교체는 정치학 용어로 정부 교체와는 다른 개념이다. 먼저 정부 교체(변동)는 어느 한 정부가 정해진 임기를 끝으로 새로운 정부로 바뀌는 것을 통칭한다. 이와는 달리 정권 교체는 "정당 간 정부 변동(화)"[정용남, 2013: 103]을 일컫는 말이다. 정권 교체의 경우 당연히 정부 교체가 일어난다. 그러나 정권 교체는 정부 교체 가운데 어느 한 정당에서 다른 정당으로 권력의 이동이 발생했을 때 사용 가능한 개념이다. 다음의 논지도 그런 점을 말하고 있는 것이다.

> "'정권 교체'란 한 국가의 **정치 권력 구조상 최정점에 해당하는 지위를 지배하는 정치세력의 변화**를 의미한다. 따라서 같은 지배 세력에 속하는 개인이나 파벌, 조직 간의 교체는 정권 교체라고 하지 않는다. 정권 교체를 논할 때의 정치세력이란 … 정치권력 추구집단을 의미한다. 이런 **정치세력이라는 개념에 해당하는 대표적인 정치 제도적 실체가 바로 정당**이다."[황성돈 외, 2011.2: 8]

계속되는 논의에서는 정권 교체를 "행정부의 수반직(대통령, 수상, 총리 등)이 기존의 정당과 이념을 달리하는 정당에 의해 지배되는 것"[황성돈 외, 2011.2: 8-9]으로 간명하게 정의하고 있다. 이렇게 보면, 정부 교체가 정권 교체를 포함하는 더 큰 개념이다. 여기서는 이런 개념 정의를 따르고 있는데, '문민정부'에서 문재인 정부까지 모두 다섯 번의 정부 교체가 이루어졌다. 그 가운데 당명 변경을 논외로 할 때 집권 정당이 바뀐 경우는 모두 세 번이다. 뒤에서 "'문민정부' 이후 세 차례의 정권 교체"라는 표현을 사용하고 있는 것은 바로 이런 이유에서다.

다른 한편, 정책학이나 교육정치학 분야에서는 '정책 레짐policy regime'이란 표현이 자주 등장한다.[May and Jochim, 2013; Wong, 2013; Rhodes, 2012; McGuinn, 2006a and 2006b; Bleiklie, 2000; Gunter, 1996] 연구 문헌들의 용례를 보면, 대개 '(정책) 레짐의 변화regime change'라는 개념과 함께 사용되는 특징을 발견할 수 있다. 맥귄(McGuinn, 2006a:11)은 자신의 저서에서 정책 레짐을 다음과 같이 간결하게 정의하고 있다.

> "정책 레짐a policy regime이란 (의료보험이나 교통 등과 같은) 특정 이슈 영역에 있어 **정부의 활동을 구조화하면서 일정 기간 지속되는 경향이 있는 아이디어, 이해관계, 제도들의 집합**이다."

주목할 점은 정책 레짐이 정책 내용policy contents만이 아니라 이해관계나 제도 등과 같은 정책 환경policy environment을 포괄하는 개념이라는 사실이다. 이에 대해 맥귄은 "아이디어, 이해관계, 제도들의 집합"이라 간략히 표현하고 있다. 또한 로즈[Rhodes, 2012: 96, 128]는 "a new accountability regime", "the Goals 2000/Improving America's School Act regime" 등의 표현을 사용한 바 있다. 정책 레짐의 성격을 구체화한 것으로 받아들여진다. 예컨대, 전자의 경우 미국에서 책무성 제고 정책을 실현하기 위한 교육개혁 세력들의 집합 정도의 의미를 담고 있다. 따라서 정부, 정당, 기업, 시민사회 등을 망라한 "(새로운) 책무성 레짐" 정도로 번역할 수 있다.

정치학자 최장집[2005: 269]은 정책 레짐을 "정책을 주도하는 특정의 가치와 이념, 이를 이론화하고 체계화하는 독트린, 이를 수행하기 위한 정책 수단들, 이 정책이 가져오는 정치적·사회적 결과 등의 요소들을 포괄하는 것"으로 정의한 바 있다. 바로 이런 점 때문에 정책 레짐은 "일정 기간 지속" 또는 "대체로 장기간 존속"하게 되는 특성[60]을 보인다는 것이다. 이 같은 '(정책) 레짐의 변화'가 의미하는 바에 대해서는 웡[wong 2013: 412-413]이 다음과 같이 요령 있게 정리한 바 있다.

"그(McGuinn-필자 주)는 미국에서 **2001년 NCLB 법안이 통과된 것을 '(정책) 레짐의 변화**regime change'**로 성격 규정**한 바 있다. 새로운 정책인 책무성 제고 정책을 지지하기 위해 기존의 정치적 이해 집단들에게 **자신들의 전통적인 정책 입장을 유보**하게 만들었다는 이유에서다. 주州의 권력을 주창하던 사람들이 **주와 지방 통제라는 자신들의 신념을 기꺼이 내려놓고, 과거와 달리 교육에 대한 아주 강력한 연방의 개입을 허용**했다는 것이다."

인용문에서 웡은 맥귄이 말하는 "정책 레짐의 변화"에 주목하고 있다. 그러한 변화가 있었기에 2001년 NCLB 법안이 의회를 통과할 수 있었다는 얘기다.[Cross, 2014: 35 참조] 당시 정책 레짐의 변화의 핵심은 교육에 대한 연방정부의 관여 폭이 전례 없이 확대된 것이었다. 만일 이런 변화가 전제되지 않았다면, 책무성 제고를 목표로 한 정책이 실현되지 못했다는 분석이다. 정책 내용의 변화를 넘어 정책 환경의 변화를 포괄하는 의미

---

60. 최장집(2005: 268)은 같은 책에서 "한국적인 신자유주의 정책 레짐"(2005: 268)이란 표현을 사용하고 있다. 기존의 정책 레짐을 전복시킬 수 있는 지지를 바탕으로 집권하지 않는 한 정책 레짐의 대체가 매우 어렵다는 점을 강조하기 위해서다.

로 정책 레짐의 변화라는 개념이 사용되고 있다. 여기서 우리는 정권 교체가 정책 내용은 물론 정책 레짐의 변화 가능성을 극대화하는 계기로 작용한다는 사실을 알 수 있다.

나. 정권 교체에 따른 교육정책 변동

그러면 이제 정권 교체에 따른 교육정책 변동에 대해 생각해 보기로 하자. '교육정책 변동'은 교육정책 기조(이념, 목표 등), 주요 정책 내용, 정책 추진 전략(정책 수단, 추진 방법 등) 전반의 변화를 아우르는 개념으로 볼 수 있다. 가장 두드러진 정책 변동은 역시 정책 기조상의 변화[61]가 일어날 때라고 할 수 있다. 정책 기조의 변화는 대개 정책의 이념이나 목표뿐만 아니라 주요 정책과 추진 전략의 변화를 동반하기 때문이다. 앞서 살펴본 황성돈 외[2011: 2: 9]의 연구에서도 '정책 변동'을 다음과 같이 한정 또는 조작적으로 정의하여 사용하고 있다.

"… '정책 변동'이라는 것은 해결하고자 하는 문제나 정책 대상 집단, 달성코자 하는 목표가 달라지거나 그 문제를 해결하기 위한 수단의 종류와 정도가 달라지는 것 모두를 포함하는 의미로 사용한다."

여기서는 교육정책 변동을 일단 교육정책 기조, 주요 정책, 추진 전략 등에서 차별성을 지닌 변화를 의미하는 개념으로 사용하고자 한다. 어쨌든 정권이 교체되면 교육정책이 변화될 것이란 기대를 하게 마련이다.

---

61. 그렇긴 하지만 학생, 교사, 학부모들에게는 개별 정책 내용의 변화가 더 예민하게 포착된다. 따라서 이들에게 있어 교육정책 변동은 예컨대 대학입시에서 수시와 정시 또는 수능과 학종의 반영 비율 등이 어떻게 변했는지의 문제로 귀착되는 게 일반적이다.

"정권의 성격이 바뀌면 정책 과정이나 결과에 심대한 영향을 끼칠 수 있다"Gunther, 1996: 157라는 논지도 같은 점을 말하는 것이다. 정권 교체가 정책 환경의 중대한 변화를 의미하며, 경제적·기술적 환경 변화와 함께 정책 변동을 가져오는 핵심적인 요인 가운데 하나이기 때문이다.

"… 정권 교체에 따른 대통령, 장관 등 최고 정책담당자의 교체는 정책의 수정, 보완, 축소, 폐지 등 변동 과정을 거칠 가능성이 매우 높다. 임기 내에 자신의 업적을 과시하고 정권의 재창출을 도모하기 위해서는 기존 정책에 대한 비판을 통한 과거 정권과의 차별화가 필요하기 때문이다. 특히 새로 집권한 정당의 이데올로기가 이전과 다를 경우 정책 변동의 경향은 더욱 강하게 나타난다."정일환·주철안·김재웅, 2016: 261

위의 분석은 현대 대의제 민주정치가 다름 아닌 정당을 기반으로 하고 있다는 사실만으로도 어렵지 않게 이해할 수 있다. 총선이나 대통령 선거 결과에 따라 여당과 야당이 바뀌며, 새로 집권한 정당의 교육정책이 국정에 반영되는 게 자연스럽다. 그러므로 정권 교체에 따른 교육정책 변동은 학계의 주된 관심사 가운데 하나다. 그 좋은 예로 영국의 보수당, 노동당, 연합정권 등으로 이어지는 정권 교체에 따른 교육정책 변동에 대한 다음과 같은 분석을 들 수 있다.

"보수당 정부(1979~97)와 신노동당 정부, 신노동당 정부와 연합정부 및 현재의 보수당 정부 간의 교육정책에 있어서 연속성continuities과 차이differences 문제로 돌아가 보자. 결론부터 말하자면, 이들 간에는 차이보다는 유사성similarities과 일관성consistencies이 더 많아 보인다.

시장을 중시하고 국가 제도를 약화시키는 한편, 국가 서비스를 전달
하기 위해 민간기업(과 사적 후원제도의 역할 등)을 활용하고 교사교
육 관련 규제를 완화하며, … LEA의 역할을 축소하고 성과관리 제도
를 활용한다는 점에서 그렇다."[Ball, 2017: 115]

지난 40년간 영국에서 보수당과 (신)노동당 그리고 연합정부 간의 정
권 교체를 경험하였다. 그런데 교육정책의 경우 다름보다는 같은 점이
더 많이 관찰된다는 분석이다. 이를 교육정책의 연속성, 즉 유사성과 일
관성 등의 개념으로 표현하고 있다. 그와 같은 판단의 근거로 내세우는
것이 바로 정권을 넘어 관철된 시장주의 정책 기조와 그에 따른 주요 정
책의 내용이다. 국가의 역할 또는 책임보다는 민영화privatization 방식을
선호하며, 주요 정책 의제들 역시 시장 메커니즘을 적용하여 재구성해
왔다는 것이다.

이전 정권의 정책을 축소하거나 폐지하기보다는 수정과 보완을 거쳐
승계한 사례라 할 수 있다. 최장집이 말한 "신자유주의 정책 레짐"이 강
하게 구축됨으로써 정권 교체에도 불구하고 정책이 유지되는 유형[62]의
정책 변동이 초래된 것이다. 앞에서 책무성 정책 레짐이 미국의 NCLB법
의 제정을 가능케 했다고 한 것도 같은 맥락에서 이해할 수 있다. 정책
레짐이 정권 교체와 정책 변동을 이어주는 매개체 구실을 한 것이다. 이
로써 정권 교체가 정책 레짐의 변화를 매개로 실제적인 교육정책 변동
을 이끄는 중요한 변수라는 통설을 확인할 수 있다.

---

62. 정책 변동 유형에서 정책 유지는 "외견상으로는 정책 변동이 발생하지 않는 것처럼 보이나
넓은 의미에서 정책 변동"(황성돈 외, 2011. 2: 22)으로 간주된다. 또한 "정책 혁신과 정책
종결은 상대적으로 급격한 변화와 관련이 있으며, 정책 유지와 승계는 점진적 변화에 가깝
다"(정용남, 2013: 110)라고 이해되는 게 보통이다.

3. '문민정부' 이후 정권 교체와 교육정책의 연속성

가. 문재인 정부 이전 두 번의 정권 교체와 교육정책의 연속성

정권 교체에 따른 교육정책의 변동을 살펴보기 위해서는 고찰 대상 시기를 명확히 할 필요가 있다. 여기서는 '문민정부'에서 문재인 정부까지로 그 기간을 한정하였다. 노태우 정부가 아니라 '문민정부'를 논의의 출발점으로 한 이유는 두 가지로 설명할 수 있다. 하나는 '87년 체제' 이래 평화적인 정권 교체가 이루어지면서 관련 논의가 가능해졌기 때문이다. 그런 점에서 제6공화국의 첫 번째 정부인 노태우 정부(1988~1993년)가 고찰 대상이 될 수 있다. 그런데 노태우 정부는 당시 집권 여당을 중심으로 3당 합당을 거쳐 '문민정부'를 탄생시켰다. 정권 교체가 아니라 정권 재창출이 이루어진 점을 고려하여 일단 제외하였다.

또 다른 이유는 '문민정부'의 5·31 교육개혁이 정책 내용 면에서 획기적이고 종합적이어서 지금까지도 논란의 중심에 있기 때문이다. 그간 5·31 교육개혁의 성격과 그 생명력 등에 대해서는 치열한 논쟁이 전개되어 왔다.안병영, 2015.5.29; 김신일, 2015.5.9; 박세일, 2015.5.8; 이주호, 2015.5.8; 하연섭, 2015; 안병영·하연섭, 2014; 김용일, 2011.5.3; 이주호 외 공저, 2006; 김용일, 2006; 김용일, 2001 그런 점에서 '문민정부'는 이 연구의 관심사인 "정권 교체와 교육정책 변동" 문제를 살피는 데에 아주 좋은 재료를 제공하고 있다. 바로 이런 점과 함께 첫 번째 측면을 고려하여 '문민정부'를 논의의 출발점으로 삼았다.

더욱이 '문민정부'는 우리 헌정사상 처음으로 '국민의 정부'로의 평화적인 정권 교체를 이룬 정부이기도 하다. 2003년 출범한 '참여정부'는 정권 재창출의 소산으로 '국민의 정부'의 연장선상에서 논할 수 있다. 2008년 이명박 정부가 출범하면서 두 번째 정권 교체를 경험하게 된다.

뒤이어 등장한 박근혜 정부는 이명박 정부와 그 뿌리가 같다는 점에서 정부 교체가 이루어진 것일 뿐이다. 그러다가 대통령 탄핵이라는 헌정 사상 초유의 사태를 맞이하여 대통령 선거가 앞당겨져 실시된다. 그 결과 2017년 5월 문재인 정부가 출범한다. 이렇게 해서 한국 사회는 '문민정부' 이래 세 번째 정권 교체를 경험하게 된다.

이에 여기서는 '문민정부' 이후의 정권 교체가 교육정책에 어떤 변화를 가져왔는지에 주목하고 있다. 그런데 이는 곧 '문민정부'의 교육정책을 어떻게 볼 것인가라는 질문에서 출발한다고 해도 과언이 아니다. 5·31 교육개혁안의 성격을 규명하는 한편, 거기에 담긴 정책 내용과 함께 정책 레짐 변화 등에 대한 논구가 필요하다는 뜻이다. 교육에 '87년 체제'의 특질이 어떤 식으로 투영되어 있는지를 살피는 김종엽[2009: 42]도 같은 생각을 피력한 바 있다.

> "특히 김영삼 정부 때 대통령 자문기구인 교육개혁위원회가 구상한 「5·31 교육개안」에 주목하고자 하는데, 그 이유는 1995년 「5·31 교육개혁안」이 입안된 이래 계속해서 헤게모니를 행사했다고 판단하기 때문이다."

'계속해서 헤게모니를 행사했다'라는 말은 정책의 연속성과 함께 정책 레짐상의 변화가 없었다는 의미로 해석할 수 있다. 5·31 교육개혁안으로 회자되는 '문민정부'의 교육정책이 강력한 정책 레짐을 배경으로 현재에도 여전하다는 주장인 셈이다. 그런데 이 문제에 관해서는 그간 여러 사람이 아주 흥미로운 분석을 내놓은 바 있다. 그만큼 중요하면서도 매우 논쟁적인 주제란 뜻이다. '문민정부' 시절 교육개혁 프로그램을 손수 만들고 5·31 교육개혁을 진두지휘하였던 박세일[2007: 19]의 분석부터 살펴보기로 하자.

> "이러한(신자유주의 교육정책이라는 – 필자 주) 비판과 반대에도 불구하고 **문민정부 교육개혁위원회의 개혁안들은 국민의 정부에서 그대로 승계**하였다. … 뒤이은 **참여정부에서도 문민정부의 교육개혁안은 그대로 유지**되었다. … **문민정부 교육개혁 방안이 정권을 초월하여 수용되어 왔다**는 사실은 적어도 개혁의 방향과 원칙, 선정 과제들이 시대적 타당성을 지니며 우리 교육의 현실문제들에 대한 적합한 대응임을 의미한다."

'문민정부' 이래 적어도 '참여정부'까지 교육정책이 연속성을 지니고 있다는 주장이다. 정권 교체에도 불구하고 교육개혁 정책이 그대로 유지되었다는 것인데, 그는 개혁안의 정책 기조가 신자유주의를 바탕으로 하고 있다는 점 또한 부정하지 않고 있다.[박세일, 2015. 5. 8 참조] 그러면서 '시대적 타당성'이나 '적합한 대응' 등의 표현으로 그 정당성을 역설하고 있다. 이런 점은 '국민의 정부' 초대 교육부장관을 지낸 이해찬의 다음과 같은 발언 내용과도 깊은 연관이 있다.

> "장관 당시, 내가 언제 어떻게 될지 모르지 않나. **그래서 김영삼 정부 시절 수립된 5·31 개혁안을 그대로 집행했다.** 7차 개혁안이라는 것이 **한번 만들어 놓은 것을 잘 집행만 하면 그런대로 괜찮겠다 싶었다.** 거기에 입시제도까지 다 나와 있다."[더좋은민주주의연구소, 2015.8.26]

'국민의 정부'에서 '실세 장관' 소리를 듣던 이해찬의 인터뷰 내용이다. 그의 '태연한 발언'은 상당히 충격적이다. 정권 교체를 이룬 정치세력의 실세가 초대 교육부장관으로 부임하면서 전임 정권의 교육정책이 어떤 성격인지조차 제대로 파악하지 못했었다는 증거로 받아들여지기 때문이다. '국민의 정부'는 '민주적 시장경제론'과 '생산적 복지론', 즉 이론적으로는 '제3의 길'the third way에 기초한 국정 기조를 표방하였다.^{김용일, 2001} ^{참조} 그런 정부의 교육부장관이 시장주의 교육정책을 무비판적으로 승계했다고 고백[63]하는 것이나 다름이 없다.

> "그 문서상의 증거가 바로 교육부 관료들이 만들어 내놓은 『교육발전 5개년계획(시안), 1999. 3. 1』이다. '국민의 정부'가 끝날 때까지 '시안'이란 꼬리표를 떼지는 못했지만, '실세 장관'이라 불리던 주무장관의 후원하에 이 책자에 담긴 개혁 프로그램을 집요하게 관철시켰다."^{김용일,}
> 2011.5.3: 128

인용문에는 '국민의 정부'가 '문민정부'의 5·31 교육개혁안을 그대로 승계한 경위가 잘 나타나 있다. 1997년 대통령 선거를 앞두고 교육부 관료들은 다음 정권의 향배를 가늠하면서 정책 문서를 준비한다. 이 문서가 이해찬 교육부장관에게 건네지는데, 그의 반응은 앞의 인용문에서처럼 "잘 집행만 하면 괜찮겠다"라는 것이었다. 5·31 교육개혁안에 대한

---

63. '국민의 정부'와 '참여정부'에서 교육정책에 관여한 고위급 인사들의 이런 식의 고백은 곳곳에서 발견된다. 예컨대, '참여정부'의 마지막 교육혁신위원장 정홍섭은 아주 진지하게 "국민의 정부, 참여정부가 5.31 교육개혁안을 계승한 이유는 그 개혁안의 미래예측과 합리성에 동의했기 때문"(국정브리핑 특별기획팀, 2007: 331)이라고 하여 듣는 이들을 놀라게 한 바 있다. 이에 관해서는 이 책 제5장 3절의 말미에 자세히 소개되어 있다.

관료적 재해석을 거친 『교육발전 5개년계획(시안)』이 '국민의 정부'의 정책 문서로 전환되는 순간이다. '문민정부'와 '참여정부'에서 거듭 교육부 장관을 지낸 안병영과 그의 제자 하연섭의 다음과 같은 주장은 이런 배경에서 나온 것이다.

"5·31 교육개혁으로 불리는 **문민정부 교육개혁방안('95~'97)은 한국 교육의 '패러다임적 변화'를 가져온 획기적 성과물**로서, **이후 역대 정권들이 그 이념적 성격이나 정책지향과 관계없이 자신의 교육정책의 근간으로, 또 가장 중요한 준거 틀로 받아들여 왔다.** 그런 의미에서 **문민정부 교육개혁방안은 지난 20년간 한국 교육의 중심축**이었다고 볼 수 있다."안병영·하연섭[64], 2014: i

20년 가까이 추진되어 온 교육정책의 연속성을 담담하게 진술하고 있다. 역대 정부들이 '문민정부'의 5·31 교육개혁 방안을 '교육정책의 근간'으로 받아들였다는 것이다. 그런데 특별히 "그 이념적 성격이나 정책지향과 관계없이"라는 표현이 눈에 띈다. 정권 교체에도 불구하고 5·31 교육개혁안의 정책 기조와 주요 정책들이 관철되었다는 점을 말하고 있는 것이다. 사실 박세일, 이해찬, 안병영 등은 교육정책의 연속성을 강조하는 데에 그치지 않고 한 걸음 더 나아가 있다는 공통점이 있다. 요컨대, 시장주의적 교육정책이 대체로 옳았거나 불가피했다는 것이다. 이를 '시

---

64. 하연섭(2015: 61-62)은 다른 글에서 위의 기본 입장을 재확인한 바 있다. "**5·31 교육개혁은 정책연구에 있어서도 대단히 중요한 소재**이다. 우리나라의 정책 중 5·31 교육개혁처럼 과거 정책에 대한 치밀하고 포괄적인 평가 위에서 새로운 정책 방안이 설계된 예는 매우 드물 뿐만 아니라 **민주화 이후 정권 교체와 더불어 이전 정부 정책과의 단절이 일상화된 우리나라 풍토에서 정책의 기본 방향과 내용이 이후 정부에서 큰 변화 없이 계승된 매우 드문 예**이기 때문이다."

대적 타당성'이나 '패러다임적 변화' 등의 표현으로 정당화하고 있다.

> "**역대 정부들도 5·31 교육개혁 방안을 대체로 수용하고 실천**하였다. 김영삼 정부에 이어 집권한 김대중(정부 – 필자 주)은 이 개혁 방안을 **공식적으로 승계**하여 시행하였고, 노무현 정부도 이 **개혁 방안을 수용**한다고 대통령이 직접 표명하고 실천하였다. 이명박 정부도 **보완의 필요성은 주장하면서 수용 입장**을 표명하였다. 박근혜 정부는 명시적으로 수용한다는 입장을 밝히지도 않았지만 **뚜렷한 반론 표명도 없었다.**"^{김신일, 2015.5.9: 3}

'참여정부'에서 교육부장관을 지낸 김신일의 분석이다. '문민정부'에서 박근혜 정부까지의 정책 변동의 특성을 "교육정책의 연속성"으로 파악하고 있다. 이 정도만 하더라도 문재인 정부 이전 두 번의 정권 교체에도 불구하고 실제적인 교육정책에서 연속성이 유지되어 왔다는 점만큼은 분명해졌다. 이제 남는 문제는 박근혜 정부에서 문재인 정부로의 세 번째 정권 교체가 어떠한 정책 변동을 초래했는가 하는 점이다. 그런데 이 질문에 대해서는 먼저 공식적인 교육정책 차원에서의 정책 변동의 특징을 간략히 살펴보는 것으로 대신하고자 한다. 문재인 정부의 실제적인 정책 변동을 종합적으로 평가하기에는 이른 감이 없지 않기 때문이다.

결론부터 말하자면, '문민정부' 이래 정권 교체와 함께 표방된 공식적인 교육정책은 연속성보다는 단절성 또는 차별화로 설명하는 게 타당해 보인다. 물론 앞에서 살펴본 바와 같이 '국민의 정부'는 정권 교체에도 불구하고 이전 정권의 교육정책을 무비판적으로 승계했다. 대신 뿌리가 같은 '참여정부'가 "교육의 공공성 제고와 교육민주화" 담론에 기초한 정책 기조를 분명하게 밝혔다.^{대통령직인수위원회, 2003. 2. 21} 정권 교체가 아니라 정부 교체임에도 불구하고 '국민의 정부'와 달리 이전 정권과의 정책의 차별성을 공식화한 것이다.

두 번째의 정권 교체를 이룬 이명박 정부의 경우 '참여정부'와의 정책의 차별성을 특별히 강조하였다. 선거를 전후로 '잃어버린 10년^{이주호 외 공저, 2006}을 강조하다 정부가 출범하자마자 시장주의 교육개혁을 전면화[65]하였다. 사실 이명박 정부가 전임 정권과의 차별성을 부각시킬 것이란 점은 '잃어버린 10년'이란 정치적 구호에서 일찍이 예견된 일이었다. '국민의 정부'와 '참여정부'가 시장주의 교육정책에 경도되었다는 사실을 애써 외면한 것도 이 때문이었다.

그렇다면 세 번째의 정권 교체로 출범한 문재인 정부의 경우는 어떠한가? 다음의 공식 문서에서 보는 것처럼 문재인 정부도 이전 정권과는 사뭇 다른 정책 기조를 천명하였다. 이명박 정부와 박근혜 정부에 걸친 시장주의 교육정책을 바로잡겠다는 의지를 읽을 수 있다. 보육은 물론 유아교육에서 고등교육에 이르기까지 국가의 책임을 강화하겠다고 약속한 것이다.

"문재인 정부는 저출산의 가장 기본적인 원인인 **육아 문제부터 국가가 책임을 지고 수행하는 것이 한국 공동체 소멸을 막는 일의 시작**이라고 판단 – 국공립유치원 등 확대, 어린이집 누리과정 국고 지원, 고

---

65. 이명박 정부의 경우 공식적인 교육정책과 실제적인 교육정책이 정확히 일치하는 경우다. 과거 '문민정부'가 그랬듯이 '국민의 정부', '참여정부'는 양자 간의 불일치를 드러냈다. 박근혜 정부의 경우 2012년 대선 당시 복지 확대 요구에 편승하여 고교무상교육, 반값 등록금 등을 약속했지만 정부 출범 이후 충실하게 이행하지 않았다. 그런 점에서 '약한 불일치'에 가깝다고 할 수 있다.

교무상교육, 대학생 주거 부담 경감 등 유아기 출발선부터 대학까지 **보육과 교육에 대한 국가의 책무성을 강화하고 생애주기별 맞춤형 지원을 실현.**"국정기획자문위원회, 2017.7: 80(진한 강조는 원저자)

이렇게 공식적인 교육정책 차원에서 문재인 정부는 전임 정권과의 차별성을 부각시키고 있다. 그러나 실제적 교육정책에서도 그런지에 대해서는 실증적인 연구가 좀 더 필요하다. 다만, 문재인 정부 역시 공식적으로 천명한 정책 변동을 실제로 끌어내지 못했다는 평가를 받을 가능성이 높다.대한민국정부, 2018. 5: 52-55 참조 정부 출범 이후 조기영어교육, 학교정책, 입시정책 등 쟁점이 되는 의제를 뒤로 미뤄두는 '유예 정부hesitating government'의 면모를 보여주었기 때문이다.

나. 교육정책의 연속성의 원인과 정책 변동의 역동성 증대

그렇다면 실제적인 교육정책에서 발견되는 연속성의 원인은 무엇일까? 먼저 이론적 고찰에서 살펴본 것처럼 정책 레짐 차원에서 설명할 수 있다. '문민정부'의 5·31 교육개혁안을 매개로 강고한 시장주의 정책 레짐이 형성[66]되었으며, 대부분의 정당이 여기에 합류했다. 그 결과 "다른 정당 간 정부 변동(화)", 즉 정권 교체에도 불구하고 교육정책의 변화가 없었던 것이다. 예컨대, '국민의 정부'의 경우 장관의 리더십이 이미 시장주의 정책 레짐에 포섭되어 있었다. 분석의 텍스트는 다르지만, 다음의 논지는 지난 30여 년간의 그런 경험을 설명하고도 남는다.

---

66. 여기에는 "국제기구(OECD 등)나 세계적 정책 동향이 특정 정책을 유지하도록 강력한 영향력을 미쳐 국가 간의 정책 수렴 현상으로 정책 변화가 이루어지지 않을 가능성"(Bieber, 2016 참조)까지 가세했다고 볼 수 있다.

"… 정책 레짐이 되었다는 것은 **사회구성원 내지 투표자들의 광범한 지지를 불러일으킬 수 있는 지배적 정책이 되었다는 것이고, 따라서 대부분의 정당들이 이를 수용하게 되었다는 것을 의미**한다. 다시 말해 정책 레짐과 그에 대한 대안적 정책을 두고 정당들이 다투는 것이 아니라, 이를 **어떻게 더 효과적이고 효율적이며 능동적으로 수행할 수 있느냐 아니냐 하는 문제를 둘러싸고 경쟁**하게 된다는 것이다."_{최장집,}
2005: 269

두 번째는 분할 정부divided government의 특성으로 설명할 수 있다. 분할 정부란 대통령과 의회가 서로 다른 당에 의해 지배되는 상황을 말한다._{최장집 지음, 박상훈 엮음, 2016: 79} '국민의 정부'가 맞이한 여소야대의 국회 상황이 전형적인 모습이다. 분할 정부에서는 새로운 정책 레짐 형성이 어려우며, 의회 권력이 정부의 정책 의지를 꺾는 경우가 흔하다. 변형된 형태지만, 문재인 정부 시절 '유치원 3법' 개정에서도 그런 점을 확인할 수 있다. 소수당이긴 하나 야당의 결사반대로 패스트트랙 지정에 그치는 등 개정 입법에 실패[67]했다. 이렇게 되면 해당 정책은 정권 교체에도 불구하고 법률이 개정되기 전까지 그대로 유지될 수밖에 없다.

세 번째는 집권 정치세력이 관료 권력을 제어할 수 없는 이중권력 상태를 생각해 볼 수 있다. 다음 장에서 상세히 다루고 있는 것처럼 '참여정부'의 경우 이중권력 상태가 심해지면서 전임 정권의 교육정책에 갇히게 되었다. 5·31 교육개혁 정책의 생명력은 분파적 이익집단으로서 관료 권력이 기업과 부유층의 이해를 충실히 대변해 온 데서 찾을 수 있

---

67. 다른 각도에서 보면, 유아교육의 공공성 강화라는 문재인 정부의 유아교육 정책 기조가 학교 민영화 정책 레짐을 넘어서지 못한 것이다.(김용일, 2022b 참조)

다.^{김용일, 2006 참조} 이와 관련하여 '참여정부' 시절의 경험에 대한 다음의 분석은 음미해 볼 만하다. 집권 정치세력이 관료 조직을 장악하지 못해 이중권력 상태로 빠져들게 되는 상황을 묘사하고 있기 때문이다. 그 결과 공식적으로 천명한 정책 변동이 좌절되었다.

> "('참여정부'는 - 필자 주) **정권 인수 단계에서는 일단 정책 내용상의 방향 선회** 과정을 거친 게 사실이다. 그러나 정부 출범 이후 개혁에 필요한 지도력 형성에 실패하였다. 특히, 정책 환경 관리능력의 부재로 **예기치 못할 정도로 빨리 관료 조직을 통제하지 못하는 상황이 조성**되었다. 얼마 지나지 않아서는 그럴 의지가 있는지도 분명치 않은 인사를 수 차례 되풀이하면서 민주적인 선거로 집권한 정치세력의 '능력 없음'을 여지없이 드러냈다."^{김용일, 2005.3.8.}

얼마 전까지만 해도 '정권 교체에 따른 교육정책 변동 현상'에 대한 논구는 이처럼 중앙정부 차원의 분석으로 충분하였다. 이때 주된 관심사는 새 정부가 표방한 교육정책과 실제 추진된 교육정책 간의 같음과 다름, 그리고 전임 정부와의 연속성이나 차이 등의 문제였다. 여기에 정책 평가policy evaluation 차원에서 추진된 교육정책의 성공 여부에 대한 분석이 추가되는 정도였다. 그러나 '정책경쟁의 시대'가 열리면서 사정이 복잡해졌다. 중앙정부와 정책지향이 다른 시·도 교육감과의 정치적 상호작용이라는 새로운 변수가 등장하였기 때문이다. 실제적인 교육정책 차원에서 정책 변동의 정치적 역동성이 그만큼 커지게 된 것이다.

2006년 12월 교육감 주민직선제 도입으로 중앙과 지방 교육 정치-행정 권력의 불일치mismatch 가능성이 주어졌다. 2009년 4월 경기도 교육감 보궐선거에서 진보 성향의 후보가 당선되어 가능성이 현실화되었다. 중앙과 지방 교육행정 당국 간의 "정책경쟁"의 조건이 마련된 것이다.^{김용} ^{일·김용. 2016. 12. 22 참조} 2010년 6월 교육감 선거에서는 6개 시·도, 2014년에는 13개 시·도에서 '진보교육감'을 배출하여 보수 성향의 중앙정부와 대립 각을 세웠다. 자연스럽게 전국시도교육감협의회의 역할이 커지는 한편, 문재인 정부 들어 교육자치정책협의회가 법정 기구로 가동되는 등의 상 황 변화가 있었다. 이처럼 교육감 권력의 변화가 가세하여 정권 교체 외 에 교육정책 변동의 정치적 역동성이 한층 더해졌다.

4. 시장주의 교육정책의 생명력

이 장에서는 정권 교체에 따른 교육정책 변동의 특징을 드러내고자 하였다. 이를 위해 고찰 대상 시기를 '문민정부'에서 문재인 정부까지로 한정하였다. 그런 다음 정권 교체, 정책 레짐, 교육정책 변동 등에 관한 이론적 검토를 수행하였다. 그 결과 모두 다섯 번의 정부 교체가 이루어 지고, 정권 교체는 세 번이었음을 알 수 있었다. 이에 세 차례의 정권 교 체에 따른 정책 변동에 주목하였는데, 고찰 과정에서 공식적인 교육정 책과 실제적인 교육정책을 구분해야 할 필요성을 확인하였다. 특정 정부 가 표방하는 교육정책과 실제로 추진한 교육정책 간의 괴리가 발생하는 경우가 다반사이기 때문이다.

고찰 결과를 요약하면 다음과 같다. 첫째, 정권 교체가 정책 레짐의 변화를 매개로 실질적인 교육정책 변동을 이끄는 중요한 변수라는 통설 을 확인할 수 있었다. 유의할 점은 정권 교체가 일어나더라도 정책 레짐의 변화로 이어지지 않는다면 정책 변동은 발생하지 않는다는 사실이다. 정권 교체가 의미 있는 교육정책 변동으로 이어지는 경우는 대개 정책 레짐의 변화가 동반된다. 그 좋은 예가 책무성 정책 레짐이 형성되어 정책 변동을 끌어낸 미국의 경험이다. 클린턴에서 부시 행정부로의 정권 교체에도 불구하고 강고한 책무성 정책 레짐이 2002년 NCLB법 공포로 표상되는 정책 변동을 초당적으로 완성했다.

둘째, 세 번의 정권 교체 가운데 문재인 정부 이전 두 번의 정권 교체까지는 정책의 연속성이 관찰되었다. 두 번째 정권 교체까지의 정책 변동의 특성은 '문민정부'의 5·31 교육개혁안의 성격과 불가분의 관계에 있다. 첫 번째 정권 교체를 이룬 '국민의 정부'가 5·31 교육개혁안을 무비판적으로 승계함으로써 정책 변동의 기회를 잃고 말았다. 시장주의 교육정책이 유지되었다는 뜻인데, 두 번째 정권 교체를 이룬 이명박 정부는 이를 전면화함으로써 정책의 연속성을 유지·강화하였다. 시장주의 교육정책의 질긴 생명력을 확인할 수 있는 대목이다.

셋째, 정권 교체에도 불구하고 정책의 연속성이 유지된 데는 서로 관련이 있는 세 가지 요인이 작용하였다. 먼저 5·31 교육개혁안을 매개로 강고한 정책 레짐이 형성되었다는 점을 들 수 있다. '국민의 정부'는 말할 것도 없고 '참여정부' 역시 이 정책 레짐에 갇혀 정책 변동을 끌어내지 못했다. 다음으로 대통령과 의회가 서로 다른 당에 의해 지배되는 분할 정부의 특성이다. 이러한 조건에서 새 정부가 과거의 정책 레짐을 대체하지 못해 의미 있는 정책 변동을 현실화시킬 수 없었다. 끝으로 집권 정치세력이 관료 권력에 포위되는 이중권력 상태를 생각할 수 있다. 특별히 '참여정부'의 경우 이중권력 상태에 빠져들면서 '문민정부'에서 마련하여 '국민의 정부'에 건네진 교육정책을 수용하게 되었다.

여기서는 일종의 메타 분석meta analysis을 통해 정권 교체에 따른 정책 변동의 특징을 밝히려 하였다. 그런 까닭에 개별 정부의 정책 기조나 주요 정책 등을 일일이 살펴 논증하지는 않았다. 대신 정책 문서와 국내외 관련 선행연구에 관한 분석에 치중하였다. 그런 점에서 향후 개별 정책에 대한 세밀한 분석을 통해 논증을 풍부히 할 과제를 남겨두고 있다. 예컨대, '문민정부'에서 마련된 '학교 다양화' 정책은 윤석열 정부에서도 그대로 유지되고 있다. '문민정부'에서 도입된 학교운영위원회는 일찍이 유명무실해졌으나 역대 어느 정부도 손대지 못하고 있다. 이런 정책에 관한 연구가 더 활발하게 이루어졌으면 하는 바람이다.

제5장
노무현 정부의 교육정책 결정 구조

이 장에서는 정책 결정 구조policy structure에 주목하여 '참여정부'의 교육정책 전반에 대한 이해를 도모하고 있다. 이런 연구 경험에서 교육정책 연구자들은 정책 내용policy contents 위주의 연구 전통 또는 관행을 넘어서야 한다는 점을 깨닫게 될 것이다. 정책 내용에 더하여 정책 결정 구조나 교육 거버넌스 등 정책 환경policy contexts에 대한 분석이 함께 이루어질 때 수준 높은 연구 결과를 얻을 수 있다.

1. 정책 내용과 결정 구조의 변증법

선거를 통해 평화적으로 정권 교체가 가능해진 이후 교육정책을 포함하여 국가 정책 전반에 많은 변화가 있었다. 그런 변화 가운데 두드러진 점이 바로 선거공약으로 제시된 정책 내용이 대통령직인수위원회(이하 인수위로 줄임)에서 가다듬어지는 과정을 거친다는 사실이다. 인수위가 주도하여 정책을 선별하거나 충실화하는 작업을 수행하는 것이다. 그러나 정부 출범 이전 인수위를 중심으로 하여 정책이 만들어지는 틀을 특정 정부의 "정책 결정 구조"라고 하기는 어딘가 한시적이고 제한적이라는 느낌을 주는 게 사실이다.

선거에 임하면서 대통령 후보와 각 정당은 교육 현실에 대한 나름의 진단과 처방을 바탕으로 공약을 마련하여 제시하는 게 보통이다. 여기에 교수나 연구자 등 전문가들이 일정한 역할을 한다. 교원단체나 사학법인연합회 등과 같은 이해당사자들이 목소리를 내고 공약에 자신들의 요구를 관철하려는 치열한 정치과정political process을 겪는 것도 익히 경험해 온 일이다. 이 같은 과정을 거쳐 선거에서 승리하게 되면 인수위가 교육정책 전반을 관리하게 된다. 그러나 2개월이 채 못 되는 기간일 뿐만 아니라 "교육정책 결정 구조"라 할 때 기대하게 되는 항상성 또는 안정성을 지니지 못하고 있다는 사실만큼은 부정하기 어렵다.

이렇게 보면, 본격적인 의미에서의 교육정책 결정 구조는 역시 정부 출범 이후의 상황 전개와 관련이 있다. 대통령 취임과 함께 청와대[68], 대통령자문기구, 행정부처 등의 조직 정비가 이루어지면서 비로소 교육정책에 관련된 "구조structure"를 말할 수 있다는 뜻이다. 그런데 이와 같은 정부의 교육정책 결정 구조는 정책 내용이 어떠냐에 따라 달라지는 경향이 있다. 예컨대, 전임 정부의 교육정책을 그대로 계승하는 내용이 주를 이룰 때 정책 결정 구조상의 변화를 꾀할 필요성은 그다지 크지 않다. 자연 정책 결정 구조에 대한 사람들의 관심도 반감될 수밖에 없다.

그러나 반대의 경우는 사정이 다르다. 정책 기조를 변화시키거나 새로운 정책을 입안하기 위해 기존의 정책 결정 구조를 크게 변화시킬 가능성이 높다. '문민정부'[69] 이래 정부 출범 초기에 관찰되는 모습이 대개 "정책 내용 → 정책 결정 구조"의 순을 밟아온 것도 이와 무관치 않다. 인수위 등을 거친 새로운 정책을 어떤 틀에 담아 보정하면서 수행해 나갈 것인가 하는 고민의 수순인 셈이다. 물론 그렇다고 해서 정책 내용이 정

---

68. 2022년 5월 윤석열 정부 출범과 함께 대통령 집무실이 청와대에서 용산으로 이전하였다. 그런 점에서 '대통령실'이란 표현이 적절하지만, '참여정부' 시절의 분위기를 살리기 위해 "청와대"란 표현을 그대로 사용하였다.

69. 1993년 2월 25일 출범한 김영삼 정부를 지칭하는 표현으로 앞에서 언급한 바와 같이 이후 한동안 별칭이 유행하였다. 이 장에서도 본문의 내용에서는 '참여정부'라는 별칭을 쓰고 제목에서는 노무현 정부라고 하였다. 20여 년의 세월이 흘러 젊은 독자들이 별칭에 익숙하지 않은 사정을 고려한 선택이다.

책 결정 구조를 일방적으로 규정하는 것은 아니다. 한번 만들어진 정책 결정 구조는 거꾸로 정책 내용 생산에 매우 결정적인 역할을 하게 된다. 정책 내용과 정책 결정 구조의 변증법이라고나 해야 할 것이다.

그럼에도 불구하고 그간 많은 연구자가 주로 정책 내용에 주목해 왔다. 정책 결정 구조에 관한 연구 관심이 생각 이상으로 저조하였다는 뜻이다. "… 교육정책의 과정에 관한 연구보다는 정책 내용에 관한 연구, 즉 정책의 문제점을 지적하고 개선 방안을 제시하는 연구가 주종을 이루었다"[70]김재웅, 2015. 3. 22: 4라는 분석도 같은 점을 지적하고 있는 것이다. 실제로 교육정책 연구를 주된 관심사로 하는 한국교육정치학회의 학회지인 「교육정치학연구」에 게재된 논문 검토[71]에서도, 이런 사실을 어렵지 않게 확인할 수 있다.

이에 여기서는 정책 내용과 함께 정책 결정 구조의 특징에 주목하여 '참여정부'의 교육정책 전반에 관한 이해를 더하고자 한다. 이를 위한 논의의 순서는 다음과 같다. 먼저 제2절에서는 '참여정부'의 교육정책 형성 조건, 즉 정책 내용과 정책 결정 구조가 만들어지는 배경에 대해 살펴보고 있다. 다음으로 제3절에서는 관료 주도의 정책 결정 구조가 마련된 경위를 밝히는 한편, 정책 내용상의 특징을 논하고 있다. 제4절에서는 고찰 결과를 요약한 후 교육정치학 연구자들에게 제기되는 도전적인

---

70. 그 이유에 대해 다음과 같이 분석하고 있다. "… 연구에 필요한 자료가 교육정책의 결정과 집행에 직접 참여하지 않은 연구자에게 공개되지 않는 경우가 많기 때문이기도 하고, 이러한 유형의 정책연구를 위한 정부나 기업의 연구비가 많지 않기 때문이다."(김재웅, 2015.3.22: 4)

71. 무작위로 선정한 5년간(2011~2015년)의 게재 논문 가운데 교육정책 결정 구조에 관한 연구로 분류할 수 있는 논문은 8건뿐이었다.(한은석·하봉운, 2014; 김가람·이일용, 2014; 김수경, 2013; 김종길·엄기형, 2013; 장아름, 2013; 이상희·김재웅, 2012; 조흥순, 2011) 해당 기간 게재된 120편의 논문 가운데 6.7%에 불과한 수치로 정책 결정 구조 등으로 연구 관심의 확대가 필요하다는 점을 새삼 깨닫게 된다.

과제에 대해 간략히 언급하고 있다.

2. '참여정부'의 교육정책 형성 조건

본격적인 논의에 앞서 '참여정부'의 교육정책을 무엇으로 볼 것인가라는 문제를 잠시 생각해 보기로 하자. 예컨대, 인수위 단계에서 발표된 교육정책을 '참여정부'의 교육정책으로 볼 수 있는가? 이 물음에는 서론에서 언급한 것처럼 아주 제한적인 수준에서 "그렇다"라고 답할 수 있다. 정부 출범 이후의 교육정책 결정 구조에 의해 얼마든지 변화할 수 있으며, 또 어떠한 이유에서든지 이미 표방한 것과 다른 정책 내용을 가져갈 수 있기 때문이다.

후자의 경우 바로 앞 장에서 공식적인 교육정책과 실제적인 교육정책의 차이로 설명한 바 있는데, '참여정부'가 특히 그랬다. 인수위에서 가다듬은 교육정책이 12대 국정과제로 5년 내내 청와대 홈페이지에 탑재되었지만, 실제 작동하는 정책 내용은 크게 달랐다.

사정이 그렇기는 하지만 우리의 관심사인 교육정책 결정 구조는 대개 집권 초기에 판가름 난다. 그런 점에서 인수위에서 엄선하여 공개한 교육정책은 중요한 검토 대상일 수밖에 없다. 인수위 단계에서 가다듬어진 정책 내용과 함께 그에 걸맞은 정책 결정 구조를 설계할 수밖에 없는 주·객관적인 조건이 존재하기 때문이다. 이것을 '교육정책 형성 조건'이라고 부를 수 있는데, 이 조건에 대한 검토가 '참여정부'의 교육정책 결정 구조에 관한 논의에서 필수적이다.

'참여정부'의 교육정책 형성 조건을 논하는 데 있어 빼놓을 수 없는 것이 바로 '문민정부'의 5·31 교육개혁이다. '국민의 정부'를 거쳐 '참여정부'의 교육정책 형성에 커다란 영향을 미쳤기 때문이다. 그런데 5·31 교육개혁안 수립 과정에서 '문민정부'는 교육개혁위원회를 축으로 하는 강력한 정책 결정 구조를 작동시킨 선례를 남겼다.[72] 대통령자문기구를 통해 상당 부분 밖에서 마련해 둔 정책 내용을 관철시킨 것이다.[나라정책연구회, 1995 참조] 그 결과 주무 부처인 교육부[73]는 교육개혁위원회가 마련한 정책을 넘겨받아 수행하는 "개혁 정책의 추진체"로 전락하였다. 대통령령에 근거한 교육개혁위원회가 정책 결정 구조의 핵심에 자리한 것이다.

이런 경험으로 인해 '국민의 정부'에서 교육부 관료들은 대통령자문기구를 견제하면서 정책 결정 구조를 장악해 나가는 행보를 보였다.[74] '문민정부'에서 이미 관료 주도의 정책 결정 구조가 형성될 토양이 마련되었다는 뜻인데, 이는 '국민의 정부'의 정책 내용이 빚어놓은 현실과 함께 '참여정부'의 교육정책을 만드는 데 있어 고려해야 할 중요한 요소였다. 그러면 먼저 전임 정부의 교육정책이 초래한 현실에 대해 '참여정부'의 인수위가 어떻게 판단하고 있었는지 살펴보자.

---

72. 안병영 전 교육부장관의 다음과 같은 회고에도 그런 점이 잘 나타나 있다. "**5·31 교육개혁안의 창안 과정의 주역은 당연히 대통령 직속의 자문기구인 교육개혁위원회였다.** … 제1기 교개위(1994/2-1996/2)는 민주화 여명기에 '원점'에서 국민적 여망을 안고 한국 교육의 패러다임 전환을 목표로 출범했기 때문에 개혁 성향이 무척 강했다. 뿐만 아니라 '비관료적, 비교육계, 민간 중심'으로 구성되었기 때문에 기본적으로 **교육관료제에 대한 불신과 비관적 성향이 매우 강했다.** 따라서 **교개위의 개혁방안 창안과정에서 교육부가 관여할 여지는 처음부터 협소했다.**"(안병영, 2015.5.19: 2)

73. 교육부는 "문교부 → 교육부 → 교육인적자원부 → 교육과학기술부 → 교육부"와 같이 그 명칭이 여러 차례 바뀌었다. '참여정부' 시절에는 교육인적자원부였다. 그러나 소통의 편의상 직접 인용 등의 특별한 경우가 아니면 교육부로 통일해서 쓰고 있다.

74. 이 과정에서 중요한 역할을 하게 된 문서가 바로 「교육발전 5개년 계획(시안)」(1999.3.11.)이었다는 사실은 이 책 제4장에서 살펴본 대로다. 2008년 대통령 선거를 맞아 교육부의 관료들이 새로 창출될 대통령 권력에 선을 대기 위해 준비한 일종의 포지션 페이퍼(position paper)였던 셈이다.

"··· '문민정부'의 교육개혁에 대한 심층적인 평가 없이 무비판적 승계로 귀결 ··· '문민정부'에서 비롯된 세계화와 국가경쟁력 이데올로기, 신자유주의, 수요자 중심 논리가 더욱 강화되었음"^{대통령직인수위원회 교육개혁과 지식}

문화강국 실현 T/F팀, 2003.2: 3

인수위의 공식 문서의 내용으로 '국민의 정부'가 '문민정부'의 개혁 정책을 승계하였다는 게 핵심 논지다. '문민정부'의 교육개혁을 떠받치고 있던 비(반)교육적인 이데올로기를 넘어설 것이란 기대와 달리 오히려 강화하였다는 평가다. 그러면서 "시장경제의 원리에 기초한 교육정책을 양산함으로써 지역 및 계층 간 교육 불평등과 사회적 갈등에 대한 우려의 목소리가 높다"라고 진단하고 있다. 이런 현실 인식이 "2. 공교육 내실화와 교육복지 확대"라는 정책 기조[75]로 이어지고 있다.^{대통령직인수위원회 교육개} ^{혁과 지식문화강국 실현 T/F팀, 2003. 2: 8-12 참조} 다음의 분석도 같은 점을 말하는 것이다.

"이렇게 '교육의 공공성 제고', '교육민주화' 담론에 기초한 청사진을 마련하게 된 것은 '문민정부'와 '국민의 정부'의 경험에 대한 반성의 결과였다. 시장주의적 교육개혁으로 인해 그렇지 않아도 취약한 우리 교육의 공공성이 잠식될 것이라는 위기의식이 팽배하고, 이미 실패로 판명된 개혁 모델을 수입·고수함으로써 교육의 계급화 현상이 날로 심화되고 있다는 비판에 귀 기울인 것이다."^{김용일, 2011.5.3: 127}

---

75. 인수위에서 교육정책 기조를 변화시키려 했다는 점은 다음의 글에서도 간접적으로 확인된다. "노무현 정권의 교육정책 역시 신자유주의로부터 자유롭지 않다. 인수위 시절 노무현 정권은 한국 교육을 '대안교육' 활성화로 끌어갈 것이냐, '공교육' 정상화로 끌어갈 것이냐, 또는 '효율을 위한 자율'을 강화할 것이냐, 학교 현장의 '민주적 자치'를 강화할 것이냐 하며 성장과 분배 간 노선 갈등과 비슷한 갈등을 드러낸 적이 있다."(강내희, 2003: 15)

다른 한편, 정책 기조의 변화와 함께 "개혁추진기구의 설정과 위상 정립의 문제"^{대통령직인수위원회 교육개혁과 지식문화강국 실현 T/F팀, 2003.2: 3}도 중요하게 다루어졌다. '국민의 정부'의 경우 새교육공동체위원회(전반기), 교육인적자원정책위원회(후반기) 등 대통령자문기구의 활용에서 실패했으며, 교육부 주도의 개혁으로 참여와 자치가 미흡했다는 진단에 따른 것이었다. 이런 진단이 "1. 참여와 자치를 통한 교육공동체 구축"이라는 정책 기조를 설정하는 주요 근거가 되었으며, "교육혁신기구 설치", "교육인적자원부 기능 재편과 교육행정개혁" 등의 과제 설정으로 이어지게 된다.

> "'문민정부'의 교육정책을 그대로 계승한 데서 알 수 있듯이 **'국민의 정부'를 일궈낸 정치세력이 자신들의 국정철학에 걸맞은 교육정책을 개발하고 정책 수행 환경을 조성하는 데 무능력**하였음"^{대통령직인수위원회 교육}
> 개혁과 지식문화강국 실현 T/F팀, 2003.2: 8

앞장에서 살펴본 대로 '국민의 정부'의 양대兩大 국정 기조는 "민주적 시장경제론"과 "생산적 복지론"이었다. 전통적 복지국가 노선과 신자유주의 노선을 넘어서고자 한 이른바 '제3의 길'을 그 이론적 토대로 수용한 결과였다. 그런데 교육정책에 관한 한 특별히 '문민정부'가 수입해 온 신자유주의 노선에 경도[76]되는 한편, 정책 수행 환경을 조성하는 데 무능력해 관료 주도의 개혁으로 귀결되었다는 평가인 셈이다. '국민의 정부'를 일궈낸 정치세력에 대한 이와 같은 평가는 '참여정부'의 교육정책 결정 구조 설계와 관련하여 눈여겨볼 만한 대목이다.

---

76. 이는 제4장에서 "김영삼 정부 시절 수립된 5·31 개혁안을 그대로 집행했다"라는 '국민의 정부' 초대 교육부장관 이해찬의 인터뷰 내용을 소개하는 데서도 확인한 바 있다.

이런 현실 인식에 기초하여 인수위가 내놓은 처방이 바로 교육혁신기구 설치였다. '참여정부'의 정책 결정 구조에서 핵심적인 역할을 담당하게 될 기구에 대한 구상으로 〈표 5-1〉에서 교육인적자원부의 기능 재편 과제와 연동되어 있다는 사실을 확인할 수 있다. 요컨대, "1. 참여와 자치를 통한 교육공동체 구축", "2. 공교육 내실화와 교육복지 확대"라는 양대 기조하에 마련된 정책 내용을 실현하기 위해 개혁을 주도해나갈 기구에 주목[77]한 것이다.

〈 표 5-1 〉 대통령직인수위원회의 교육혁신기구 구상 내용

구분	2) 중점추진과제 1-1. 교육혁신기구 설치	(3) 연관추진과제 1. 교육인적자원부 기능 재편과 교육행정개혁

주요내용	▫ 추진 내용
	• 교육혁신기구를 대통령 직속의 법률기구로 상설화함
	  - 교육정책의 입안·조정·(심사)평가 기능 및 주요 교육 현안에 대한 협의·조정 기능을 부여
	  - 아울러 안정적이고 지속적인 교육개혁을 도모하기 위해 「교육개혁법」(가칭) 제정 검토
		▫ 추진 내용
		• 교육인적자원부의 과도한 정책독점을 완화하기 위해 정책개발·집행 및 지원기능을 중심으로 개편
		  - 대통령직속 교육혁신기구 신설과 연계되어 있는 사안으로 두 기구 간의 역할 분담 병행 추진
		  - 정책의 현장적합성 제고를 위한 교육인적자원부 직제 개편
		  - 규제 중심의 행정을 과감히 줄이고 새로운 정책 수요에 대비한 정책개발 기능 부여 (중략)
		• 지방분권 및 학교 자치의 확대·강화 맥락에서 교육인적자원부 업무의 과감한 이양과 위임

자료: 대통령직인수위원회 교육개혁과지식문화강국실현T/F팀(2003. 2), 4, 7쪽.

교육혁신기구에 교육정책의 입안·조정·평가 등의 기능을, 주무 부처인 교육인적자원부에는 교육정책 개발·집행·지원 등의 기능을 부여하

---

77. 이에 관해서는 다음과 같은 논지도 참고해 볼 만하다. "… 대선공약이나 인수위 보고서 형태로 제시된 참여정부의 교육정책 기조는 향후 교육정책의 방향 제시('지도')의 의미만을 가질 따름이다. 바로 이런 점 때문에 교육혁신기구[국가교육위원회(가칭)]를 중시하는 것이다. 정부는 물론 이해당사자 및 전문가집단이 '공론의 장'에 참여하여 정책 결정 과정의 투명성과 정당성을 제고시킬 때, 우리 교육의 미래를 보장할 수 있다. 교육혁신기구를 '교육부 개혁'의 과제와 연동시킨 것도 이런 취지에서다."(김용일, 2003.5.24: 14-15)

고 있다. 양자의 역할 분담과 조정을 전제로 한 구상인 셈이다. 교육혁신 기구를 법률기구로 한다든가 교육개혁법(가칭)을 제정해야 한다는 것은 그 위상을 이전 대통령령에 근거한 자문기구 이상으로 격상시켜야 한다는 뜻이다. 그러면서도 "교육정책 개발" 기능을 교육인적자원부에 남겨 두었다. 그 이유는 정책 집행과 지원의 기능을 중심으로 재편하지만, 주무 부처인 까닭에 정책개발 기능을 원천적으로 봉쇄할 수 없을뿐더러 또 그래서도 안 된다는 현실적인 판단에 따른 것[78]이었다.

노무현 대통령 당선인은 인수위 시절, 수 차례의 내부토론회 등에서 교육부의 역할이 적정한지를 검토하고 대책을 강구하라는 주문을 하였다.[김용일, 2003.5.24: 12 참조] 그런 점 말고도 교육혁신기구 구상의 필요성 등에 대해서는 당시 널리 공감대가 형성[79]되어 있었다. 이러저러한 상황이 교육부와의 역할 분담과 조정을 핵심으로 하는 교육혁신기구 설치 구상으로 구체화된 것이다. 그런 사실은 다음의 글에서도 잘 확인할 수 있다.

"이러한 일들은 물론 일차적으로 교육인적자원부가 떠안아야 할 몫이다. 그러나 우리 앞에 놓인 교육 관련 과제들은 교육인적자원부만이 아니라 여러 부처가 협력하지 않으면 안 될 것들도 많으며, 관련 부처를 포함한 여러 이해관계 주체들의 협의와 갈등 조정이 필요한 것들도 있다. 이런 까닭에 당면한 **교육혁신의 과제는 강력한 추진력을 확보**

---

78. 이렇게 어찌 보면 '단정적'이라 느낄 정도로 표현하는 데는 다 그럴 만한 사정이 있다. 필자는 당시 인수위 전문위원으로 이 문서 작업의 책임자였다. 그런 만큼 문구 하나하나의 의미를 누구보다 잘 알고 있기 때문이다.
79. 이와 관련하여 "참여정부는 국민의 정부와 비교하여 더 폭넓은 관료제 내부의 개혁 지지 기반을 가지고 출발하였다"(박수경, 2007: 223)라는 분석에 주목할 필요가 있다. '문민정부' 이후 개혁의 제도화 과정에 참여했던 젊은 관료층이 개혁의 내재화 과정을 거쳤기 때문이라는 것이다. 인수위 단계에서 위와 같은 정책 결정 구조 개편안이 큰 문제 없이 만들어져 공식화될 수 있었던 것도 이런 사정과 무관치 않은 것으로 볼 수 있다.

할 수 있는 방식으로 접근하지 않으면 안 된다. 교육혁신기구가 대통령 직속으로 설치되어야 한다는 그간의 일관된 요구들은 이러한 인식을 바탕으로 하고 있다."이종태, 2003.5.21: 21

'참여정부'가 출범한 지 얼마 되지 않아 교육인적자원부가 개최한 공청회에서 발표된 내용의 일부다. 2003년 5월이면 몇몇 사람들이 팀을 이루어 청와대 행정관과 함께 교육혁신기구를 구성하고 있던 시점이기도 하다. 이때까지만 해도 교육혁신기구를 대통령 직속으로 설치하여 위의 인용문에서처럼 "강력한 추진력"을 확보할 수 있으리란 기대가 많았다. 교육문화수석제가 폐지된 상황[80]이라서 더 그런 면이 없지 않았다.

무익한 가정이긴 하지만, 이런 방향에서 교육혁신기구가 구성되었더라면 당연히 이 기구가 "청와대 – 교육부장관"과 '삼각편대'[81]를 이루어 교육정책 결정 구조에서 주도적인 역할을 담당했을 것이다. 그러나 뒤에서 자세히 논구하고 있는 것처럼 정부 출범 후 지도력 부재와 인사 지체 등 여러 요인이 겹쳐 사태가 전혀 다른 방향으로 전개되었다. '참여정부'의 교육정책 결정 구조가 당면했던 일종의 운명이라고나 해야 할 것이다.

---

80. 그 경위는 다음의 글에 잘 나타나 있다. "'참여정부'를 일군 정치세력은 정부 출범 시 여러 가지 새로운 '실험'을 하였다. 그 대표적인 예가 청와대 직제 개편이다. 각 부처가 아니라 국정과제 중심으로 청와대 직제를 혁신하자는 것이었다. 이에 따라 교육문화수석제가 폐지되었다. 교육부장관에게 권한과 책임을 주고, 장관 보좌관제 등을 도입하면 문제가 될 게 없다는 가설에 따른 것이었다. 그러나 나중에 사회정책수석 밑에 교육문화비서관을 신설한 데서도 알 수 있듯이 교육에 있어 이 실험은 그다지 성공적이지 못한 것으로 판명되었다."(김용일, 2005.3.8: 216)

81. 이에 대해 심연미(2015.5.22: 188)는 "이는 결국 정부 초반부터 청와대, 위원회(교육혁신기구 – 필자 주), 교육부가 교육개혁 과정에서 분명하게 역할 분담을 하고 콘트롤타워가 정해져야 흔들림 없는 개혁을 주도할 수 있음을 의미한다"라는 해석을 내놓은 바 있다.

3. 지도력 형성 실패와 관료 주도의 정책 결정 구조

'참여정부'는 집권 기간 내내 교육정책에 있어 지도력 부재 문제를 드러냈다. 청와대는 물론 교육부장관과 교육혁신위원회가 국민과 관료들을 설득하고 감동시키지 못했기 때문이다. 자발적인 동의와 지지를 끌어내지 못한 것이다. 능력 부재의 모습만을 보여주어 거꾸로 관료 권력에 '포획'[82]되고 말았다. 게다가 전교조를 필두로 한 개혁·진보적인 성향의 교육운동 세력은 정치력 부재와 함께 매사 거칠 것 없는 행보로 일관하였다.[83] 이 두 가지 요인이 '참여정부'의 교육정책 결정 구조가 안착하는 데 걸림돌로 작용했다. 그 결과 '민주정부 10년'에 걸쳐 정책 내용 면에서 "열망과 실망의 되풀이"^{최장집, 2003.5.29. 참조} 상황이 연출되었다.

가. 청와대(대통령실)

먼저 청와대의 경우 '결정적인 시기critical period'에 교육(정책)을 전문적으로 다룰 단위가 없었다. 인수위 시절 복지 담당 전문위원으로 활동하던 행정관 등이 교육을 관리할 지경이었다. 이런 상황은 2004년 5월 17일 청와대 조직개편에 따라 교육문화비서관(이하 '교육비서관'으로 줄

---

82. 다음의 분석도 참고할 필요가 있다. "문제는 이러한 정책 내용("교육의 공공성 제고"와 "교육 민주화" 담론에 기초한 개혁의 청사진–필자 주)을 실현하는 데 필요한 지도력 확보와 정책 환경 관리능력을 보여주지 못하면서 너무 빨리 관료 조직을 통제하지 못하거나 관료 권력에 '투항'하는 형국이 조성되었다는 점이다. 그 결과 문서상으로 천명한 정책 내용을 관철할 조건을 확보하지 못하는 것은 물론, 정책 내용 자체의 변질까지도 감수하지 않으면 안 되는 상황에 놓이게 된다. 특별히 정책 내용이 뿌리를 내릴 수 있도록 세밀한 경로를 확보해 내는 과정, 즉 정책 환경 관리상의 난맥상은 '참여정부'의 비판 세력을 실제 이상으로 키우고 지지 세력을 등 돌리게 하는 결과를 초래하였다."(김용일, 2011.5.3: 127-128)

83. '우군'이라 믿었던 이들의 행보가 노무현 대통령이 교육을 '골치 아픈 문제'로 여기게 만든 주요인 가운데 하나였다는 사실을 부인하기 어렵다. 정부 출범 초기 한 오찬 모임에서 "상황이 어렵더라도 교사를 개혁의 동반자로 삼겠다는 메시지를 전해야 한다"라는 필자의 조심스러운 주문에 대해 대통령이 상당히 예민하게 반응할 정도였다.

임)이 배치될 때까지 계속되었다. 그런데 이 시점은 윤덕홍 교육부장관이 임기 1년을 채우지 못한 채 경질되고 안병영 장관으로 바뀐 지 5개월 정도가 지난 때였다.

눈여겨봐야 할 점은 '참여정부' 초대 교육비서관이 경상남도 부교육감을 지내고 임명 당시에는 경희대 초빙교수로 있던 교육부 관료였다는 사실이다. 개혁다운 개혁을 하기 위해 교육비서관을 두어야 한다는 여론에 떠밀려 직제 개편을 한 결과치곤 예상 밖의 인선이라는 게 당시의 중론이었다. 그러다가 2005년 5월 20일 전교조 초대 정책실장 출신이며 시인인 김진경이 교육비서관으로 임명된다. 이기준 장관에 이어 김진표 장관이 취임한 지 4개월 정도 지난 시점의 일이었다.

단 6일간 재임한 이기준 장관 인사의 난맥상은 그렇다 하더라도 '참여정부'에서 초대 부총리 겸 재정경제부장관을 지낸 인물을 교육부장관으로 다시 발탁하면서 '돌려막기 인사'라는 비판이 일 정도였다. 이처럼 인력 풀의 한계를 적나라하게 드러내는 등 이미 정책 결정 구조상의 변화를 기대하기 어려웠다. 그런 상황에서 교육부장관과 '결이 다르다'[84]라고 평가되는 인물이 교육비서관으로 임명된 것이다.

자연 김진경 교육비서관도 정권 초기 흐트러진 교육정책 결정 구조를 추스르는 데는 역부족일 수밖에 없었다. 정부가 출범한 지 2년여가 지난 임명 시기가 기본적인 한계로 작용하였다. 결국 1년 정도 임기를 채운 시점에 석연치 않은 방식으로 사퇴 의사를 표명하고 청와대를 떠난

---

84. 다음의 인용문에서처럼 당시 언론에서는 김진경 교육비서관의 저서 내용 등을 인용하면서 두 사람의 차이를 부각시켰다. "김 비서관은 대학 교육의 질을 높이는 것은 결코 기업의 입맛에 맞는 교육을 하라는 뜻이 아니라면서 대학 교육의 질을 높인다는 것은 지식의 성격을 창조적인 방향으로 바꾼다는 것을 의미한다며 김진표 교육부총리의 대학 개혁에 대한 구상과는 전혀 다른 해법을 제시했다."(프레시안, 2005.5.20.)

다. 후임으로 2006년 5월 최경희 비서관[85]이 임명되지만, 익히 알고 있는 바와 같이 '참여정부'의 교육정책 결정 구조와 관련하여 그 어떤 변수가 되지 못하였다. 교육부 관료 주도의 정책 결정 구조가 이미 고착되고 청와대와 교육혁신위원회가 그 등에 얹힌 형국이었기 때문이다.

나. 교육부총리 겸 교육부장관

'참여정부'의 초대 교육부장관은 윤덕홍으로 대구대 교수로 재직 중이던 인물이었다. 인선이 늦어져 정부 출범 이후인 3월 7일에서야 임명되는데, 그의 발탁은 대구 지하철 참사와 떼어놓을 수 없다. 지연된 인선 작업의 와중에 예기치 못한 사고가 발생하자 '민심 수습' 차원에서 복수의 후보 가운데 대구에 연고가 있는 사람을 선택하는 일종의 통치행위와 관련이 있었다는 뜻이다. 이 점은 필자가 다른 1인과 함께 청와대를 방문하여 인사수석비서관을 만난 자리에서 확인한 사실이다.

어쨌든 그는 교육부장관으로서 교육정책 결정 구조와 관련하여 중요한 역할을 감당해야 할 위치에 있던 인물이었다. 청와대의 어수선한 상황과 교육혁신위원회가 구성되기 전이라는 점을 고려할 때 더욱 그러하다. 그러나 그 역할을 제대로 수행했는지에 대해서는 부정적인 평가가 지배적이다. 취임 직후부터 좌충우돌하다 9개월여 만에 경질되고 만다. 대통령이 "교육부총리만큼은 임기를 함께하겠다"라고 언명했던 사실을 상기해 보면, 당시의 어려운 사정을 짐작하고도 남음이 있다.

---

85. 당시 교육부장관의 정책 보좌역을 한 인사의 증언에 따르면, 교육비서관이 교육정책 전반에 대해 잘 알지 못해 전교조 출신 교육행정관에게 많이 의존했다고 한다. 그리 잘된 인사가 아니라는 뜻이다. 당시 교육비서관 인사 자체가 교육행정관의 내밀한 작용의 결과라는 이야기가 파다하였다. 교육비서관은 물론 뒤에서 살펴보게 될 교육부장관과 교육혁신위원장 인사도 순탄치 않았다. 이런 점들이 교육정책 결정 구조 형성과 불가분의 관계가 있다는 사실은 두말할 필요가 없다.

〈표 5-2〉 '참여정부' 교육정책 관련 단위의 인사 변동 상황(2003~2008년)

구분	청와대*	교육혁신위원회	교육인적자원부
2003.2.25~ (정부 출범)	행정관(인수위 시절 복지, 환경 담당 인사) 소관		
2003.3.7~			① 윤덕홍 부총리 임명 (2003.12.23일까지 재임)
2003.3.10~			❶ 서범석 차관 임명 (2004. 7. 19까지 재임)
2003.7.31~		(1) 전성은 위원장 임명 (2005. 7. 30까지 재임)	
2003.12.24~			② 안병영 부총리 임명 (2005. 1. 4까지 재임)
2004.5.17~	최수태 비서관 임명		← 청와대 조직개편으로 교육문화비서관 신설
2004.7.20~			❷ 김영식 차관 임명 (2006. 2. 1까지 재임)
2005.1.5~			③ 이기준 부총리 임명 (2005. 1.10일까지 재임)
2005.1.28~			④ 김진표 부총리 임명 (2006. 7.20까지 재임)
2005.5.20~	김진경 비서관 임명		← 전교조 초대 정책실장 출신
2005.8.10~	.	(2) 설동근 위원장 임명 (2006. 12. 22까지 재임)	← '제2기 교육혁신위원회' 라 칭함
2006.2.1~			❸ 이기우 차관 임명 (2006. 3.16까지 재임)
2006.2.20~	김성근 교육행정관 임명		← 전교조 출신, 교육혁신 위원회 상근 이력
2006.3.22~			❹ 이종서 차관 임명 (2007. 6.20까지 재임)
2006.5.26~	최경희 비서관 임명		← 이대 교수, 후일 총장 재임 중 '최순실 사태'로 징역형 선고받음
2006.7.21~			⑤ 김병준 부총리 임명 (2006. 8. 8까지 재임)
2006.8.9~			⑥ 김신일 부총리 임명 (2008. 2. 5까지 재임**)
2007.2.9~		(3) 정홍섭 위원장 임명 (2008. 2.28까지 재임)	
2007.6.21~			❺ 서남수 차관 임명 (2008. 2.28까지 재임)

*청와대 상황은 일간지와 장관 보좌역을 한 인사의 증언 등을 비교 검토하였음
**이날 장관이 사퇴하여 차관 대행체제로 차기 정부를 맞이함
자료: 교육부 홈페이지; 대통령자문 교육혁신위원회(2008. 2), 271, 282쪽

주된 이유는 역시 교육 관료를 장악할 수 있는 실력과 지도력의 부재 때문이었다고 할 수 있다. 교사 경험이 있고 대구대 총장을 역임했다지만, 국가 수준의 교육정책을 심도 있게 고민하거나 관여해 본 경험이 그리 많지 않았다. 게다가 대구에서 올라오면서 이른바 '서울 세력'에 대한 견제 심리 또는 거리 두기도 악재로 작용했다. 지역의 지원을 받지 못한 채 잠재적인 '우군'과의 소통 부재로 사면초가의 형국을 자초한 것이다. 경질이 기정사실이 되고 나서야 교육부장관의 요청으로 청와대 인근에서 처음이자 마지막 오찬 자리를 가진 기억이 아직도 생생하다.

"가장 문제가 된 것은 이 모든 정책을 책임지고 수행해야 할 교육부 수장들이었다. 일단 **그 선정부터 구태의연한 교육학계 원로와 경제 관료들 사이를 헤매다 대통령 측근까지 오락가락**했다. 인사청문회를 치르다 낙마한 경우까지 생기면서 단명한 데다, 성격이 아주 다른 장관들이 들고나면서 일관성 있는 정책 추진은 아예 기대하기 어려웠다."정유성, 2008.2.1: 183

교육부장관의 인사 난맥상에 대한 분석으로 '구태의연한 원로' 가운데 대표적인 사람이 바로 윤덕홍 장관 후임인 안병영이었다. 그는 '문민정부' 시절 이미 교육부장관을 지낸 경력의 소유자다. 그가 5·31 교육개혁과 무관치 않다는 점에서 그의 발탁 역시 의외의 인사로 받아들여졌다. 같은 대학 출신의 대통령비서실장 등 학연이 작용하였다는 말이 무성했다. 그런 점에서 안병영 부총리는 5·31 교육개혁을 비판적으로 극복하기 위해 마련한 '참여정부' 초기의 정책 내용 등을 그대로 받아들일 아무런 이유가 없었던 인물이다.

세 번째인 이기준 교육부장관과 다섯 번째인 김병준 장관은 각각 6일과 18일간 재임하는 단명의 기록을 남겼다. 이로써 일은 고사하고 '참여정부'의 교육정책에 큰 부담을 지웠다. 가히 인사 난맥의 정점이라 할 만한데, 정유성의 표현을 빌자면, 이기준 역시 '구태의연한 원로'로 분류할 수 있으며 김병준은 대통령 측근 중의 측근이었다. '경제 관료' 출신인 네 번째 김진표와 마지막 여섯 번째인 김신일 장관은 그 성향이나 발탁 시기상 '참여정부'의 교육정책 결정 구조 형성이나 변화와 의미 있는 관련을 찾아보기 어려운 사람들이다.

다. 교육혁신위원회

인수위가 "교육혁신기구 설치"를 중점추진과제로 하는 한편, "교육인적자원부 기능 개편과 교육행정개혁"을 연관추진과제로 설정하였다는 점은 앞에서 살펴본 대로다. 그런데 정부 출범 이후 이를 준비하는 팀 차원에서 마련된 시안은 이미 다른 내용으로 채워져 있었다. 법적 근거를 법률이 아니라 대통령령으로 하였으며, 그 위상도 자문기구로 한정하였다. 인수위의 구상에서 한참 '후퇴'한 모습이다.

나. 혁신기구 명칭, 위상, 기능
- 명칭: 교육혁신위원회
- 위상: 영에 근거한 대통령 직속 자문기구
- *추후 교육정책 기획과 점검·평가를 위한 상설적인 법률기구 설치 검토
- 기능
- 교육체제 혁신 기능
- 교육정책 입안 기능: 국가적 주요 정책 방안에 한하여 입안

- 교육정책 심의·조정 기능: 부처 간 또는 이해집단 간 이견이 있는 현안의 해결 방안 마련
- 교육혁신의 모니터링 기능^{이종태, 2003.5.21: 23-24에서 재인용}

설치 근거를 대통령령에 두면서도 '추후 상설적인 법률기구 설치'를 말하고 있다. 단계적 접근으로 세간의 비판을 피하려는 듯한 인상을 주는 대목이다. 물론 '교육정책 입안 기능'을 명시하여 아직 인수위의 문제의식을 완전히 버렸다고 할 수는 없다. 그런데 2003년 6월 23일 제정된 교육혁신위원회 규정(대통령령 제18001호) 제2조(기능)를 보면, 이러한 구상과 실제의 차이가 극명하게 드러난다. 한눈에 봐도 그 기능이 또다시 대폭 축소되었음을 알 수 있다. 자신들의 구상을 현실화할 수 있는 의지와 힘이 부족했기 때문이다.

제2조(기능) 교육혁신위원회(이하 위원회라 한다)는 다음 각 호의 사항을 심의한다.
1. 중장기 교육 인적자원정책의 방향 정립에 관한 사항
2. 주요 교육정책의 개발에 관한 사항
3. 교육체제의 혁신에 관한 사항
4. 교육재정 및 교육복지에 관한 사항
5. 제1호 내지 제4호와 관련된 사항의 추진 상황의 평가에 관한 사항
6. 그밖에 교육혁신과 관련하여 대통령 또는 위원장이 부의하는 사항

마침내 이 영에 근거하여 2003년 7월 31일 교육혁신위원회가 교육

정책 심의기구로 출범한다. 그러나 결론부터 말하자면, '참여정부'의 교육정책 결정 구조 형성과 관련해서 시기적으로 너무 늦었다. 여러 요인을 들 수 있겠지만, 교육혁신위원회 출범이 지체된 가장 큰 이유는 위원장 인선에서의 난항이었다. 위원장을 누구로 할 것인가 하는 데 있어 대통령과 개혁·진보세력 간에 입장의 차이가 존재하는 등 우여곡절을 겪었다.

"설상가상으로 정부 출범 초기 여러 일이 겹쳤다. 참여정부 초대 교육부총리 인사를 둘러싸고 난기류가 형성되었다. 교육혁신위원회 출범 역시 이러저러한 이유로 상당히 지연되었다. 교육부총리 인사에서 목격된 정부와 개혁 진영 간의 긴장 관계가 교육혁신위원장 인선에서도 그대로 재연되었다. 결국 '결정적인 시기'에 청와대, 교육부총리, 교육혁신위원회 가운데 어느 한쪽도 개혁추진체계의 구심으로서 상황을 능동적으로 이끌어가기 어려웠다."김용일, 2005.3.8: 216

앞에서 살펴본 대로 청와대와 교육부장관은 교육정책 결정 구조와 관련하여 확고한 지도력을 확보하지 못한 상태였다. 이런 상황에서 당시 많은 사람이 기대해 볼 수 있는 곳은 이제 교육혁신위원회밖에 없다고 생각하였다. 그러나 교육혁신위원회 출범 직후부터 '무얼 하는지 모르겠다'라는 등 실망이 가득한 여론이 일기 시작하였다. 출범 3개월 남짓 된 시점에 벌써 다음과 같은 평가가 나올 정도였다.

"지난 김대중 정부에서는 교육부장관이 7번이나 바뀔 정도로 교육정책의 혼선과 교육 주체와의 갈등의 심화, 교육정책에 대한 불신이 높아지면서 지난 대선 시기에 보수, 진보와 여, 야를 막론하고 교육부 개혁과 더 나아가 해체론까지 제기되었다. 노무현 정부는 **교육혁신위원회가 교육 주체들의 참여하에 교육정책의 입안, 평가, 주요 현안의 조정 등의 역할을 수행**하여 이러한 문제를 해결해 나갈 것을 국민들에게 약속한 바 있다. … 그러나 **교육혁신위원회는 뒤늦게 8월 초 출범하였으나 명확한 정책 방향과 과제를 제시하지 못하면서 본래의 역할을 사실상 방기하고 있는 상태다.**^{한만중, 2003: 36}

교육혁신위원회의 산파역을 담당했던 인사의 평가로 교육정책에서 주도적인 역할을 해야 하는데 전혀 그렇지 못하다는 비판이다. 실제로 교육혁신위원회는 교육정책 결정 구조와 관련하여 결정적인 시기에 대선 공약이나 인수위의 보고서 등과는 별개로 '새로운' 무언가를 추구하는 데 몰두[86]하고 있었다. 그러는 사이 교육정책 결정 구조는 돌이킬 수 없는 상태로 고착되어 가고 있었다. 교육혁신위원회 위원의 다음과 같은 회고는 당시 위원회 내부 사정을 짐작할 수 있게 한다.

"지난 2년 동안 우리 교육혁신위원회는 **참여정부의 교육철학을 세우고 이를 공유하기 위하여** 밤잠을 줄여 가면서 애썼다. **큰 틀에서 교육 혁신의 밑그림을 그리고 방향을 제시하기 위해 노력**했다. 교육혁신위원회가 무엇을 하려고 애썼고 무엇을 해왔는가는 … 백서와 활동

---

86. 이 점은 당시 교육혁신위원회 비상근 전문위원의 증언에서도 확인된다. 2~3개월이 지나도 무엇을 하라는 말도 없고 무엇을 해야 할지 몰라 자신을 불러들인 위원장에게 "무얼 해야 됩니까?"라고 물었더니 "공부하라"는 대답이 돌아왔다고 한다. 그래서 자신은 '여기가 일하는 곳이지 공부하는 곳은 아닌데 … ' 하면서 위원회가 돌아가는 상황에 대해 황당해 했다는 것이다.

자료에 잘 나타나 있다. **하지만 보고서를 떠나서 우리 국민의 눈에 띄게 우리 교육을 바꾸어 놓지 못한 것이 아쉬움**으로 남는다. … 교육혁신위원회의 권한에서는 많은 한계가 있었음을 실토하지 않을 수 없다. 이는 과거 정권과 비교하면 확연해진다. … **대통령은 교육혁신위원회를 믿고 더 큰 힘을 실어주어야** 하겠다. 또한 **집행부처**(교육인적자원부 – 필자 주)**에서도 교육혁신위원회의 의견을 더욱 존중해야 할 것이다.**

정근영, 2005

처음부터 "교육철학을 세우고 공유하기 위해 애썼다"라는 것이다. 자신들의 역할을 "교육혁신의 밑그림을 그리고 방향을 제시"[87]하는 데 두었다는 점도 고백하고 있다. 실제로 그렇게 일했고, 그 결과 교육정책 결정 구조에서 제자리를 잡지 못하였다.

대통령에게 "믿고 더 큰 힘을 실어주어야 한다라거나 교육인적자원부를 향해 "교육혁신위원회의 의견을 더욱 존중해야 할 것"이라고 말하는 것은 세상 물정을 모르는 서생의 푸념으로 들린다. 이게 23명으로 구성된 제1기 교육혁신위원회 위원의 말이라는 게 믿기지 않을 정도다. 교육정책 결정 구조에서 힘을 갖는지와 의견이 존중되고 말고는 오롯이 자신들의 실력 문제이기 때문이다.

늘 그렇듯이 정권 교체기에 관료들은 대통령 선거가 끝나고 일정 기간 아주 신중하게 사태를 관망하는 모드에 돌입한다. 교육인적자원부도 마찬가지였다. 적어도 정부 출범 직전까지는 향후 사태가 어떻게 전개될지 확신이 없는 상태에서 집권 정치세력의 의중과 실력을 파악하기 위

---

87. 이 장의 본격적인 관심사는 아니지만, 바로 이런 점 때문에 당시 세간에서는 '제1기 교육혁신위원회'를 '보고서 집필 위원회' 내지 '아이디어 뱅크'라 냉소할 정도였다.

해 동분서주한다.

그러나 앞에서 살펴본 대로 청와대나 교육부장관 등의 행보에서 '실력이 없다'라는 사실을 간파하고 그에 맞는 대응을 해나가기 시작한다. 이와 관련하여 교육혁신위원회 출범 사흘 전인 2003년 7월 27일 교육인적자원부 직제 개편은 눈여겨볼 만하다. 교육인적자원부의 정책 기능 축소를 요구한 인수위의 권고안과는 달리 진용을 오히려 강화[88]하는 내용이었기 때문이다.

라. 관료 주도의 정책 결정 구조

[그림 5-1]은 '참여정부' 초기의 정치적 역학political dynamics의 결과로 형성된 관료 주도의 정책 결정 구조를 보여준다. 청와대와 교육혁신위원회는 기대와는 달리 존재감이 미미하고 역할 부재 상황을 연출하였다. 양자의 관계를 점선으로 표시한 것은 유기적인 상호작용의 정도가 그만큼 낮았기 때문이다. 초대 교육부총리는 교육행정정보시스템NEIS 문제 등 현안에 붙들려 정책 관련 지도력 형성에 있어 시종일관 무기력한 모습이었다. 그림에서 초대 교육부총리와 교육인적자원부를 분리한 이유라 할 것인데, 자신이 수장으로 있는 부처를 장악하지 못한 당시의 상황이 잘 표현되어 있다.

이 틈새를 비집고 교육인적자원부의 일상적인 정책 관리 및 생산 기

---

88. 이런 과정을 거쳐 2004년 초가 되면, 교육인적자원부는 교육혁신위원회를 무시 또는 상대화하는 모습을 보인다. 그 상징적인 사건이 바로 교육혁신위원회 산하 대학입학제도개혁특별위원회(2004.3.30.~2004.12.31.)와는 별도로 학교정책실에 3개의 대입개선 TF팀 구성(입시개선팀, 내신평가팀, 특목고개선팀)하여 독자적인 대입 개혁안을 마련해 나간 일이었다. 이로써 수능의 자격고사화와 교육이력철을 통한 학생 선발을 요체로 하는 교육혁신위원회의 대입제도 개선안을 모두 폐기하는 결과를 낳게 된다.(송화선, 2005.1.18: 16 참조) 그러나 아직은 정권 초기라 2004년 5월 28일 논의 결과를 혁신위에 전달하기로 하고 해산하는 행보를 보였다.

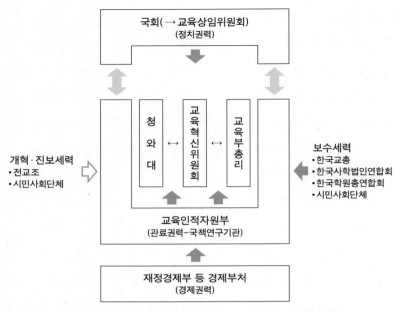

[그림 5-1] '참여정부'의 교육정책 결정 구조와 세력 관계

능이 강화되는 것은 지극히 당연한 일이다. 그렇지 않아도 교육 주무 부처의 관료는 "자신의 재량권을 행사하여 실질적으로 정책을 결정하고, 재구성하는 데 상당한 영향력을 발휘해 온 것이"송경오, 2015.3.22: 177 참조 사실이다. 일단 이렇게 판이 짜인 다음에는 청와대, 교육혁신위원회, 교육부장관 그 누구라 할 것 없이 관료들에게 의존할 수밖에 없었다. 집권 초기 여소야대의 의석 분포[89] 역시 이런 판세를 굳히는 데 일정한 영향을 미쳤다고 할 수 있다.

이렇게 만들어진 정책 결정 구조는 '참여정부'가 끝날 때까지 큰 변화 없이 그대로 유지된다. 교육부장관은 물론 청와대와 교육혁신위원회 그

---

89. 당시 집권 여당인 민주당은 273석 중 115석으로 42.1%를 점하고 있었다. 이러한 여소야대의 국회 환경이 정부와 집권 여당의 운신을 제약하는 요소로 작용했다는 뜻이다.

어느 단위도 교육정책 결정 구조를 바꿀 의지나 힘이 없었다. 더 결정적으로는 변화시켜야 할 정책 내용을 갖고 있지 않았다. 2006년 5월 26일 임명된 최경희 교육비서관의 글[90]에는 그런 점이 잘 나타나 있다. 5·31 교육개혁안 마련을 '문민정부'의 성과로 평가하면서 "문민정부의 5·31 교육개혁, 국민의 정부의 제7차 교육과정 본격 적용 등 교육개혁의 기반을 구축하였다"[최경희, 2006.8.29: 20, 24]라고 말하고 있다.

'문민정부'나 '국민의 정부'와의 차별성은 이미 포기한 발언이다. 이 책 제4장에서 살펴본 "정책의 연속성"만을 부여잡고 있는 형국인데, 그게 무슨 뜻인지조차 잘 모르는 것처럼 보인다. 이렇게 자신들이 추구해야 할 정책 내용이 '참여정부' 초기에 표명된 그것과 다르다는 사실을 공공연하게 드러낸 것이다. 이일용의 다음과 같은 평가도 또 다른 측면에서 그런 사정을 전해주고 있다.

"**4. 참여정부 교육정책의 문제점** 참여정부는 공교육의 내실화와 교육복지의 확대, 참여와 자치를 통한 교육공동체 구축을 교육개혁의 핵심과제로 제시하였다. **교육혁신위원회가 설치되었으나, 개선안의 제시가 미미하였으며 교육인적자원부의 주도로 정책이 집행되었다.** 교육개혁 지도력이 약하여 개혁과 보수 세력의 첨예한 대립이 표면화되었다. … **교육혁신위원회의 말기에는 미래교육위원회를 두어 초기에 했어야 할 일을 정리하여 발표함으로써 교육개혁의 의지를 다음 정권으로 넘기는 듯한 인상**을 남겼다."[이일용, 2017.11.13: 58-59]

---

90. 최경희 명의의 이 글은 교육비서관으로 임명된 지 3개월쯤 지난 시점에 한국교육개발원이 개최한 교육정책포럼에서 발표되었다. 여러 정황으로 미루어 당시 청와대나 교육혁신위원회 등에서 교육정책을 담당하고 있던 사람들의 생각을 모은 것으로 보인다.

위의 인용문에서 '미래교육위원회'는 강원대 이종각 교수를 위원장으로 하여 2006년 10월 30일부터 이듬해 9월 30일까지 활동한 "교육비전 2030 위원회"인 듯하다.대통령자문 교육혁신위원회, 2008.2: 285 참조 13명으로 구성된 이 위원회가 중심이 되어 2007년 10월에 교육혁신위원회 명의로 "학습사회 실현을 위한 「미래교육 비전과 전략」"이란 보고서를 내놓는다. "'학습자본주의사회'의 도래"와 같은 설익은 개념은 논외로 하더라도 '수요자의 눈, 미래의 눈, 세계의 눈'[91]이란 이름으로 기획한 새로운 비전이 필요하다고 역설하고 있다. 이 문서가 과연 '참여정부'의 문서인지 의구심을 불러일으킬 정도다. '수요자의 눈'이 무엇인가?

> "문민정부의 5·31 교육개혁방안 이후 꾸준히 추진되어 온 수요자 중심교육이 한국의 교육문화로 폭넓게 정착되도록 함 – '수요자 관점'에서, 수요자가 교육의 중심이 되고, 학습권을 행사하는 주체가 되는 미래를 준비"대통령자문 교육혁신위원회, 2007.10: 3

최경희 교육비서관의 글과 일맥상통하는 내용임을 알 수 있다. 교육혁신위원회의 이런 생각은 집권 말기 '참여정부'의 여러 공식 문서에 아무런 여과 없이 반영된다.국정홍보처, 2008.2: 34-115 참조 사정이 이런 데는 다 그만한 이유가 있었다. 직접적으로는 교육혁신위원회 구성원 상당수가 진심으로 그와 같은 생각을 하고 있었기 때문이다. 간접적으로는 '참여정부'를

---

91. 해당 보고서의 다음과 같은 진술을 보면, 세계화(globalization)에 대해서도 아주 독특한 방식으로 해석하고 있음을 알 수 있다. "날로 심화되는 세계화의 흐름에 맞추어, 오랫동안 지켜온 단일 민족·문화의 전통을 열린 문화로 발전시킴 – 보편적 인성과 사회성이 존중되는, 세계로 열린 문화공동체를 형성하기 위해 '세계적 관점' 견지"(대통령자문 교육혁신위원회, 2007.10: 3)

일군 정치세력이 일찍이 초심을 잃어버리면서 집권 중반 이후 시장주의를 내면화한 세력이 국정을 장악했기 때문이다. 정책에 관한 한 '최고자문기구'라고 할 수 있는 대통령자문 정책기획위원회[2007. 8: 202]의 다음과 같은 문서에서 그런 점을 잘 확인할 수 있다.

"공교육의 기능과 역할을 혁신, 정상화하여 미래 사회에 필요한 인력을 양성하고 과중한 사교육 부담을 덜어주어야 한다. 공교육의 목적을 기존 지식의 전수에서 개개인의 사고력과 독창성을 중시하는 교육으로 전환시켜 미래 사회에 대비해야 한다. 또한 **일부에서 거론되고 있는 평준화 정책의 문제점을 보완하기 위해 공영형 혁신학교, 자립형 사립고 등의 운영을 활성화할 필요가 있다.**"

공교육의 기능과 역할을 정상화하자면서 자사고 등을 도입하자는 모순적인 주장을 하고 있다. 정책기획위원회에도 교육학자들이 포함되는 '교육문화팀'이 존재한다. 그런데도 시장주의의 개혁 전략인 학교 민영화school privatization를 추진하자고 거침없이 이야기할 정도다. 점입가경은 마지막 교육혁신위원장 정홍섭[92]의 다음과 같은 언사다. 이런 사람이 '참여정부'의 교육정책과 관련하여 중책을 맡았다는 게 한 편의 소극笑劇을 보는 것 같다.

"국민의 정부, **참여정부가 5·31 교육개혁안을 계승한 이유는 그 개**

---

92. '참여정부' 말기 이른바 '부산파'들의 지원을 받아 교육혁신위원장이 된 사람이다. 이렇게 '참여정부' 말기에 이르면, 집권 정치세력은 물론 정부를 돕는 연구자들까지 너나 할 것 없이 시장주의자의 면모를 드러낸다.

혁안의 미래예측과 합리성에 동의했기 때문이다. 이번에 발표된 미래 교육 비전과 전략이 다음 정부에 계승될지 여부도 비전의 합리성, 전문성, 민주성, 정확한 미래 예측 등에 달려 있다. 설사 다음 정부에서 새 계획을 짜더라도 이번 것과 70~80%는 비슷할 것이다. **이번 '미래 교육 비전과 전략'에 담긴 것은 교육개혁에 대한 '의지'가 아니라 미래 사회의 '트랜드'이기 때문**이다. 다음 정부가 같은 작업을 하더라도 비슷한 결론에 도달할 것이다. **비슷한 결과를 얻기 위해 똑같은 작업을 하는 것은 국가적 낭비**다."[93] 국정브리핑 특별기획팀, 2007: 331

4. 열망과 실망의 되풀이

이상의 고찰 결과는 다음 두 측면에서 정리해 볼 수 있다. 먼저 '참여정부'는 인수위 단계에서 '국민의 정부'가 '문민정부'의 개혁 정책을 무비판적으로 승계하였다고 평가하였다. 이에 정책 기조의 전환을 꾀하는 등 주어진 교육정책 형성의 조건에 적극적으로 대응하였다. 그런 맥락에서 "교육의 공공성 제고"와 "교육민주화 담론"에 기초한 개혁의 청사진을 마련하는 한편, 이를 추진해 나가기 위한 교육혁신기구 설치를 핵심 의제로 삼았다. 교육혁신위원회가 청와대와 교육부장관 등과 '삼각편대'를

---

93. 계속되는 집필자의 논지는 정부의 공식적인 간행물에 담을 이야기인지 의심스러울 정도다. 독자들이 판단할 수 있도록 해당 부분을 그대로 옮겨 보기로 한다. "… 교육정책에 대한 **단절론적 사고는 청산할 때**가 되었다. **이전 정부와 최대한 단절하려고 했던 관행은 과거 '군사정부 대 민주정부'라는 대립 구도가 지배했기 때문**이다. 그러나 이제는 다르다. 민주정부끼리 건네주고, 넘겨받는 방식이다. 교육정책도 그래야 한다. 단절이나 뒤집기는 교육정책의 혼란과 비효율성을 가져온다. **민주정부끼리 정책의 일관성을 유지하는 새로운 질서와 관행을 만들 때**가 되었다. **교육정책도 일관성이 생명**이기 때문이다."(국정브리핑 특별기획팀, 2007: 331)

이루어 정책 결정 구조에서 주도적인 역할을 담당해야 한다는 구상이었다. 그러나 정부 출범 이후 인사 갈등과 지체 등 여러 요인이 겹쳐 사태가 예기치 못한 방향으로 흘러갔다.

다음으로 '참여정부'는 집권 초기 교육정책 관련 지도력 형성에 실패하였다. 그 결과가 다름 아닌 관료 주도의 정책 결정 구조였다. 이후 반전의 계기를 마련하지 못하여 정책 내용 면에서 "열망과 실망의 되풀이" 상황을 연출하게 된다. '국민의 정부'와 마찬가지로 시장주의 교육정책에 경도된 것이다. 교육정책을 전문적으로 관리할 단위가 없을 정도로 무기력했던 청와대의 책임이 크다. 초대 교육부장관의 경우 인사 지체와 함께 '우군'과의 소통 부재 상태로 결정적인 시기를 허송한 것이 결정타였다. 교육혁신위원회 역시 인사 난맥상과 함께 "실력 없음"을 만천하에 드러내어 교육정책 결정 구조에서 제 역할을 하지 못하였다.

이처럼 '국민의 정부'와 '참여정부' 10년은 우리 교육정치학 연구자에게 많은 공부 거리를 던져주고 있다. 한 예로 "교육정책 결정 구조의 정치학" 차원에서 "권력에는 좌우가 없다"라는 명제에 대한 천착의 필요성을 일깨워 준 점을 들 수 있다. 사정이 이런 데는 우리 사회에서 좌우를 넘나들게 하는 핵심 변수가 존재하기 때문이다. 필자는 그것이 학연과 지연이라는 사실을 관찰할 수 있었다. '국민의 정부'와 '참여정부'를 거치면서 세칭 '개혁·진보적 지식인'들이 학연과 지연을 매개로 관직을 사냥하는 모습이 다반사였다. 믿고 싶지 않겠지만, 수구·보수적 지식인들의 그것과 너무 닮아 있었다.

출발부터 새롭거나 다른 무엇(정책 내용)을 어떠한 체계와 경로(정책 결정 구조)를 통해 변화시킬 것인가는 그리 큰 관심사가 아니다. 그보다 중요한 문제는 내가 어떤 자리를 차지하느냐다. 이런 개인적인 욕망을 실현하기 위해 학연과 지연이 동원된다. 사정이 이럴진대 그런 이들에게 정책 내용상의 타협 또는 전향이 고민거리나 문제가 될 리 없다. 그러는 사이 '정책 내용의 동질성'에 따른 "정책 결정 구조의 유사성"의 경향이 한층 농후해지게 된다. 이런 모습이 이 책 제7장에서 살펴보게 될 '내로남불'의 행태로 진화해 왔다.

'민주정부 10년', 아니 좁혀 말해 '참여정부'의 교육정책 결정 구조가 관료 주도로 만들어지는 것은 이런 환경에서다. 집권 정치세력은 말할 것도 없고, 그 일꾼 또는 대행자 역할을 하게 될 지식인들이 능력을 고려치 않고 자리에 연연하였다. 그런 틈새를 탄탄한 조직을 보유한 노회한 관료 권력이 치고 들어와 메운 것이다. 이렇게 보면 교육정책 결정 구조에서 정책 내용에 버금갈 정도로 중요한 변수가 인사라는 가설을 세워봄 직하다. '참여정부' 시절 "인사가 만사"라면서 정권의 명운을 걱정하던 사람들이 많았던 것도 이런 사정과 무관치 않다.

사실 '참여정부'의 경우 초대 교육부장관이 교육인적자원부를 장악하고 대통령의 후원을 바탕으로 교육혁신위원회를 꾸리는 데 어느 정도 성과를 냈더라면 상황이 많이 달라졌을 것이다. 적어도 청와대-교육혁신위원회-교육인적자원부가 '삼각편대'를 이루어 정책 결정 구조에서 주도권을 잡고 정책의 유기적 통일성을 확보해 낼 수 있었을 것이기 때문이다. 그러나 앞에서 살펴본 것처럼 교육부장관의 임명 과정이 아주 복잡한 정치적 이유 등으로 지연되었을 뿐만 아니라 취임 이후 이렇다 할 능력을 보여주지 못했다.

그 결과는 실로 엄중한 것이었다. 다른 무엇보다 '문민정부'와 '국민의 정부'를 거치면서 심화된 교육의 계급화를 정면으로 돌파하겠다는 약속을 지킬 수 없게 되었다. 그럴 주체를 형성하지 못한 까닭이다. 당연히 교육혁신기구 설치와 같은 약속이 한참 후퇴한 내용으로 현실화되어도 속수무책이었다. 이렇게 해서 관료 주도의 정책 결정 구조가 만들어지게 되었다. 그 결과 '참여정부' 중후반기가 되면 정책 내용 자체가 '문민정부'와의 차별성을 말하기 어려울 정도로 변질되고 만다. 일단 형성된 정책 결정 구조가 이번에는 거꾸로 정책 내용을 이끄는 강력한 변수로 작용하였기 때문이다.

제6장
5·31 교육개혁 10년의 정치학

1995년 5월 31일 '문민정부'는 교육개혁의 청사진을 내놓았다. 이른바 '5·31 교육개혁'
이라 불리는 구상으로 이는 단순히 '과거의 문서'가 아니다. 2024년 현재를 기준으로 네
번의 정권 교체와 여섯 번의 정부 교체에도 불구하고 여전히 정부의 교육정책을 떠받치
는 기본문서로 자리하고 있다. 과연 그 정책의 본질은 무엇이고, 질긴 생명력은 어디에서
오는 걸까? 이 장에서는 5·31 교육개혁 10년에 대한 정책 평가policy evaluation를 바탕
으로 미래 과제에 대해 생각해 보고 있다.

1. 현란한 말로 치장한 정책 수입

2005년은 '5·31 교육개혁'이 본격적으로 추진된 지 꼭 열 돌이 되는
해였다. 10년이란 세월의 상징성을 생각할 때, 이 개혁 프로젝트에 대한
평가를 바탕으로 향후 과제를 생각해 봄직한 시간이다. 그런데 '문민정
부'에서 시작된 교육개혁이 이 같은 별칭을 얻게 된 연유는 무얼까? 이
런 궁금증에서 이야기를 풀어나가 보자. 1995년 5월 31일, 교육개혁위
원회가 대통령 보고 형식을 빌어 개혁의 청사진을 공개했다. 이에 '5·31
교육개혁'이란 제하의 언론 보도가 이어지면서 이 용어가 자연스럽게 자
리를 잡았다. 어처구니없게도 개혁안이 발표된 날짜를 따른 것이다.

그러나 가만 생각해 보면, 꼭 그런 이유 때문이었겠나 하는 생각을 지
울 수 없다. 사실 당시 몇몇 사람을 제외하고는 대통령 보고서에 담긴
구상의 실천적인 의미를 제대로 파악하지 못하고 있었다. 그러니 그 성
격 또는 본질을 포착한 어떤 개념으로 교육개혁을 명명하기가 쉽지 않

왔다. 지금 와서 생각해 보면 조금 이상한 얘기처럼 들릴지 모르지만 움직일 수 없는 사실이다. 그만큼 5·31 교육개혁안은 많은 사람에게 어느날 갑자기 다가온 일종의 '암흑 상자black box'와 같은 것이었다. 그것도 창의력, 수월성, 다양성 등 현란한 말로 치장을 하고서 말이다.

누가 어떤 목적에서 개혁의 청사진을 내놓은 걸까? 그 핵심 전략은 무엇이며, 개혁을 통해 이득을 볼 사람은 누구이고 또 손해를 볼 사람들은 누구인가? 이런 문제의식, 다시 말해 정치학적 물음에 따라 보고서에 담긴 내용을 면밀하게 분석하고 그 본질을 포착하기까지는 상당한 시간이 걸렸다. 이런 점은 교육개혁안 발표 전후로 진보진영이 보여준 행보에서 잘 확인할 수 있다. 다 그런 것은 아니지만 '문민정부'에 대해 일정한 기대를 표명하는 한편, 교육개혁안에 담긴 특정 정책들의 경우 정부와의 교감 아래 입안 단계에서부터 함께하였다.[94]

그러나 10년의 시간이 지나 사정은 완전히 달라진다. 그 수용 여부를 떠나 5·31 교육개혁을 "신자유주의 교육개혁"[95]이라고 부르는 데 주저하는 사람들은 그리 많지 않다. 외국에서 수입해온 개혁 정책의 실천적 의미가 드러나기 시작하면서 특히 진보 또는 개혁진영의 입장이 확고해졌다. 줄기차게 정부의 교육정책에 대해 반대 입장을 표하면서 대안적 담론과 실천의 공간을 확보하려는 노력을 지속해 온 것이다. 이런 긴장과 대립 구도가 '문민정부'와 '국민의 정부'는 물론이고, 임기 중반에 접어든

---

94. 이런 사실은 경제사회포럼(2005.10.13.) 조찬 회의에 참석한 전 전교조 위원장 이수일의 발언에서도 확인된 바 있다. "당시 우리는 **5·31 교육개혁이 교육민주화의 여지가 있었다고 판단했다.** 왜냐하면 **교육을 시장화하려 해도 국가 관료주의 또는 권위주의 시스템이 걸림돌이 될 수밖에 없었는데, 이 문제를 해결하는 데 5·31 교육개혁이 일정 부분 역할을 할 수 있기 때문이다.**"

95. 이미 눈치챘겠지만, 이 책에서는 '신자유주의'와 '시장주의'를 혼용하고 있다. 필자의 논법에서도 문맥에 따라 둘 중 어느 하나를 선택하여 사용하지만, 특별히 인용문 등에서 원저자의 표현을 존중하다 보니 혼용하는 게 더 낫다고 판단하였다.

'참여정부'에서도 여전하였다.

제5장에서 살펴본 것처럼 '국민의 정부'가 신자유주의 교육개혁을 자발적으로 승계했다는 사실은 참으로 기이하다. 국정 기조로 내세웠던 '민주적 시장경제론'과 '생산적 복지론'을 무색하게 하는 선택이었으니 말이다. '참여정부'에서 벌어졌던 상황은 또 어떤가? 공공성 담론과 민주화 담론에 기초한 교육정책 기조를 천명해놓은 뒤 갈팡질팡하다 마침내 시장주의의 포로가 되었다. 10년의 세월을 관통해온 '강력한 힘', 즉 5·31 교육개혁의 본질에 대해 천착해야 하는 이유라 할 것이다. 이를 바탕으로 우리 교육의 미래를 위한 과제도 함께 생각해 보기로 하자.

2. 교육의 사사화私事化와 '기업 하기 좋은 나라'

5·31 교육개혁의 본질은 무엇일까? 이 질문에 답하기 위해 다음과 같이 조금 다른 각도에서 생각해보는 것이 생산적일 듯하다. 즉, "5·31 교육개혁안의 진보적 계기는 무엇일까?" 잠시나마 진보진영 일각에서 아주 협조적인 태도를 보였으며, 그 실체가 드러난 이후에도 상당수의 사람이 5·31 교육개혁이 앞에 내세운 가치들[96]에 대해 일정하게 호응하고 있기 때문이다. 과연 5·31 교육개혁의 어떤 점이 이런 반응을 끌어낸 것일까?

이 문제와 관련하여 국가 관료제의 폐해에 대한 공격이 시장주의자들의 전유물처럼 여겨지던 때가 있었다는 사실에 주목할 필요가 있다.

---

96. '창의성(력)·다양성·수월성·학교선택권'(교육개혁위원회, 1995.5.31.) 등이 5·31 교육개혁안에 표방된 주요 가치들이다.

영미식 신자유주의가 정책으로 구체화되는 조건을 획득하기 시작하던 1970년대 말 전후의 한 상황이다. 시장주의자들은 국가 관료제의 폐해를 집요하게 거론하면서 '국가 대 시장'이라는 대립 구도를 만들어 냈다. "실패한 국가가 아니라 이제 시장"이라는 자신들의 주장을 관철하기 위해서였다.^{김용일, 2001: 130–137 참조}

그런데 이런 각본이 1990년대 중반 우리에게는 매우 독특하게 해석되어 수용되었다. '문민정부'는 30여 년간 지속된 군사정권과의 단절을 특별히 강조하였다. '문민정부'라는 김영삼 정부의 별칭 자체가 그런 의지의 표현이었다. 이런 정부의 행보는 국민은 물론 진보진영 인사들에게 크게 어필하였다. '과대성장국가'라 규정될 정도로 억압적이고 권위주의적인 군사정권이었다. 이 잔재를 반드시 청산하겠다는 정부의 행보가 국민의 바람은 물론 진보진영의 문제의식과 맞아 떨어졌던 것이다.

게다가 민주화 운동에 참여했던 사람들을 중심으로 한 인적 네트워크가 '문민정부'에 대한 기대를 한껏 증폭시켰다. '문민정부'의 손을 거쳐 마련된 개혁 프로그램 전반에 대한 우호적인 정서가 마련되어 있었다는 뜻이다. 바로 이런 조건에서 5·31 교육개혁안이 만들어졌으며, 진보진영이 일정 부분 동참하게 된 것이다. 억압적이고 권위주의적인 국가에 대한 부정이 '문민정부'의 진보성으로 인식되었고, 그런 정부의 교육개혁이라면 어느 정도 믿을 수 있지 않겠느냐는 판단이었던 셈이다.

그러나 문제는 수입된 각본에 말려들게 되었다는 점이다. 억압적이고 권위주의적인 국가를 "민주화된 국가"로 푸는 대신 '실패한 국가'를 시장 market으로 풀려 한 것이다. 신자유주의에서의 시장이 '문민정부'의 진보성을 구현할 기제쯤으로 여겨진 것이다. '수입된 각본'이란 표현에서 알 수 있듯이 5·31 교육개혁안은 우리 교육의 문제점에 대한 사려 깊은 진단에서 나온 것이 아니다.[97] 유감스럽게도 다른 나라에서 개혁 전략 등을 수입해 온 것이다. 과거와 차이가 있다면, 이번에는 미국이 아니라 영국이 주요 수출국이었다.

5·31 교육개혁안을 입안한 사람들은 경쟁력 강화 논리('교육경쟁력 강화 → 국가경쟁력 강화')를 바탕으로 개혁을 통한 '교육의 질 제고'를 목표로 제시하였다. 세계화와 정보화라는 '문명사적 변화'가 이런 방향의 교육개혁을 강제하고 있다는 것이다.^{교육개혁위원회, 1995.5.31: 3-5} 그러면서 내놓은 개혁의 핵심 전략이 바로 공교육 시장화marketizing와 학교 민영화privatization였다. 한마디로 교육의 사사화私事化 전략인 것이다.

공교육 시장화는 학교와 교원을 '교육서비스'의 공급자로 학생·학부모·기업을 소비자로 보는 접근방식에 잘 나타나 있으며, 교육체제 내의 비용-편익의 효율성을 제고시키려는 각양각색의 정책으로 구체화된다. 또한 학교 민영화 전략은 정부의 재정지원을 전혀 받지 않는 사립학교independent school 도입에서부터 재정funding과 관리governance를 분리하여 될 수 있는 대로 정부의 역할을 축소하자는 다종다양한 형태의 학교정책으로 나타난다.

우리의 경우 자립형 사립고 도입을 둘러싼 공방이 치열하게 전개되었다. 그것이 학교 민영화 정책의 최고 형태라는 판단에 따른 강력한 반발 때문이었다.[98] 당초 이 의제는 5·31 교육개혁안에 담겨 있었다. 그러나 교육개혁위원회^{1998.1: 257-258}도 인정하였듯이 "고교평준화정책에 대한

---

97. 어떤 개혁이 의미가 있으려면 현실에 대한 정확한 진단이 필수적이다. 그러나 교육재정 하나만 놓고 보더라도 동일한 개혁 모델을 적용하기에는 여건이 아주 달랐다. 영국에서 시장주의적 교육개혁이 기획될 당시 공부담 공교육비는 1975년 GDP 대비 6.8%, 1980년 5.7%로 OECD 국가 평균을 크게 웃도는 수치였다. 하지만 우리의 경우 5·31 교육개혁이 입안될 때인 1994년과 1995년 모두 GDP 대비 3.7%에 불과했다.(한국교육개발원, 1998: 41)

근본적인 재검토를 요청하는 것"일 뿐만 아니라 부정적인 여론으로 인해 덮어두었던 사안이다. 그런데 '국민의 정부' 말기에 새교육공동체위원회(2000.7.11)가 돌연 시범 도입 방침을 밝힌 것이다. 격렬한 공방을 거치면서 3년 뒤 시범학교에 대한 평가를 거쳐 확대 여부를 결정하겠다는 식으로 강행했다.

사실 공교육 시장화와 학교 민영화 전략이 현실에서 명확하게 구분되거나 항상 독립적으로 구사되는 것은 아니다. 교육의 사사화라는 큰 틀 안에서 개별적으로든 양자의 배합을 통해서든 다양한 모습으로 나타나는 것이 시장주의 개혁의 실제 모습이다. 강력한 저항에 부딪히면 우회로를 만들어 자신들의 의도를 관철하려는 행태를 보이기도 한다. 과거 한나라당 의원 시절 이주호 장관이 들고나왔던 '자율형 공립학교' 도입 주장이 그 대표적인 사례 가운데 하나다.

"중등학교의 30% 정도까지 자립형 사학으로 전환시키자"[이주호, 2002.4.15: 47: 서정화, 1994.11.18: 19]라는 주장이 벽에 부딪히자 좀 더 '쉬운 길'을 택한 것이다. '자율형 공립학교'는 국가나 지방자치단체가 설립한 학교 운영을 민간에 맡기고 학교선택권을 부여하자는 발상이다. 그런데 이런 정책의 원조가 1955년 프리드먼Milton Friedman이 제창한 바우처 제도voucher system라는 사실을 알고 있는 사람은 그리 많지 않다. 앞에서 언급한 것처럼 "재정과 관리를 분리하자"라는 게 그 핵심이다. 그런 점에서 자율형 공립학교는 바우처 제도와 본질상 같은 구상이다.

---

98. 국립대 특수법인화 문제 또한 학교 민영화 정책으로 인식되면서 관련 당사자의 반발을 불러일으킨 바 있다. 사실 '국민의 정부'에서 자립형 사립고 도입의 경우와 마찬가지로 '참여정부'가 이런 카드를 꺼내리라고 예상한 사람은 그리 많지 않았다. 두 정부가 천명한 국정 기조에 배치되는 정책이었기 때문이다. 이로 인해 특히 '참여정부'의 경우 '문서 따로 실천 따로'라는 비판에 직면하였다.

바우처 제도는 1950년대 말 미국 남부의 보수적인 지역에 도입되었으나 1964년 위헌결정으로 폐지된다. 1954년 브라운 판결Brown Decision이 명한 흑백학교 통합정책desegregation policy에 대한 노골적인 사보타주로 판명[99]되었기 때문이다. 이런 유쾌하지 못한 경험 때문에 1990년 밀워키주에서 다시 바우처 제도를 도입할 때, "학교 선택 프로그램Milwaukee Parent Choice Program, MPCP"이라는 명칭을 사용했다.

바우처 대신 '선택(권)'이란 가치를 전면에 내세운 것이다. 시장만능론자(free market zealots)나 극단적인 인종주의자를 연상시키지 않고 바우처를 '정당한' 정책 도구로 사용할 수 있도록 하기 위해서였다. 여기에 크게 기여한 연구자가 바로 첩John E. Chubb과 모우Terry M. Moe였다.Low and Whipp, 2002:34 참조

이처럼 시장주의자들은 교육을 더 이상 "공적인 일"public matter이 아닌 '사적인 일'private matter로 간주한다. 이것이 역사의 수레바퀴를 되돌리려는 시도라는 비판을 받는 대목인데, 교육권 역시 사회적 기본권(생존권적 기본권)이 아니라 자유권적 기본권('소비자주권' consumer rights)이라고 한다. 내친김에 교원의 역할에 대해서도 "교육자 → '교육서비스'의 공급자 → 유능하고 유순한 노동력의 트레이너"Scapp, 2001: 33 참조라는 식의 재해석을 감행한다. 상황이나 조건에 따라 정도의 차이는 있지만, 이런 방향으로 경도된 정책을 펴는 게 시장주의 교육개혁의 실제

---

99. 바우처 제도를 도입한 지역에서는 백인 학생들이 바우처를 기반으로 사립학교로 전학하여 해당 지역의 공립학교가 폐쇄되는 등의 사태가 벌어졌다. 이처럼 흑백학교 통합정책을 실질적으로 무력화시키는 결과가 발생하자 위헌결정이 내려진 것이다. 더욱 의미심장한 점은 프리드먼 역시 바우처가 인종(계층) 차별적인 학교 정책으로 귀착될 가능성에 대해 염려했다는 사실이다. 그런데도 그는 개인의 자유(individual freedom)가 사회통합(social integration)보다 더 중요하다는 보수주의적이며 우파적인 정치적 선택을 한 것이다.(Low and Whipp, 2002 참조)

모습이다.

그러면 신자유주의 교육개혁의 목표는 무엇일까? 이제 널리 알려진 사실이지만, 일차적인 목표는 바로 "공교육 재정 감축"이다. 내세운 목표와 실제로 추구하는 목표가 전혀 달랐다. 영국의 경험은 그런 점을 극명하게 보여준다. 1976년 영국은 IMF 구제 금융을 받을 정도로 만성적인 재정적자에 시달리고 있었다. 공공 부문의 지출을 줄이는 선택이 불가피했다. 이를 정당화하기 위해 1960년대와 70년대의 복지국가 정책 기조에 대한 전면적인 부정이 감행된다. 이른바 '큰 정부big government'의 폐해를 시장 메커니즘을 통해 바로 잡아야겠다는 것이었다. 〈표 6-1〉에서 보듯 영국은 말할 것도 없고, 시장주의 교육개혁을 추진해 온 나라들의 경우 예외 없이 공교육 재정이 감축되는 것은 이런 맥락에서다.

〈표 6-1〉 미국과 영국의 GDP 대비 공교육비 비율

구분	미국			영국 (공부담 공교육비)
	교육비 총액	공부담	사부담	
1970	7.3	6.0	1.3	6.2
1975	7.3	5.7	1.6	6.8
1980	6.5	4.9	1.6	5.7
1985	6.4	4.6	1.8	4.9
1990	7.1	5.2	1.9	4.3
1993	7.2	5.2	2.0	5.1
1994	7.1	4.9	2.2	4.6
1997	7.2	5.2	2.0	4.6

자료: OECD. 각년도 자료, 단위: %

그렇다면 누가 공교육 재정의 감축을 요구했던 걸까? 다름 아닌 기업과 부유층이다. 이들은 오래전부터 복지국가 유지비용을 자신들이 감당

해 왔다는 불만을 표출하면서 정책 변화를 요구해 왔다. 그러다가 영국에서 1970년대 말 마침내 자신들의 이해를 대변할 보수당을 권좌에 앉힌다. 저간의 요구를 정책으로 실현할 수 있는 길을 열게 된 것이다. 이로써 '교육소비자' 가운데 최종·최대 고객인 기업(자본)의 이해를 일방적으로 반영하는 한편, 부유층의 '무절제한 교육적 욕망'[100]을 실현하는 기획이 본격화된다.

우리나라의 경우 5·31 교육개혁이 추진된 직후 일시적이나마 교육재정이 증가하였다. 공부담 공교육비를 기준으로 1995년 GDP 대비 3.7%에서 1996년 4.1%, 그리고 1997년 4.3%로 증가한 것이다. 그러던 것이 1998년을 고비로 감소 추세로 돌아섰다가 '국민의 정부' 말기에 교육환경개선 사업에 막대한 재원을 조달함으로써 지표상 조금 개선되는 모습을 보였다. 그러나 이것도 얼마 가지 못하고 〈표 6-2〉에서 보는 것처럼

〈표 6-2〉 우리나라의 GDP 대비 교육재정 변화추이

구분	GDP 규모(A)	교육재정 총계(B)	교육재정 비율 (B/A, %)
2001년	6,221,226	215,829	4.35
2002년	6,842,357	281,391	4.11
2003년	7,213,459	309,628	4.29
2004년	7,783,322	333,138	4.28
2005년	8,405,987	352,621	4.19

*2004년과 2005년은 추정치임
자료: 교육인적자원부(2005). 행정자료, 단위: 억 원

---

100. '다양성'(diversity)이란 가치를 내세워 "(외국인학교) → 자립형 사립고 → 특수목적고 (과학계, 외국어계) → 일반계고 → 실업계고" 순으로 서열화가 심화하는 것을 방치하거나 조장해 왔다. 공교육 재정 감축이라는 정책 목표와 일부 계층의 학교 서열화에 대한 무절제한 욕망이 결합한 결과다. 계층 차별적인 학교 제도로 퇴행을 거듭하고 있는 중등학교 정책이 결코 우연이 아니란 뜻이다.

이후 또다시 등락을 거듭하면서 감소 추세를 나타내고 있다.

그러나 공교육 재정 감축은 개혁의 일차적인 목표에 불과하다. 기업 중심의 사회 조건을 공고히 하기 위한 노동력의 재생산과 의식의 변화[101], 이것이 시장주의 교육개혁의 궁극적인 목표라고 보는 게 타당하다. 이와 관련하여 당시 세간의 이목을 집중시켰던 외국인학교특별법을 둘러싼 논란과 국회에서의 법률 통과는 많은 것을 생각하게 한다.[대한민국국회 교육위원회, 2005.2.24 참조] "외국기업이 투자하기 좋은 환경을 만들어야 한다"라는 주장 앞에 법률 제정 과정에서 확인된 쟁점들이 일거에 '해소'되는 식으로 종결되고 말았다는 점에서 그러하다.

새삼 '경제교육'의 중요성을 강조하고 나선 경제계의 행보도 같은 맥락에서 이해할 수 있다. 특별히 작년 말 대한상공회의소 부회장의 발언[102]은 기업 주도 또는 경제 논리 위주의 교육개혁이 지향하고 있는 바가 무엇인지를 잘 보여주는 사례라 할 수 있다. 경제적 강자가 대학의 강의실까지 시시콜콜 간섭하겠다는 생각을 거침없이 드러내고 있기 때문이다. 기업의 필요에 반하거나 비판적인 입장을 용납할 수 없다는 태도라 할 것이다. 교육의 상대적 자율성조차 인정하지 않겠다는 비민주적인 발상에서 나온 발언으로 실로 우려할 만한 일이라 하지 않을 수 없다.

---

101. '경쟁력 강화' 테제에 입각한 다음의 논지에 기업의 의중이 잘 담겨있다. "경제력이 국가의 힘을 좌우하는 21세기까지의 국제환경에서 **기업이 요구하는 인재상이 곧 사회나 국가가 요구하는 인재상 자체라고 단언해도 좋다**고 생각합니다."(김광호, 1994.5.28: 32) 기업을 사회나 국가와 등치하는 오만함과 무지가 날 것 그대로 느껴지게 하는 발언이다.
102. "6.25는 북한이 시도한 한반도 통일전쟁"이라고 한 교수를 둘러싼 논란 과정에서 불거져 나온 발언이다. 김상렬 부회장은 그런 교수 밑에서 공부한 학생의 '시장경제관'을 문제 삼으면서 "채용 시 불이익을 고려해 볼 수도 있다"라고 하여 파문을 일으킨 바 있다.(문화일보. 2005.10.5. 참조)

3. 부분적인 '성공'과 반시장주의 전선 형성

그러면 5·31 교육개혁 10년이 지난 상황을 어떻게 평가할 수 있을까? 개혁 주체들의 실험은 "일부 '성공', 상당 부분 교착상태"에 있다고 보는 게 타당하다. 예컨대, 초·중등교육 부문에서 교원정년단축정책, 제7차교 육과정, 자립형 사립고, 학교운영위원회제도 등의 도입에는 성공했다. 하 지만 교육 현장에서 성공한 정책, 달리 말해 교육적으로 의미 있게 뿌리 내린 정책이라고 자신 있게 말하기는 어렵다. 고등교육 분야에서 '성공' 한 대표적인 작품이라 평가하던 대학설립준칙주의[103]는 얼마 지나지 않 아 법 개정을 거쳐 원상 복귀시켰다. 책임지는 사람이 없을 뿐 실패한 정책으로 판명되었기 때문이다.

우리나라의 현황에 대한 본격적인 논의에 앞서 개혁 모델의 수출국 의 당시 사정을 잠시 살펴볼 필요가 있다. 정책 방향을 일찍이 선회했 거나 폐해가 드러나 깊이 고민하고 있었기 때문이다. 특히, 영국에서 시장주의자들이 개혁의 효모酵母 역할을 할 것이라던 자율학교grant-maintained school의 운명은 시사하는 바가 크다. '교육소비자'에게 학교 선택권을 그리고 학교에 학생 선발권을 부여하는 한편, 등록 학생 수 에 따라 학교 예산 규모가 결정되는 방식[104]으로 운영되었다. 그러나 이

---

103. 이 밖에도 학부제나 대학종합평가 등에 관한 세간의 평가 역시 제각각일 뿐만 아니라 대학 교육의 현장에서는 그 효과에 회의적인 견해가 지배적이었다. 나중의 일이긴 하지만, 학부제는 폐지되고 대학종합평가 역시 실효성이 떨어지는 정책으로 판명되었다.
104. 이 학교는 1988년 교육개혁법(1988 Education Reform Act for England and Wales)에 따라 도입되었는데, 이것 말고도 여러 부가 조치가 뒤따랐다. 학교 간의 경쟁 조건을 마련 하여 교육의 질을 높인다는 취지에서 비교 가능한 평가를 통해 학교의 순위를 매기고 그 정보를 '교육소비자'에게 제공하였다. 또 이런 학교의 경우 학부모나 지역 인사 등 '교육소 비자'가 수적 우위를 점하는 의사결정체제, 즉 학교운영위원회(school governing body) 도입을 필수조건으로 하였다.

런 유형의 학교[105]는 1999년 기초학교foundation school, 500개와 자선학교voluntary-aided schools, 600여 개로 재편되어 더 이상 찾아볼 수 없게 되었다.

다양한 전형 요소와 학생 선발권을 이용하여 '골라 뽑기'가 성행한 결과 교육의 질 제고는커녕 계층과 인종 간의 교육 불평등을 심화시킨 것으로 판명되었기 때문이다.West, Pennell, and Edge, 1997: 176 이에 1997년 총선에서 집권에 성공한 노동당 정부는 공교육 재정의 감축으로 인한 교육 불평등과 교직 이탈 등의 문제를 해결하기 위해 팔을 걷어붙이고 나섰다. 이를 위해 될 수 있는 대로 빨리 GDP 대비 5% 이상으로 공교육 재정을 확충해 나가겠다는 것이 선거 과정에서 국민을 상대로 한 중요한 약속 가운데 하나일 정도였다.

〈표 6-3〉 영국의 GDP 대비 공교육비 추이

구분	청교육비	공부담	사부담
1990년	4.3	4.2	0.1
1995년	5.5	4.8	0.7
2001년	5.5	4.7	0.8
2002년	5.9	5.0	0.9

자료: OECD(2005), 184; 교육인적자원부·한국교육개발원(2002), 231; CERI(2000), 24. 단위: %

〈표 6-3〉에서 2002년 현재 영국의 공부담 공교육비 규모가 GDP 대비 5.0%에 이른 것을 확인할 수 있다. 일단 노동당 정부의 공약이 지켜진 지표로 받아들여진다. 그러나 사태가 그렇게 간단치만은 않다. 1997년까지 18년간 집권한 보수당 정부의 유산이 일거에 해소될 수 없다는

___

105. 1997년 현재 약 1,100개(초등 479, 중등 652개)의 규모로 이는 해당 단계의 학교 전체 22,100개교의 5.0%에 해당하는 수치였다. (김용일, 2002: 95 참조)

사실도 동시에 보여주고 있기 때문이다. 시장주의 교육개혁의 결과 특별히 사부담률이 꾸준히 증가해 왔다는 점에 유의할 필요가 있다. 사정이 그렇긴 하지만, '제3의 길'Giddens, 2000, 박찬욱 외 옮김, 2002 참조에 따라 보수당 정부와의 차별성을 내세운 노동당 정부의 공교육 재정 확충 의지와 그 노력의 흔적만큼은 확인할 수 있는 지표라 할 것이다.

미국 교육개혁의 현황에 대해서는 지면 관계상 라이히의 학교 서열화에 대한 분석을 살펴보는 것으로 대신하고자 한다. 그는 클린턴 행정부 시절 노동부장관을 지낸 인물로서 장관직에서 스스로 물러난 후 브랜다이스 대학에 재직했던 노동경제학자이다. 미국의 신경제를 주도했다고 평가받는 그가 시장주의의 폐해를 언급하는 가운데 학교 서열화의 문제에 주목하고 있다.

> "잘살고 더 야망이 있는 부모들은 아이들에게 긍정적인 영향을 주고, 문제아는 쉽게 밀려나며, 학습 진도가 늦은 학생은 조용히 고립되는, **잘사는 교외 지역의 사립학교나 평판이 좋은 공립학교를 선택**하고 있다. … 그렇지 않을 경우에는 공공 재원으로 운영되는 **'차터 스쿨'을 선택**한다. 이 학교는 학생들의 입학과 퇴학에서 일반 공립학교보다 더 많은 재량권을 가지고 있다. 대부분의 주에서 차터 스쿨은 드러내놓고 특정 학생들을 배척하거나 퇴학시키거나 하지 않는다. 그러나 **학습 능력 장애가 있는 아이에게는 교육서비스를 제공하지 않고, 근처의 잘사는 동네 아이들만 입학을 허용**하는 방식으로, **학교 입장에서 원하지 않는 학생이 들어오는 것을 교묘히 막고 있다.**"Reich, 오성호 옮김, 2001: 282-283

계층(급) 대응적인 학교 서열화 현상이 심각한 미국의 상황을 잘 전해

주는 내용이다. 우리의 자사고와 본질상 같은 유형인 부유층의 사립학교가 맨 꼭대기에 있다. 다음 순위가 교외 지역의 평판이 좋은 공립학교다. 풍부한 교육재정에 더하여 학부모의 경제 및 사회적 자원 등을 통한 지원이 가능한 부유층 거주 지역의 학교들이다. 설립 주체 등을 논외로 할 때, 우리의 특목고나 강남 등의 공립학교와 비슷하다. 그다음 서열이 차터 스쿨인데, 이것이 바로 '자율형 공립학교' 내지 '공영형 혁신학교'의 모델이 되는 학교다. 맨 아래 단계에는 도심부의 공립학교가 존재한다. 라이히가 시장주의를 넘어 "새로운 사회적 균형"의 필요하다고 역설하는 까닭은 이런 현실에 대한 우려[106] 때문이다.

그러면 이제 다시 우리의 상황으로 돌아와 보기로 하자. 앞에서 '국민의 정부'가 '문민정부'의 5·31 교육개혁을 무비판적으로 계승하였다고 하였다. 왜 그랬던 걸까? 이런 현상을 설명하기 위해 정승건[1999: 285-291]은 집권 정치세력이 기득권층의 이해를 대변하는 관료 권력에 포위되었기 때문이라는 분석 틀을 사용한 바 있다. 그러나 이는 오해의 소지가 다분하다. 집권 정치세력은 개혁 의지가 충만했는데, 관료 권력과 우리 사회의 기득권층이 좌절시켰다는 식으로 받아들여질 수 있기 때문이다. 집권 정치세력이 그런 '면죄부'를 받을 자격이 있는지 의문이다.

교육개혁에 관한 한, 그들은 애초 자신들에게 부여된 책무를 정확히 인식하지 못하였다. 게다가 스스로 천명한 국정운영의 기조를 구현해 낼 구체적인 프로그램이 없었다.[107] 그 결과 이 책 제4장에서 살펴본 대로 '문민정부'의 5·31 교육개혁안을 "관료적 재해석"을 거쳐 그대로 계승

---

106. 그러면서 그는 "분류 과정을 의식적으로 사용하는 사람들은 거의 없다. 단지 많은 사람이 합리적으로 생각하고 내린 결정의 결과일 뿐이다. … 그러나 개인에게 합리적이라고 해서 국가에도 반드시 그런 것은 아니다. **우리가 시민으로서 선택한 결과가 국가의 장래에도 반드시 합리적인 결정이 되는 것은 아니다.**"(같은 책: 285)"라고 적시하고 있다.

하고 말았다. 집권 정당의 의회 권력 역시 소수파로서 나름의 역할을 감당해 낼 만한 제반 조건을 갖추고 있지 못했다. '국민의 정부'와 관련된 '개혁세력'의 인적·물적 자산 및 관련 네트워크의 취약성을 그대로 드러내고 만 것이다.

그렇다면 '참여정부'는 어디에 서 있던 걸까? 바로 앞 장에서 살펴보았듯이 정권 인수 단계에서는 일단 정책 내용상의 방향 선회 과정을 거친 게 사실이다. 그러나 정부 출범 이후 개혁을 추동하기 위한 지도력 형성에 실패하였다. 특히, 정책 환경 관리능력의 부재로 너무 이른 시기에 관료조직을 통제하지 못하는 상황을 맞이하였다. 얼마 지나서는 그럴 의지가 있는지도 분명치 않은 교육부장관이나 교육혁신위원장 등의 인사를 되풀이하면서 집권 정치세력의 무능을 여지없이 드러냈다.

일찍이 전면적인 인적 쇄신 없이는 무언가 기대할 게 있다고 보기 어려운 상황이었다. 그런데 적절치 못한 인사가 반복되는 등 '국민의 정부'에서 드러난 문제점이 그대로 반복되는 정세가 조성되고 말았다. 그것이 '참여정부' 출범 3년, 즉 5·31 교육개혁 10주년을 맞이하는 시점의 상황이었다. 다시 한번 최장집의^{2003.5.29}의 표현을 빌자면, 교육 부문에 관한 한 두 정부에 걸쳐 "열망과 실망이 되풀이"되는 상황을 맞이하게 된 것이다. 이와 같은 교육정책의 실패는 '참여정부'의 집권 후반기에도 여전하였다.

앞에서 5·31 교육개혁의 현황에 대해 "일부 '성공', 상당 부분 교착상태"라고 했다. 더욱이 몇몇 제도를 도입하고 정책을 변화시키는 데 성공

---

107. 거센 비판에도 나 몰라라 하다가 임기 1년여 남겨둔 시점에 교육여건을 개선('7.20 교육여건개선사업')한다고 막대한 예산을 급조하여 '겨울 공사판'을 벌이는 모습을 보여주는 한편, 중학교 의무교육을 연차적으로 전면 확대한 것 정도가 손에 꼽으라면 꼽을 수 있는 정책이었다.

하였다고는 하나 교육적으로 바람직한 결과를 가져왔다고 평가되는 정책을 찾아보기 어렵다고도 했다. 이와 같은 의미에서라면, 5·31 교육개혁 10년은 수많은 시행착오와 함께 실질적인 '패배의 경험'[108]을 되풀이해 온 여정이라고 할 수 있다. 많은 갈등을 초래하고 사회적 비용을 지출하게 한 책임을 누군가가 지지 않으면 안 될 상황이란 뜻이다.

사태가 이렇게 된 원인을 규명하는 데 있어 두 가지 측면에 주목해 볼 필요가 있다. 하나는 5·31 교육개혁의 이념적 기저인 신자유주의 자체의 문제다. 현실적으로 '국가 없는 시장'은 형용모순이며 역사상 존재한 적이 없다는 게 정설이다. 오히려 시장 논리가 일방적으로 관철되는 상황은 민주주의에 대한 독毒이며, 필연적으로 사회적 약자의 조직적인 저항을 불러일으킨다.최장집, 2005; 이정우, 2005.8.10; Chomsky, 강주헌 옮김, 2004; Bok, 2003 자신들의 기획을 '다양성', '수월성', '학교선택권' 등의 현란한 말로 포장할 수는 있다. 그러나 시간이 지나면 곧 그 본질이 드러나게 마련이다. 이것이 바로 5·31 교육개혁이 우리 교육 현장에 뿌리내리지 못하고 부동浮動하는 일차적인 사유라 할 수 있다.

다른 하나는 역시 시장주의를 거스르는 운동의 힘이다. 앞서 살펴본 대로 개혁 초기 전교조의 지도력을 지닌 인사들조차 좌충우돌한 게 사실이다. 그러나 시간이 지나자, 존재 조건상 교원들은 5·31 교육개혁의 문제점을 가장 먼저 깨닫게 된다. 학습부진아나 가정형편이 어려운 학생들에 대한 교육적 배려가 이제 효율성을 떨어뜨리는 '불경제'로 여겨진다. 학교 운영의 민주화를 위한 제도적 장치에 대한 요구는 학교운영위

---

108. 이런 표현 또는 평가에 대해서는 견해를 달리할 수 있다. 그러나 지금까지 언급한 개혁 의제 말고도 예컨대 교육자치와 일반자치를 일원화한다는 개혁 의제는 여전히 논란만을 거듭하였다. 전반적으로 '개혁 주체'들의 의지대로 도입하는 데는 성공했지만, 현장에 뿌리를 내려 교육적으로 의미 있는 성과를 낸 정책이 그다지 많지 않다.

원회와 같은 의사 민주화 조치로 대치되었다. 교원정년단축정책이 노동시장 유연화의 맥락에서 비정규직 교사를 양산[109]하는 결과를 초래하고 말았다.

위로부터 강제되는 변화의 본질이 무엇인지 정확히 깨닫는 순간 저항이 조직되는 것은 너무나 당연하다. 시장주의는 비단 교육 부문만의 문제가 아니었다. 신자유주의적 세계화의 격랑을 막아내려는 움직임에 노동운동이 조직되고 중심을 잃지 않은 시민운동이 가세했으며, 일한 대가에 대해 양보를 강요당한 많은 국민이 함께했다. 어찌 보면, '국민의 정부'와 '참여정부'의 탄생은 이런 운동의 산물이라 할 수 있다. 한계가 있긴 하지만, 민주주의 제도를 통해 시장의 무자비함을 교정해달라는 주문의 결과였던 셈이다.

이를 위해서는 먼저 힘 있는 관료들이 시장주의의 이데올로기에서 빨리 벗어나야 했다. 그러나 이는 관료 집단 스스로 할 수 있는 일이 아니다. 당연히 집권 정치세력을 매개로 하거나 국민이 직접 강제해 내야 할 과제였다. 그런 점에서 개혁을 내세워 집권한 정치세력은 국민의 명령에 충실한 자세를 견지해야 했다. 그럴 때 개혁에 필요한 동력이 확보되고, 관료조직의 변화도 끌어낼 수 있기 때문이다. 민주적인 선거를 통해 집권한 정치세력이 관료 권력의 벽을 넘지 못하는 한 5·31 교육개혁 10년에서 경험한 대치 상황은 계속될 수밖에 없다.

---

109. 특히 사립학교에서는 비정규직의 빠른 증가 양상은 우리 교육의 질 저하에 대한 우려를 불러일으킬 정도이다. '몸은 교실에 있되 머리는 또 다른 직업 세계를 지향하거나 임용고사를 향하게 하는 조건'을 심화시키면서 '교육의 질 제고'를 얘기하는 것이 공허하게 들릴 수 있다는 말이다. 참고로 2023년 현재 사립 중학교의 기간제 교원은 5,753명으로 32.4%이며, 사립 고등학교는 16,938명으로 33.9%를 차지하고 있다. 여기에 강사 수를 합하면, 비율은 각각 34.2%, 35.4%까지 올라간다(교육통계서비스 2023년, https://kess.kedi.re.kr/index). 사립 중고등학교의 경우 교사 세 명 가운데 한 명 이상이 비정규직이란 뜻이다.

그러면 어떻게 할 것인가? 큰 틀에서 보면, 형식적인 민주주의에서 실질적인 민주주의로 전환하기 위한 "조건을 마련하는 일"에 더욱 매진해야 한다. 개혁의 총론과 함께 각론을 풍부히 해야 한다[110]는 뜻이다. 사회 제 부문의 권력 구조를 제대로 파악하고, 개혁 프로그램을 구현해 나가는 데 필요한 지도력을 확보해 나가야 한다. 그런 역량을 갖추지 못할 때 이미 분파적 이익집단이 된 관료 권력과의 줄다리기에서 고전할 수밖에 없으며, 건강한 관료들을 동원할 경로 마련도 불가능해진다.^{김용일,} ^{2005. 3. 8} 이와 관련하여 '참여정부'가 사회 양극화를 심화시켜 온 '집권엘리트 – 경제관료 – 재벌'의 '삼각 동맹'에 불과하다는 최장집의 비판^{프레시안,} ^{2005.9.26}은 의미심장하다.

개혁의 열망을 담은 유권자의 선택에 따라 국정을 책임지게 된 집권 정치세력이 마음대로 기득권층과 타협하는 것을 막아낼 수 있어야 한다. 특히, 중산층과 서민을 대변한다고 자임해 온 정치세력의 경우 역사의 경험으로부터 교훈을 얻으려는 진솔한 자세가 중요하다. 그러나 권력 (자)은 항상 그와 같은 태도를 유지하는 데 취약했다. 시간이 지날수록 건설적인 비판조차 외면하거나 비난으로 받아들인다. 귀담아듣기보다는 변명하고 반박하려는 유혹에 빠지기도 한다. 특히, 대통령 참모들의 처지에서 비판을 수용한다는 게 말처럼 쉽지 않다. 자신이 행한 일에 대해 '책임'져야 하기 때문이다. 곪아 터질 때까지 버티기 일쑤여서 사태를 크게 그르치고 만다. '참여정부' 역시 이런 덫을 피해 갈 수 없었다.

---

110. 복지정책에 관한 것이긴 하지만, 다음의 비판도 같은 문제의식을 담고 있다. "노무현 정권은 참여복지를 복지정책의 기조로 내세운 바 있다. 그러나 그것은 복지구상의 가장 핵심적 과제가 되어야 할 재정문제에 관해 실질적인 대안을 갖고 있지 못할 뿐 아니라 참여의 구체적인 주체와 방식에서 지극히 모호한 상태에서 섣부르게 복지 다원주의의 개념을 참여의 확대와 동일시하는 우를 범하고 있다. 또 하나의 공허한 정치구호에 불과하다는 비판을 피할 수 없을 것이다."(고세훈, 2005: 440)

교육부문으로 좁혀보자면, 교육개혁에 대한 새로운 사회적 합의(정책 내용)를 실천할 수 있는 조건(정책 환경)을 거머쥘 수 있는 프로그램을 가동해야 한다. 소극적으로는 반反신자유주의, 적극적으로는 공교육의 정치적 가치와 교육 본연의 가치가 구현될 수 있는 사회운영 시스템에 대한 확고한 비전이 필수적이다. 아울러 그런 방향의 교육개혁을 추진하는 데 필요한 지도력을 확보해야 한다. 이중권력 상태를 만들어 시장주의 시장주의 교육개혁의 연속성을 담보해 온 교육부 관료들을 끌고 가야 하기 때문이다. 이런 조건에서만이 시장주의 교육개혁을 강요해 온 경제부처 중심의 관료 권력의 공세도 막아낼 수 있다.

4. 교육의 계급화와 사회 양극화

이상에서 살펴보았듯이 신자유주의 교육개혁은 배타적인 경제 논리를 바탕으로 하고 있다. 공교육 재정을 감축해야 한다는 교육 외적 동기에서 출발하는 한편, 교육이 '기업 하기 좋은 나라' 만들기에 복무해야 한다는 사고에 기초해 있다는 점에서 그러하다. 교육자에 대한 공격적인 태도 역시 이 개혁의 본질을 잘 보여주는 대목이다. 교육자를 '교육서비스'의 공급자 또는 인건비 절감의 대상으로 여겨왔다. 나아가 기업 위주의 사회 건설에 필요한 노동력의 훈련과 의식화의 첨병('트레이너')으로 재개념화하려는 기도 또한 아주 집요하게 계속되었다.

그러나 분명한 점은 5·31 교육개혁의 정당화 논리와 실천으로는 우리 교육의 미래를 기약할 수 없다는 사실이다. 교육의 질 제고는 고사하고, 교육의 양극화를 부추길 공산이 크다. 교육의 계급화는 필연적으로 사회 양극화를 심화시킨다. 그렇지 않아도 우려할 만한 수준인 "교육의 계급화 → 사회 양극화"란 악순환의 고리가 강화되어 "국가적 재앙"을 초래할 가능성이 높다. 많은 자원의 동원에도 불구하고 5·31 교육개혁이 지지부진한 일차적인 사유가 바로 여기에 있다.

다른 한편, 시장주의 교육개혁에 반대하는 운동의 힘 또한 5·31 교육개혁 전반의 답보 상태를 초래한 주요인 가운데 하나라 할 수 있다. 잘 알고 있는 바와 같이 공교육은 시장 실패를 보완하는 기능을 지닌 사회제도 가운데 하나다. 이를 우리는 공교육의 정치적 기능이라 불러왔는데, 그 핵심이 사회통합이라는 사실은 두말할 나위가 없다. 그런 점에서 정부가 시장주의 교육개혁의 방향을 선회하지 않는 한 교육의 공공성 강화를 앞세운 반대 세력과의 대치는 계속될 수밖에 없다.

이런 문제 상황을 타개해 나가는 데 있어 교원의 능동적인 역할의 중요성을 특별히 강조하고자 한다. 진정 개혁을 바라는 교원들은 교육자 또는 지성인으로서의 사회적 책무와 역할을 다해야 한다. 교사나 교수가 '개혁의 대상'으로 치부되는 등으로 인해 사기가 저하된 것은 사실이다. 그러나 그렇다 하더라도 문제 해결의 실마리는 교실이나 강의실 안에서 학생들을 가르치는 교육자들이 마련해야 한다. 그것을 무엇으로 부르든지 간에 궁극적으로 새로운 유형의 인재 양성과 그것이 가능한 조건을 만들어 나가는 것이 바로 교육자의 몫이기 때문이다.

이와 같은 과제와 관련하여 우리 교육이 이미 치유하기 어려울 정도로 계층(급)화되어 있다는 점에 유의할 필요가 있다. 그만큼 감당하기 힘든 과제가 우리 앞에 놓여 있다는 사실을 인정하고 출발해야 한다는 뜻이다. 사정이 이러함에도 진보를 자처하는 인사들조차 교육 문제에 관한 한 개인적인 경험에 기초하여 낭만적인 대안이나 담론에 몰두하는 경향을 보여온 게 사실이다. 다음 장에서 살펴보고 있는 것처럼 '진보적' 지식인들의 내로남불의 행태가 우리 교육 곳곳에 스며들어 있다. 경계하지 않으면 안 될 일로 설득력 있는 대안과 실천을 통해 극복해야 할 준엄한 현실이다.

제7장
윤석열 정부의 교육 거버넌스 개편과 신민영화 정책

이 장에서는 윤석열 정부의 교육 거버넌스의 특징을 밝힌 다음 그 틀 안에서 추진해 온 교육정책의 성격을 규명하고 있다. 고찰을 통해 먼저 "교육부 주도의 교육 거버넌스"가 구축되었다는 사실을 알게 되었다. 교육부가 정책 총괄기구의 위상을 그대로 유지한 채 핵심 정책 수행을 위해 조직과 기능을 강화한 것이다. 다음으로 이주호 장관 취임 이후 시장주의 교육정책에서 한 걸음 더 나아가 "신민영화 교육정책의 전면화"가 이루어지고 있다는 사실을 확인하였다. 민간기업과 사학이 학교와 대학에서 이윤을 추구할 수 있는 공간을 넓혀주는 정책들이 이어져 온 것이다.

1. '내로남불' 심판과 정권 교체

2022년 5월 10일 윤석열 정부가 출범했다. 박근혜 대통령 탄핵으로 궤멸 상태였던 보수 정파가 5년 만에 정권 교체에 성공한 것이다. 여러 각도에서 분석이 이루어졌지만, 문재인 정부의 실정과 집권 엘리트들의 '내로남불'에 대한 심판의 결과라는 데는 크게 이견이 없는 듯하다. '조국 사태'로 상징되는 좌파 또는 소위 진보적 지식인들의 탐욕스러운 행태가 사람들의 마음을 떠나게 했다. 특별히 입시에서 부모의 경제력, 사회 및 문화 자본 등 가용한 자원을 총동원하는 민낯을 유감없이 보여준 대목이 두고두고 기억될 듯하다.

윤석열 정부는 제20대 대통령직인수위원회의 활동을 마무리하는 문건을 통해 교육정책 기조 등을 공식화하였다. "100만 디지털인재 양성"을 국정과제(81)로 단독 선정하는 등 AI 및 디지털 기반 교육을 강조하고 나섰다. '대학규제 개혁'과 '지방대학 시대'로 대표되는 고등교육정책과 함께 선별적 복지 차원의 '교육격차 해소'도 국정과제 목록에 담았다.[제20대 대통령직인수위원회, 2022. 5a: 139-140] 이런 정책 기조와 주요 정책은 교육부의 2022~2024년 대통령보고에 대부분 그대로 반영되었다.[교육부, 2023.1.5; 교육부, 2024.1.24; 교육부, 2022.7.29]

다른 한편, 윤석열 정부는 교육 거버넌스 개편과 관련하여 이미 예정된 중요한 변수 하나를 안고 출발했다. 국가교육위원회 제도 도입이 그것인데, 이를 매개로 어떤 형태로든 교육 거버넌스 개편이 필요한 상태였다.[이덕난·유지연, 2022 참조] 여기에 정부 출범 직후 치러진 전국동시지방선거에서의 보수교육감의 약진도 교육 거버넌스 개편에 영향을 미치는 중요 변수로 작용하였다. 새 정부 출범 이후 2022년 9월 27일 국가교육위원회가 첫걸음을 떼면서 아주 복잡한 셈법을 거쳐 일단 교육 거버넌스의 윤곽 또는 골격이 마련되었다.

그런데 교육 거버넌스 구축에 중대 변수인 교육부장관 인선이 순탄치 못했다. 대통령이 처음 지명한 장관 후보자는 인사청문회 문턱에도 가보지 못하고 낙마했다. 두 번째 내정자는 음주운전 외에 재산 및 아들 병역 논란이 있었지만[경향신문, 2022.6.5], 2022년 7월 4일 장관으로 임명되었다. 그러나 재임 34일 만에 학제개편 논란 등에 책임을 지고 사퇴한다. 거듭된 인사 실패로 2022년 11월 7일에서야 이주호 장관이 임명된다. 우여곡절 끝에 비로소 윤석열 정부의 교육 거버넌스가 구체적인 모습을 갖출 수 있게 된 것이다.

교육 거버넌스는 교육정책(내용)을 담보하는 틀 또는 형식이라 할 수 있다. 내용과 형식의 변증법을 생각할 때, 윤석열 정부의 교육 거버넌스는 정부 출범 시 천명한 교육정책 기조와 주요 정책을 실현하는 플랫폼과도 같다. 바로 이런 의미에서 교육정책과 교육 거버넌스의 관계를 다음과 같이 설명할 수 있다.

> "교육정책이 어떻게 만들어지는지 이해하려면, 해당 정책의 내용과
> 집행에 영향을 미치는 더 넓은 통치 질서governing arrangements를 면
> 밀하게 분석할 필요가 있다. 달리 말해, **모든 정책은 거버넌스 시스템**
> system of governance**에서 나오는 동시에 그 안에 존재한다.**"McGuinn and
> Manna, 2013: 10

위의 인용문에서 특정 정부의 교육정책을 파악하려 할 때, 교육 거버
넌스에 대한 이해가 필수적이라는 사실을 확인할 수 있다. 특별히 정권
교체를 이룬 정부의 경우 교육 거버넌스의 변화에 대한 고찰이 해당 정
부의 교육정책 내용을 파악하는 데 있어 아주 긴요하다. 이에 여기서는
윤석열 정부의 교육 거버넌스의 특징을 밝힌 다음 이런 틀 안에서 추진
해 온 주요 교육정책의 성격을 규명하고자 한다. 요컨대, "교육 거버넌스
(형식) → 교육정책(내용)" 순의 고찰을 통해 분석에 있어 내용과 형식의
변증법적 통일을 꾀하고 있다.

이를 위해 제2절에서는 윤석열 정부의 교육 거버넌스 개편에 주목하
여 그 특징이 다름 아닌 "교육부 주도"에 있다는 점을 밝히고 있다. 제3
절에서는 교육부 주도의 교육 거버넌스를 바탕으로 "신민영화 정책의 전
면화"가 이루어지고 있다는 사실을 논증하고 있다. 끝으로 제4절에서는
고찰 결과를 요약 정리하는 한편, 이주호 장관의 교육부가 보여주는 "정
부 실패"의 가능성에 대해 간략히 언급하고 있다.

2. 교육부 주도의 교육 거버넌스 구축

가. 교육 거버넌스 개편의 조건

윤석열 정부의 교육 거버넌스 개편에는 당연히 여러 요소가 개재되었다. 그 가운데 국가교육위원회 출범은 이미 예정되어 있던 상수로 관계 법령에 따라 제도화를 앞두고 있었다. 정권 교체는 윤석열 정부가 교육 거버넌스 개편에서 배타적이며 우월적인 지위를 갖게 한 결정적인 요인이었다. 여기에 2022년 6월의 전국동시지방선거에 따른 '보수교육감의 약진'양희준, 2022: 57-58 참조도 윤석열 정부의 교육 거버넌스 개편 행보에 힘을 보탰다. 그런가 하면 교육부장관 인사의 난맥상은 교육 거버넌스 개편을 더디게 하는 등의 중대한 변수로 작용했다.

이 모두가 교육 거버넌스 개편에 관여한 기본 조건으로 윤석열 정부의 교육정책 분석에서 소홀히 할 수 없는 변수들이다. 그러면 먼저 국가교육위원회 제도화가 교육 거버넌스 개편에 어떻게 투영되었는지를 살펴보자. 관계 법령상 국가교육위원회는 교육정책 기구로 교육부와 정책 기능을 분담하게 되어 있었다.이상만, 2023 참조 그런데 제도 설계 과정을 거쳐 '작은 국가교육위원회'김용일, 2023: 310-312; 이상만, 2023 참조로 구현되었다. 정책기구로서 조직과 기능 등이 최소화됨으로써 교육 거버넌스 재편에도 세간의 기대나 예상만큼 큰 영향을 미치지 못한 것이다.

그렇다고 해서 국가교육위원회가 교육 거버넌스 개편에서 사소한 변수였다고 치부해서는 안 된다. 윤석열 정부는 교육 거버넌스 개편에 있어 국가교육위원회의 비중을 어느 정도로 할지 끊임없이 고민하였다.교육부, 2022.7.29: 2 참조 결과적으로 그 조직과 역할 등을 최소화하는 형태로 제도화했지만, 국가교육위원회를 빼놓고 현 정부의 교육 거버넌스 개편을 얘기할 수는 없다. 비록 실질적인 위상이 낮아지고 존재감은 미미하지만[전지수, 2023: 이덕난·유지연, 2022 참조], 현 정부의 교육 거버넌스 체제에서 교육부와 짝을 이뤄 정책기구로서 한 축을 담당하고 있는 게 엄연한 현실이다.

다음으로 교육 거버넌스 개편에서 정권 교체가 지닌 의미를 생각해 보자. 앞에서 정권 교체가 윤석열 정부의 교육 거버넌스 개편에서 "결정적인 요인"이라고 했다. 당연한 말이지만, 정권 교체가 없었다면 예컨대 국가교육위원회의 제도 설계 방식이 아주 달랐을 것이다. 국가교육위원회법은 문재인 정부 시절 집권 여당이던 민주당이 패스트트랙 지정을 거쳐 단독 입법한 일종의 '전리품'이다. 따라서 정권이 재창출되었다면, 관계 법령에 따라 적극적인 제도 설계로 정책 기능을 한껏 키웠을 가능성이 크다. 자연 교육부의 정책 기능은 현저히 줄어드는 등 교육 거버넌스 시스템이 지금과는 큰 차이를 보였을 것이다.

제4장에서 살펴보았듯이 정권 교체는 기본적으로 정책 결정 구조를 변화시키는 계기로 작용한다. 요컨대, "대통령 – 대통령실 참모(와 자문기구) – 교육부장관" 등이 유기적 협력하에 교육 거버넌스 시스템의 중핵으로 자리하게 된다. 이는 곧 정책 레짐policy regime[111]의 변화 움직임으로 이어지게 마련인데[McGuinn, 2006: 11 참조], 일련의 변화를 매개하는 요소가 다름 아닌 교육 거버넌스다. 그러므로 정권 교체를 이룬 정치세력이 교육 거버넌스 개편에서 배타적이며 우월적인 지위를 차지하는 것은 일견 당연한 일이다.

더욱이 이번 정권 교체는 교육 거버넌스 개편에서 유독 교육 관련 시

---

111. 정책 레짐이란 "정책 문제를 해결하기 위한 통치 질서"(governing arrangements, May and Jochim, 2013: 428)로 집권에 성공한 정치세력은 통상 정책 레짐의 변화를 꾀한다. 그런데 정책 레짐을 구성하는 핵심 요소가 바로 교육 거버넌스다.(McGuinn, 2006 참조)

민사회의 퇴조와 한 짝을 이루었다. 거버넌스가 "공식적인 제도와 활동 가들actors이 권력을 행사하고 사람들이 살아가는 조건에 영향을 미치는 결정을 하는 과정"[112]McGuinn and Manna, 2013: 9이라고 할 때, 교육 거버넌스 재편에서 시민사회 활동가들의 역할과 지분이 현저히 줄어들었다는 뜻이다. 좌파 또는 진보적 지식인의 '내로남불'[113]의 행태에 더하여 권력과의 유착이라는 '덫' 때문이다. 시민사회단체가 특정 정당과 전임 정부의 응원군 또는 선수로 활동한 결과, 정권 교체가 이루어지자 급격히 힘을 잃게 된 것이다. 지난 대선에서 "교육 논쟁이 사라진 이유"에 관해 분석한 기사에서도 그런 점을 지적하고 있다.

"토론과 논쟁의 주체들이 사라졌다. 후보들이 아니라도 외부 교육단체들이 나서서 각 공약을 논평하고 점검하는 게 이제껏 대선 전 교육계 모습이었다. 이번에는 이런 논의의 장이 거의 실종된 상태다. 왜 그럴까? **관련 단체들도 사실상 '플레이어'로 나섰기 때문이다. 교총과 전교조를 비롯한 교육단체 전직 간부들이 대거 후보 캠프에 들어가 있다. … 캠프에 참여한 교육계 전문가들 가운데 곧 '본인'의 선거운동에 들어갈 이들도 적지 않다.**"시사IN, 2022.3.1.

---

112. 계속해서 정책을 "거버넌스 시스템이 선택하여 생산하는 새로운 중요 기획(initiatives), 강령, 법률, 규정, 규칙 등의 배열"(McGuinn and Manna, 2013: 9)이라고 정의하고 있어 참고할 만하다.

113. 특정 개인을 넘어 이른바 '진보' 세력 또는 진영의 문제라는 데 사태의 심각성이 있다. 10년도 더 된 일이지만, 여전히 생생한 필자의 경험 하나를 소개한다. ○○광역시의 '진보적 교원단체' 구성원에게 연락을 받았다. '전국청소년논술토론○○○'의 심사위원장을 맡아 달라는 것이었다. 예의 좋은 일이거니 하고 도와준다는 마음으로 수락했다. 그러나 행사 당일 깜짝 놀랐다. 참가 학생 상당수가 해당 교원단체 소속 교원의 자녀였고, 교사로 구성된 심사위원 대부분도 마찬가지였다. 대통령상에서 시장상까지 수여하는 대회였는데, 이게 다 입시 '스펙 쌓기'를 위한 것이었다. 참담한 심정에 심사를 마무리하지 않고 행사장을 떠나 한참을 걸었다. '어느새 이렇게 변했구나', '이걸 어쩌지' 등의 생각이 뇌리를 떠나지 않았었다.

그러면 이제 "보수교육감의 약진"이라는 변수가 교육 거버넌스 개편에 끼친 영향을 검토해 보기로 하자. 정권 교체를 일군 정치세력은 2022년 6월의 전국동시지방선거에서 승리한다. 함께 치러진 교육감 선거에서도 8명의 보수 성향 후보가 당선되어 보수와 진보가 8:6(3은 중도) 또는 8:7(2는 중도)로 호각을 이루게 된다.https://ko.wikipedia.org/wiki/제8회_전국동시지방선거 14명의 진보교육감이 문재인 정부와 호흡을 맞춰 교육 거버넌스를 장악·주도하던 때와는 전혀 다른 상황이 펼쳐지게 되었다. 보수교육감의 약진으로 진보교육감과 보수교육감이 각축하게 된 것이다.

윤석열 정부 출범 직후 치러진 선거에서 보수교육감이 약진함으로써 정부의 의지대로 교육 거버넌스를 개편할 가능성이 커졌다. '분할 통치 divide and rule' 등으로 진보교육감들이 교육 거버넌스 개편에 목소리를 낼 공간을 좁히는 효과 때문이다. 문재인 정부 시절 '단일 대오'에 가까웠던 전국시도교육감협의회의 상황이 보수교육감의 약진으로 일순 변화된 것이다. 교육 거버넌스에 대한 의견은 말할 것도 없고, 정책 현안에 대해 뜻을 모으거나 한목소리를 낼 여지가 그만큼 줄어들었다. 교육 거버넌스에서 중요한 한 축이었던 전국시도교육감협의회의 존재감이 한껏 낮아진 것은 이런 정치 동학 때문이다.

끝으로 교육부장관 인선 문제다. 누가 교육부장관으로 임명되느냐는 윤석열 정부의 교육 거버넌스 개편에 있어 화룡점정의 의미를 지니고 있었다. 정권 교체 이후 이미 예정되어 있던 국가교육위원회가 출범하고, 교육감 선거에서 보수교육감이 약진하였다. 그렇지만 이런 조건들로는 교육 거버넌스의 "윤곽" 또는 "골격"을 마련할 수 있을 뿐이다. 정작 중요한 변수는 관계 법령에 따라 국가교육위원회와 정책 기능을 분담하게 될 교육부의 수장이 누구냐 하는 것이다. 그의 정책지향이나 업무

스타일에 따라 교육 거버넌스의 구체적인 모습과 작동 양태가 얼마든지 달라질 수 있기 때문이다.

그런 점에서 초대 교육부장관에 이어 이주호 장관이 임명되었다는 사실은 의미심장하다. 그는 2022년 9월 29일 장관 후보자로 지명되고, 인사청문회를 거쳐 11월 7일 교육부장관으로 임명된다. 그러니 9월 27일 국가교육위원회 출범은 초대 교육부장관 낙마로 인한 공석 상태에서 이루어졌다.[114] 윤석열 정부의 교육 거버넌스 개편에서 이제 남은 문제는 이주호 장관이 무슨 생각으로 어떤 행보를 하느냐다. 바야흐로 교육 거버넌스 개편의 기본 조건이 만들어 놓은 틀에 내용을 채워 마무리할 수 있게 된 것이다. 계속해서 이 문제를 살펴보기로 하자.

나. 교육부 주도의 교육 거버넌스 구축

이처럼 국가교육위원회의 제도화, 정권 교체, 보수교육감의 약진 등 굵직한 변수가 교육 거버넌스의 윤곽을 만드는 기본 조건으로 작용하였다. 그러나 윤석열 정부의 교육 거버넌스가 재편되어 일정한 성격을 드러내기까지는 시간이 더 필요했다. '마지막 퍼즐 조각'이라 할 수 있는 교육부장관 인사의 파행 때문이었다. 그러다가 2022년 11월 7일 이주호 장관이 임명되면서 교육 거버넌스 개편은 마무리 또는 완성 단계로 접어든다. 그러면 먼저 박순애 장관 취임 25일 만에 이루어진 교육부의 대통령 업무보고에서 이 문제가 어떻게 다루어졌는지 살펴보자.

"국민들이 원하는 **교육부의 역할**에 집중 (1) 정책의 관점을 공급자

---

114. 초대 교육부장관 임명일이 7월 4일인 것을 감안할 때, 6월 2일 치러진 선거에서의 '보수교육감의 약진' 또한 교육 거버넌스 개편에 있어 이미 주어진 상수와 같은 변수였다.

중심에서 수요자 중심으로 전면 전환 – **학생·학부모 대규모 수요조사 등을 통해 국민 요구를 반영한 정책 마련** (2) 사회변화에 대응한 인재 양성 및 미래 아젠다 선도 – **신산업 인재양성을 주도하고, 미래교육 방향(가칭)미래교육 비전 2040을 제시**하며 새로운 미션(에듀테크 산업 진흥, 한국교육모델의 세계 진출 등)도 발굴"^{교육부, 2022.7.29: 2}

현 정부의 첫 업무보고 문건에서 "국민 눈높이에 맞는 교육부로 전면 혁신"을 위한 첫 번째 '핵심 추진 과제'로 제시하고 있는 내용이다. "대규모 수요조사 등을 통해 국민의 요구를 반영한 정책 마련"이란 대목이 눈길을 끈다. 그런데 이는 어쩐지 국가교육위원회의 역할[115]이 아닌가 하는 의문이 든다. "미래교육 방향 제시"도 마찬가지다. "(가칭)미래교육 비전 2040"이란 구체적인 제목까지 제시하고 있는데, 이런 일이 국가교육위원회법 제11조의 "국가교육발전계획 수립 등"과 어떻게 다른지 궁금증이 일 정도다.

"국민 눈높이에 맞는 교육부로 전면 혁신"이란 제목에서 국가교육위원회 등과의 관계 설정을 포함한 교육 거버넌스 개편에 관한 어떤 방침이 담겨 있으리라 기대해 봄 직하다. 그러나 이 보고서 그 어디에서도 그런 내용을 찾아볼 수 없다. 다만, "•1차 조직개편안 마련(8월) *국교위 설립 연계, 교육과정 부서 폐지"^{교육부, 2022.7.29: 2}라는 문구가 있을 뿐이다. 이런 분위기는 이주호 장관 취임 이후인 2023년 1월 5월 대통령 업무보고에서 다음과 같은 개선 방안을 제시하는 데서도 변함이 없다.

---

115. 국가교육위원회법 제13조의 "교육정책에 대한 국민 의견 수렴·조정 등의 기능"을 염두에 둔 지적이다.

"(3) 교육개혁 필요성에 대한 공감대를 바탕으로 국민 소통·홍보 활성화 •**국가교육위원회와 함께 교육개혁 주요 과제에 대한 사회적 합의** … •**'교육개혁자문위원회'('23.1월)를 통해 다양한 의견을 수렴하여 개혁과제들 간의 정합성·일관성 확보** •개혁 과제 주요 계기별 현장 소통 목적에 따라 토크콘서트, 타운홀 미팅 방식 등 … 현장 행보 시리즈 추진(연중)" **교육부, 2023.1.5:13**

윤석열 정부 출범 이후 이루어진 세 차례의 대통령 업무보고에서 '국가교육위원회'에 대한 언급은 이 정도가 전부다. 교육부가 '국가교육위원회'를 호명하는 데 매우 인색한 모습이다. 교육 거버넌스 개편을 마무리해야 할 시점의 공식 문서에서 "국가교육위원회와 함께 교육개혁 주요 과제에 대한 사회적 합의와 정책 성숙"을 기하겠다고 말하고 있을 뿐이다. 무언가 허탈한 느낌을 들게 할 정도로 평범한, 아니 하나 마나 한 얘기를 하고 있는 것이다. 그러나 이 문서가 생산된 시점을 생각할 때, 역설적으로 교육부가 그만큼 좌고우면[116]했다는 증거라 할 수 있다.

그러면서 갑자기 '교육개혁자문위원회'를 2023년 1월까지 구성하겠다[117]고 보고한 것이다. "다양한 의견을 수렴하여 개혁 과제들 간의 정합성·일관성 확보"를 위해서라는데, 이 또한 국가교육위원회의 역할과 충돌할 소지가 다분하다. 이걸 모를 리 없는 교육부가 이렇게까지 하는 이유는 오로지 교육정책 기능에서의 주도권을 놓지 않겠다는 일념 때문이

---

116. 국가교육위원회 존재 자체를 무시하고 싶지만 법률 사항이라 그럴 수 없고, 그렇다고 정책 기능의 상당 부분을 내주자니 전혀 그러고 싶지 않기 때문이다.

117. 2023년 1월 5일 대통령 업무보고 43일 만에 국회 업무보고가 이루어진다. 이 자리에서 이주호 장관은 '교육개혁자문위원회' 구성을 애초 1월에서 3월로 연기한다고 보고하였다.(뉴시스, 2023.2.16.) 그러나 2024년 5월 현재 인터넷 검색이나 교육부 홈페이지 어디에도 이 위원회에 관한 정보를 찾을 수 없다.

다. 이주호 장관과 관료들의 의중이 이런 보고 문서 생산으로 드러난 것이다. 속내를 들키고 싶지 않지만, 어쩔 수 없이 택한 결과물이라고 해야 할 것이다.

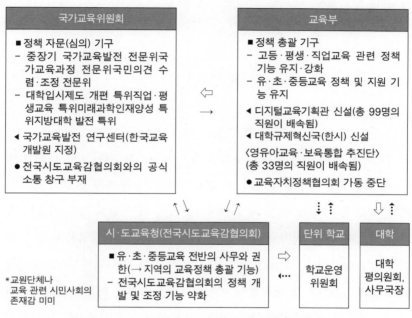

[그림 7-1] 윤석열 정부의 교육 거버넌스 개편 현황[118]

[그림 7-1]은 이런 '마지막 퍼즐 조각'의 가세로 완성된 윤석열 정부의 교육 거버넌스 개편의 모습이다. 한마디로 "교육부 주도의 교육 거버넌스"로 개념화할 만하다. 교육부가 정책 총괄기구로 종전의 위상을 그대로 유지한 채 디지털교육기획관 신설 등 조직과 기능이 오히려 강화된 것을 알 수 있다. 자연 국가교육위원회의 경우 사실상의 정책자문(심

---

118. 이 그림은 김용일(2023d)의 논문 316쪽에서 가져와 약간의 수정·보완을 거친 것이다.

의)기구로 그 위상이 격하되고 역할이 최소화되었다. 같은 맥락에서 전국시도교육감협의회 또한 그 존재감이 한껏 낮아졌다. 교육부와의 공식적인 소통 창구가 단절되었으며, 국가교육위원회와의 소통 창구는 당연직 위원 말고 없는 것으로 확인될 지경이다.

3. 신민영화 교육정책의 전면화

가. 윤석열 정부의 교육정책 기조와 형성 과정

지금까지 살펴본 교육부 주도의 교육 거버넌스를 발판으로 윤석열 정부는 어떤 교육정책을 추진해 온 걸까? 이제 이 문제를 본격적으로 살펴볼 차례. 이 질문에 답하기 위해서는 인수위 시절로 잠시 거슬러 올라갈 필요가 있다. 거기서 윤석열 정부의 국정 목표와 국정과제 등을 정리하였기 때문이다. 당연히 교육정책 기조 등도 인수위의 공식 문건에 담겨 있다. 그런데 그 내용뿐만 아니라 어떤 과정을 거쳤는지가 중요하다. 현 정부의 교육정책을 누가 어떤 생각에서 만들었는지를 파악해야 한다는 뜻이다.

윤석열 정부는 "자율과 창의로 만드는 담대한 미래"(국정목표4)에서 "(약속15) 창의적 교육으로 미래 인재를 키워내겠습니다"라는 정책지향을 밝히고 있다.대한민국정부, 2022.7: 4 '창의적', '미래 인재'라는 표현에서 교육정책 기조가 추상적이고 모호하다는 인상을 지울 수 없다. 어쨌든 대통령실 홈페이지에 탑재된 이 내용은 인수위가 마련한 "윤석열 정부의 110대 국정과제"에 담긴 내용을 그대로 가져와 조금 손본 것이다. 그런 점은 〈표 7-1〉의 국정과제 내용 비교에서 잘 확인할 수 있다.

정책 내용 면에서 '디지털 인재', 'SW·AI 교육' 등이 키워드로 자리 잡고 있음을 알 수 있다. 이것이 초중등교육 단계에서는 디지털 교육에 대한 강조로 나타나는 한편, 고등교육 단계에서는 디지털 인재 양성[119]과 산학협력 그리고 민관 거버넌스의 구축 등으로 이어지고 있다. 규제 완

〈표 7-1〉 윤석열 정부의 교육 관련 국정과제 내용 비교

구 분	윤석열정부 110대 국정과제 (대통령직인수위원회)	윤석열정부 120대 국정과제 (대한민국정부)
(81) 100만 디지털인재 양성	디지털 인재 양성, 교원SW·AI 역량 제고, 초·중등 SW·AI 교육 필수화, 디지털 교육격차 해소, 디지털 인재 양성 인프라 구축, 민관 협력 강화	다음 내용 추가 또는 보완 • 반도체 등 첨단산업 인재 양성 • 민관 협력으로 디지털 인재 양성
(82) 모두를 인재로 양성하는 학습혁명	대입제도 개편, 모든 학생을 인재로 키우는 교육과정 개편, AI 기반 기초학력 제고, 융합인재 양성, 사교육 경감 및 학습격차 완화, 학습·경력관리 플랫폼 구축	좌와 모두 같음
(83) 더 큰 대학자율로 역동적 혁신 허브 구축	대학규제 개혁, 학사제도 유연화, 대학 중심의 창업 생태계 구축, 부실·한계대학 개선	좌와 모두 같음
(84) 국가교육책임제 강화로 교육격차 해소	유보통합, 초등전일제 교육, 교육 사각지대 해소, 교원 업무 부담 경감, 평생학습 기회 보장	좌와 모두 같음
(85) 이제는 지방대학 시대	지자체 권한 강화, 지역인재 투자 협약제도, 수요맞춤형 교육, 지역 거점대학(원) 육성, 대학 중심 산학협력·평생교육, 전문대 평생직업교육 기능 강화	좌와 모두 같음

자료: 제20대 대통령직인수위원회, 2022.5; 대한민국정부, 2022.7.

---

119. 〈표 7-1〉의 '120대 국정과제'에 추가·보완된 "반도체 등 첨단산업 인재 양성"은 정부 출범 초기 "반도체는 국가 안보 자산" 등과 같은 대통령의 발언이 반영된 것이다.(조선일보, 2022.6.8. 참조)

화deregulation 차원에서 대학 구조개혁 문제를 다루고 있으며, '지방대학 시대'를 강조하고 있는 대목도 눈여겨볼 만하다. "국가교육책임제 강화로 교육격차 해소"를 말하고 있지만, "필요한 국민께 더 두텁게 지원한다"대한민국정부, 2022.7: 4라는 선별적 복지 차원의 접근을 하고 있다.

그렇다면 인수위에서 이런 내용의 국정과제를 다듬는 과정에 누가 관여한 걸까? 교육 관련 국정과제는 인수위 "과학기술교육분과"(간사: 박성중) 소관 사항으로 인수위원 3인 가운데는 교육정책 전문가를 찾아볼 수 없다. 다만, 전문위원 2인(총 13명)과 실무위원 1인(총 8명) 등 3인이 교육 관계자로 확인된다. 전문위원 2인 가운데 한 명은 대학교수 신분이지만 교육부 고위공무원단 출신이며, 나머지는 모두 교육부의 현직 관료다.제20대 대통령직인수위원회, 2022. 5b 참조 이들을 매개로 교육부 직원들의 역량이 총동원된 것이다. 인수위 활동을 교육부가 주도했으며, 국정과제도 이들의 손에 의해 가다듬어졌다고 볼 수 있다.

한편, 정부 출범 후 교육부의 첫 대통령 업무보고는 2022년 7월 29일에 이루어진다. 박순애 초대 교육부장관이 임명된 지 25일 만의 일이다. 어수선한 당시 정황으로 미루어 보아 차관을 비롯한 관료들에 의해 보고서가 마련되었다고 보는 게 타당하다. 장관의 지도력이나 정책지향이 반영될 여지가 그만큼 적었다는 뜻이다. 이를 확인이라도 해주듯 보고서는 "'100만 디지털 인재'를 키우는 교육시스템으로 대전환"교육부, 2022.7.29: 6 등 인수위에서 마련한 국정과제가 그대로 들어가 있다. 조금 더 정확히 얘기하자면, 대통령실 홈페이지에 탑재된 교육 관련 국정과제를 교육부 관료의 언어로 구체화한 것이다.

이처럼 국정과제 등에 표현된 윤석열 정부의 교육정책 기조와 내용은 교육부 관료들의 '작품'이다. 대선 단계에서 교육 공약 관련 책임자(정책

본부 교육분과[120] 위원장)였던 나승일도 교육부와 무관치 않은 인물이다. 서울대 농산업교육과 교수로 박근혜 정부 시절 교육부차관을 지냈으며, 정책지향에 있어 교육부 관료와 결이 다르다고 말하기 어렵다. 대선 단계에서부터 인수위를 거쳐 정부 출범 이후까지 교육정책에 관한 한 교육부 관료들이 주도권을 강하게 틀어쥔 형국이다. 윤석열 정부의 교육정책의 성격을 결정짓는 중요한 요소라 할 만하다.

나. 신민영화 교육정책의 전면화

윤석열 정부의 교육정책은 이주호 장관 취임 이후 그 성격을 더 분명히 해간다. 첫 대통령보고 때만 하더라도 상당수의 정책이 추상도가 높은 편이었다. 앞에서 살펴보았듯이 국정과제(81번)인 "100만 디지털 인재 양성"과 관련하여 "'100만 디지털 인재'를 키우는 교육시스템으로 대전환"과 같은 식이다. 전임 정부에서 2025년에 폐지하기로 한 자사고에 대해서도 두루뭉술하긴 마찬가지다. "기존 **자사고 제도 존치**를 포함한 **고교체제개편 세부방안** 마련"(진한 강조는 원저자)[교육부, 2022.7.29: 5] 정도로 언급하고 있을 뿐이다.

물론 그렇다고 첫 대통령보고 문건에 방향성이 없다는 이야기는 아니다. "수요자 중심 미래형 교육체제 실현"을 천명하는 한편, '다양성'과 '자율성'이란 가치를 핵심으로 하는 정책지향을 명확히 하고 있다.[교육부, 2022.7.29: 5] '수요자 중심'이란 말은 지난 30여 년간 경험하였듯이 '교육 시장'에서 '교육소비자'의 요구에 부응하는 교육을 하겠다는 뜻이다. '다양

---

120. 윤석열 후보 캠프의 정책본부 교육분과에는 4명의 위원이 있었다. 그 가운데 한 사람은 전직 서울자사고연합회장을 역임한 인물이고, 다른 한 사람은 현직 교육학과 교수로서 현 정부나 집권 여당 정파를 도와온 인물이다.(시사IN, 2022.3.1. 참조)

성'과 '자율성'은 시장주의의 핵심 전략인 선택권 보장을 위한 조건, 즉 시장조건market conditions을 작동 가능케 하는 필수 요소다.

교육부 관료들은 이처럼 시장주의 교육정책 기조 아래 국정과제를 정책으로 구체화해 나갔다. 다만, 정부 출범 초기 어수선한 상황에서 논쟁적인 의제에 대해서는 조심스러운 모습일 뿐이다. 첫 대통령보고에서 발견되는 유보적인 표현 등은 이 때문이다. 그러다가 이주호 장관이 취임하면서 분위기가 급변한다. 교육부 주도의 교육 거버넌스를 구축하고 나서부터다. 시장주의에서 한 걸음 더 나아가 사학과 민간기업이 학교나 대학에서 이윤을 추구하고 영향력을 확대할 수 있는 공간을 넓혀주는 정책이 본격화된다. 버치Burch 2021의 개념을 빌려 표현하자면, "신민영화 new privatization[121] 교육정책의 전면화"라고 해야 할 것이다.

그런 점에서 이주호 장관 취임 뒤의 두 번째 대통령보고는 눈여겨볼 만하다.교육부, 2023.1.5 참조 〈표 7-2〉에서 보듯 '맞춤'이라는 순우리말을 키워드로 하여 학생맞춤, 가정맞춤, 지역맞춤, 산업·사회맞춤 등을 4대 개혁 분야로 선정하고 있다. 학생, 영유아, 학부모, 지역사회, 기업 등 소비자 또는 고객의 요구에 부응하는 교육을 강조한 것이다. '문민정부' 시절 이주호 장관이 전문위원으로 일했던 교육개혁위원회의 소비자 중심주의 consumerism에 기초한 표현wording인 셈이다. 그런데 이 4대 개혁 분야의 10대 핵심 정책에는 관통하는 그 무언가가 존재한다. 다름 아닌 민영

---

121. 버치는 NCLB로 촉발된 새로운 정책 논리(policy logic)와 공교육 당사자들의 역할이 재정의되는 다음과 같은 상황을 염두에 두었다. 즉, "미국의 교육구가 늘 민간 공급자와 거래하고 계약을 맺어왔지만, **근자에 관찰되는 규모와 범위는 전례가 없을 정도다**. 게다가 **민간기업의 영향으로 교육에 관한 의사결정을 통제하는 소재지의 근본적인 변화**가 일어나고 있다.(Ball et al., 2010: 229-230) 이처럼 학교와 대학에서 민간기업이 이윤을 추구하고 의사결정에 영향력을 행사할 수 있는 공간을 넓혀주는 정책을 '신민영화'로 개념화한 것이다.

국정과제	교육부 업무보고 (2022. 7. 19)	주요업무 추진계획 (2023. 1. 5)	주요정책 추진계획 (2024. 1. 24)
(81) 100만 디지털인재 양성	④ 미래성장동력 창출을 위한 첨단분야 인재 양성 총력 - '100만 디지털 인재' 양성 교육시스템으로 대전환 - 첨단분야 산업계 수요 에 대응한 인재 양성 체계 강화(하략)	④ (산업·사회맞춤) 사 회에 필요한 인재양 성에 신속히 대응하 는 교육 ❶ 교육개혁 9 핵심 첨단 분야 인재 육성 및 인 재양성 전략회의 출범 (하략)	□ 중점과제 6 아이들의 미래를 위한 디지털 활용 능력 향상 지원 - '25년 AI 디지털교과 서(AIDT) 도입의 차질 없는 준비(하략)
(82) 모두를 인재로 양성하는 학습혁명	③ 수요자 중심 미래형 교육체제 실현 - 다양성과 자율성을 보 장하는 고교체제 구현 - 수요자가 공감하는 교 육과정·대입제도 마련	① (학생맞춤) 단 한 명 도 놓치지 않는 개별 맞춤형 교육 ❶ 디지털 기반 교육혁 신, 학교 교육력 제 고, 교사혁신 지원 체 제 마련	② 새 학기 교육 현장이 전면 바뀝니다! □ 중점과제 3, 4, 5 교권 을 강화해 교사가 주 도하는 교실혁명 실 현(하략)
(83) 더 큰 대학자율로 역동적 혁신 허브 구축	⑤ 대학의 여건과 역량 에 맞춘 다양하고 자 유로운 성장 지원 - 고급인재 양성과 획기 적 연구성과를 창출 하는 대학: 자율 혁신 선도(하략)	- 교육개혁 6 과감한 규 제혁신·권한이양 및 대 학 구조개혁(규제개혁)	③ 대학개혁으로 역동적 지방시대를 견인합니다 ■ 첨단분야 인재 양성 및 산학협력 활성화 (강화) □ 중점과제 8 청년들의 성장을 위한 기회와 투 자 확대
(84) 국가교육 책임제 강화로 교육격차 해소	② 국가 책임제로 교육 의 출발선부터 격차 해소 - 모든 아이의 성장의 첫 걸음을 국가가 책임 - 체계적인 학제 개편을 이끄는 추진 동력 마련 - 학력 회복 및 교육결 손 해소를 위한 집중 지원	② (가정맞춤) 출발선부 터 공정하게 국가가 책임지는 교육·돌봄 - 교육개혁 4, 5 유보통합 추진, 늘봄학교 추진 - 소외계층의 교육비 부 담 완화 및 교육기회 확대	① 세계 최고의 교육·돌 봄을 국가가 책임집 니다! □ 중점과제 1, 2 늘봄학 교 전국 도입(강화), 0 세부터 국가책임 교육· 보육 체제 구축을 위해 유보통합 추진(강화)
(85) 이제는 지방대학 시대	□ 지역이 필요로 하는 인재를 양성하는 대 학: 지역 맞춤형 성장 □ 국가책임을 바탕으로 지역과 상생하는 국립 대학: 국가·지역 지원	③ (지역맞춤) 규제없는 과감한 지원으로 지 역을 살리는 교육 - 교육개혁 7, 8 RISE 구 축, 학교시설 복합화 지 원(하략)	□ 중점과제 7 지역과 대 학의 동반성장 혁신생 태계 구축 - 글로컬대학 등 혁신모 델 창출(강화)(하략)

자료: 교육부, 2022. 7. 19; 교육부, 2023. 1. 5; 교육부, 2024. 1. 24

화privatization 전략을 기본으로 하되 학교와 대학에서 민간기업의 활동 공간을 획기적으로 넓혀주려 한다는 점이다.

아래의 인용문은 "모두를 인재로 양성하는 학습혁명"(국정과제 82)을 위한 핵심 정책 가운데 첫 번째 의제 관련 업무추진계획이다. "100만 디지털 인재 양성"(국정과제 81)의 학교교육 버전이라 할 만한 내용으로 'AI 포퓰리즘AI populism'의 면모가 담뿍 담겨 있다. 기본적으로 장기적 기술낙관론^{실우민, 2017.1.26: 2} 또는 기술주의에 경도되어 있는 구상이라 하지 않을 수 없다. 교육학적으로나 공학적으로 아주 논쟁적인 의제를 교육부 주도의 교육 거버넌스를 바탕으로 밀어붙이고 있는 모습[122]이다.

> "① **교육개혁 1** **디지털 기반 교육혁신** •개별 맞춤형 교육 구현을 위한 '**디지털 기반 교육혁신방안' 수립**('23.1월) - **기존 서책형교과서를 바탕**으로 **AI 기반 코스웨어**(디지털 교과서)를 **운영**하여 학습데이터 **분석결과**를 **교사가 수업에 활용**해 학생별 최적화된 학습지원('25~) (중략) •교육현장에서 **도출된 애로사항**을 **디지털 신기술**(AI, VR·AR 등)을 **활용**해 해결하도록 **테스트베드 확대** 및 '**에듀테크 진흥방안' 수립**('23.상) * 에듀테크 소프트랩: ('22) 경기, 광주, 대구 3개소 → ('23~) 6개소 신규 구축(교육청 자체)"^{교육부, 2023.1.5: 4}(진한 강조는 원저자)

그런데 여기서 정작 눈여겨봐야 할 지점이 있다. 바로 "테스트베드 확대", "에듀테크 진흥 방안 수립" 등에서 에듀테크 기업 등에 학교(와 대

---

122. 이 과정에서 국가교육위원회나 시도교육청이 소외된 것은 말할 나위가 없다. 국가교육위원회의 경우 한 달 가까이 지난 시점에 사후 보고받은 것이 전부다.(교육부, 2023.3.17.) 시도교육청의 경우 앞서 언급한 대로 법정 소통 창구인 교육자치정책협의회조차 가동되지 않고 있는 상태다.

학)를 전례 없을 정도로 활짝 열어젖히고 있다는 사실이다. 그런 점은 이 대통령업무보고 한 달 보름 남짓한 시점에 발표한 "디지털 기반 교육혁신 방안"에서 더 잘 볼 수 있다. '민관 협력'이란 명분으로 "에듀테크 소프트랩을 통해 테스트베드 제공('22년, 소프트랩 3개소, 26개 기업 등), 학계 등 전문가 그룹과 디지털교육협회·에듀테크산업협회 등 민간과 파트너십 구축"^{교육부, 2023.2: 8-9} 등을 꾀하겠다고 천명하였다.

이런 구상은 같은 해 가을 [그림 7-2]와 같이 진화한다. 교육부가 제시한 개념도에서 학교와 대학을 에듀테크 기업의 "상품 판매장"이면서 "제품 개발 및 실험장"으로 상정하고 있음을 알 수 있다. 게다가 "최신 이슈 논의 및 애로사항 발굴을 위한 상시적 민·관 네트워크도 운영한다."^{교육부, 2023.9.15: 5}라고 하여 거버넌스 구축에서 기업의 입지를 한껏 넓혔다.[123] 시작은 분명 교육 정보 기술의 교육적 활용이었다. 그러나 견제받

① 학교 현장의 에듀테크 활용 활성화

디지털 역량 강화	에듀테크 구매 편의 제고	디지털 친화적 환경 조성

② 공교육과 결합한 에듀테크 산업 육성

공교육용 에듀테크 개발	기업의 교육·기술 역량 강화	증거 기반 활용 체계 구축

③ 국가 차원의 에듀테크 지원 체계 구축

법·제도 기반 마련	표준 수립, 데이터 개방	안전한 활용 체계 확립	거버넌스 구축

[그림 7-2] '교육 정보 기술(에듀테크)' 시대 개념도[124]

---

123. 특별히 이 문제는 윤석열 정부의 교육 거버넌스에서 교육 관련 시민사회가 배제된 것과 극적인 대조를 이룬다. 시민사회단체가 자초한 면이 있지만, 결국 교육정책이 민주적 통제보다는 정부와 기업의 목소리가 압도적으로 강한 분위기에서 수립·추진되고 있는 증거라고 할 만하다.

124. 이 그림은 교육부(2023.9.15.)의 보도자료 "붙임"(제목: 에듀테크 진흥 방안 주요 내용 요약)에서 논지에 맞게 가져와 재구성한 것이다.

지 않은 정부의 "밀어붙이기식 정책"[125]이 신민영화 경향을 부추기고 있는 형국이다. 애초의 목표 달성은커녕 공교육 전반에서 관련 기업의 이윤추구 행보가 얼마나 빨라질지 가늠이 안 될 정도다.

다른 한편, 신민영화 정책의 전면화는 고등교육의 핵심 정책에서 더 도드라진다. 윤석열 정부의 고등교육정책은 "지역맞춤" 개혁과제로 분류되어 있다. "규제 없는 과감한 지원으로 지역을 살리는 교육"[2023.1.5.: 8]이나 "대학개혁으로 역동적 지방시대를 견인합니다"[교육부, 2024.1.24: 12]라는 표현에서 그런 정책지향을 확인할 수 있다. 이를 위한 핵심 정책이 바로 지역혁신중심 대학지원RISE[126]과 글로컬대학30 프로젝트다. 이 가운데 올해로 2년째를 맞는 글로컬대학 지정사업은 실로 적잖은 문제를 드러내고 있다.

2023년 사업 첫해에 10개 단위가 지정되어 5년간 최대 1,000억 원의 지원을 받게 되었다. 그 가운데 ① 강원대학교·강릉원주대, ② 경상국립대학교, ③ 부산대학교·부산교육대학교, ④ 순천대학교, ⑤ 안동대학교·경북도립대학교, ⑦ 전북대학교, ⑧ 충북대학교·한국교통대학교 등 7개 단위가 국·공립대학이다.[교육부, 2023.11.13] 이들 가운데 3개 단위를 제외하면, 모두 대학 통합 또는 연합 계획서 제출로 선정되었다. 이런 결과는 특별히 국·공립대의 경우 통합 또는 연합 말고는 이 사업에 선정되기 어렵다는 신호로 해석되고 있다. 실제로 올해 혁신기획서를 제출한 총 65개

---

125. 이런 방식의 정책 수행에서 기업과의 결탁 또는 청탁 등 도덕적 해이도 심히 우려되는 부분이다. 최근 "기업인에게 골프 접대를 받은 의혹이 불거진 교육부 공무원 2인을 대기발령하고 수사 의뢰한다"(조선일보, 2024.5.1.)라는 기사가 결코 우연이 아니란 얘기다.

126. RISE의 경우 5개년('25~'29) 계획수립과 재원 확보를 2024년도 하반기로 계획하고 있어 아직 본격화되지는 않았다. 그런데 이 정책에서도 "지자체 주도로 대학, 기업 등과 협력"(교육부, 2024.1.24: 12)을 중시하고 있다. 첫 대통령보고에서 "지자체-대학 협력"(교육부, 2022.7.29: 8), "지자체의 대학 지원 권한 확대"(교육부, 2023.1.5: 9)와 비교해 볼 때 기업의 역할을 강화하는 쪽으로 정책의 결이 상당히 달라졌음을 알 수 있다.

단위 가운데 통합을 전제로 한 공동신청 6개 단위(14개교), 연합을 전제로 한 공동신청 20개 단위(56개교)가 될 정도[127]다. ^{교육부, 2024.4.16}

문제는 이런 방식의 사업이 우리 고등교육의 체질을 개선하기보다는 오히려 악화시킬 수밖에 없다는 데 있다. 그렇지 않아도 사학의 비중[128]이 압도적으로 높아 어지간한 정책이 잘 먹히지 않은 상황이다. 설상가상으로 교육부가 '자율', '규제혁신', '권한 이양'이란 미명 하에 민영화 기조의 정책을 밀어붙여 온 것이다. 학령인구 감소가 추동하는 시장의 힘으로 자연스럽게 국·공립대의 비중을 높이는 등 우리 고등교육의 체질을 개선하여 공공성을 제고해 나갈 때다. 그런데 정부가 글로컬대학30 프로젝트라는 정책적 구조조정으로 이 기회를 날려버리고 있다. 방향성 상실, 철학 부재의 고등교육정책이라 하지 않을 수 없다.

이런 식의 정책으로 결국 사학이나 민간기업이 우리 고등교육 생태계의 '주인'으로 더 확고히 자리 잡게 될 것이다. 이게 버치가 말하는 신민영화의 전형적인 모습으로 학교와 대학 교육과정의 중요한 국면에 있어 공적 통제에서 사적 통제로의 이동이 나타나며, 시장주의 논리가 주도권을 쥐게 될 수밖에 없다. ^{Ball et. als, 2010:232 참조} 게다가 청탁이나 압력 등에 의한 '정치적 선정'으로 사립대학의 도덕적 해이를 방관 또는 조장할 공산이 큰 정책[129]이기도 하다. "정부 실패"를 극명하게 보여주게 될 정책이란 뜻이다.

---

127. 2024년 예비 지정된 15개 신규 단위는 사립대학 비중이 높았는데, 여기서도 통합이 3개 단위 연합이 6개 단위로 모두 9개 단위였다.(교육부, 2024.4.16 참조)
128. 2023년 현재 학생 수 기준으로 77.4%(2,353,654/3,042,848명), 학교 수 기준으로 86.6%(367/424개교)에 달하고 있다.(교육통계서비스, https://kess.kedi.re.kr/index)
129. 이 문제와 관련하여 음미해 볼 만한 일간지 기사 하나를 소개한다. "폐교 수준 학교까지 연 1000억 지원하는 '글로컬 대학' 후보로! 올해 정부의 '글로컬 대학' 예비지정 평가를 통과한 대학 33곳 중 64%가 작년 신입생을 다 채우지 못한 곳."(조선일보, 2024.4.22.)

윤석열 정부의 신민영화 교육정책은 자사고로 대표되는 학교정책을 고수하는 행보에서도 잘 볼 수 있다. 예의 "학생 개인별 맞춤교육"을 내세워 '다양화'와 '선택권 보장'을 요체로 하는 학교 민영화 정책을 밀어붙인 것이다. 자신들의 지지기반인 부유층의 요구에 대한 화답일 따름이다. 그것도 시행령 개정이라는 행정입법을 통해 전임 정부가 공식화한 2025년 폐교 방침을 뒤집는 방식이었다.

　　"공교육 내에서 **학생·학부모가 원하는 다양한 교육을 제공하기 위해 자사고·외고·국제고를 존치**하고, 이러한 학교가 **우수 학생 선발에 의존하지 않고** 학교의 교육력을 통해 우수 인재를 양성할 수 있도록 제도 개선을 통한 운영 내실화를 추진하고자 함"**부총리 겸 교육부장관, 2023.10.13.**

　　이 또한 교육부 주도의 교육 거버넌스가 작동하여 가능한 일로 위의 인용문은 장관이 밝히고 있는 초·중등교육법 시행령의 개정 이유다. 이렇게 아주 논쟁적인 의제를 국가교육위원회의 심의[130]나 별도의 공론화 과정 없이 4월 총선 전에 전격 단행하였다. 그만큼 정무적 판단도 가세하였는데, 이를 위해 2023년 6월에 공교육혁신방안을 발표하는 기민함까지 발휘했다. 거기서 "고교유형 단순화는 공교육의 다양성과 학생·학부모의 교육선택권을 제한한다"교육부, 2023.6: 6라고 하여 자사고, 외고, 국제고 존치를 기정사실화 하였다. '디지털 기반 혁신교육'에서 고등교육은 물론 초·중등 학교정책에 이르기까지 온통 민간기업과 사학의 이윤 추

---

130. 교육부(2023.7.14: 2)는 이 논쟁적인 정책을 6월 21일에 발표한 후 국가교육위원회에는 "자사고·외고·국제고를 존치하여 공교육 내 다양한 교육을 제공한다"라는 요지의 사후 보고만 했다. 더 놀라운 것은 국가교육위원회(2023.7.14.) 회의록을 보면 보고 후 질의응답 시 자사고 등의 존치에 대한 그 어떤 이야기도 오가지 않았다는 사실이다.

구를 위한 각축장을 만드는 형국[131]이라 하지 않을 수 없다.

4. 정부 실패의 위험

교육정책 연구에서 정책 내용에 더하여 교육 거버넌스를 함께 살펴볼 때 분석의 유효성을 높일 수 있다. 교육 거버넌스라는 틀 또는 형식이 정책 내용을 담보하기 때문이다. 이처럼 내용과 형식의 변증법적인 관계에 주목하여 윤석열 정부가 지닌 교육정책의 성격을 밝히기 위해 먼저 교육 거버넌스의 특징을 살펴보았다. 그런 다음 새롭게 구축된 교육 거버넌스를 토대로 추진되어 온 주요 정책의 특징을 분석하였다. 이상의 고찰 결과를 정리하면 다음과 같다.

첫째, 윤석열 정부의 교육 거버넌스 개편에는 정권 교체 외에 아주 복잡한 변수가 기본 조건으로 작용하였다는 점을 확인할 수 있었다. 법령으로 예정된 국가교육위원회 출범은 정권 교체와 함께 교육 거버넌스 개편을 추동하는 핵심 변수였다. 전국동시지방선거에서의 보수교육감의 약진은 교육 거버넌스 개편에서 윤석열 정부와 집권 여당의 정책 의지가 관철될 수 있는 공간을 넓혀주었다. 집권 초기 인사 난맥상에 종지부를 찍은 이주호 장관의 임명은 교육부가 교육 거버넌스에서 주도권을 쥐게 되는 중요한 계기로 작용했다.

---

131. 이와 관련하여 다음과 같은 분석에 귀 기울일 필요가 있다. "신자유주의적 민영화와 기업관리론적 교육개혁으로 학교의 소유권과 통제권이 공공에서 부유한 사적 개인들과 민간기업에 이전되고 있다. 이런 소유권과 통제권의 재분배는 교육 거버넌스를 시민으로부터 투자자나 시장 이데올로그들에게 넘겨줌으로써 민주주의에 끔찍한 결과를 초래한다."(Saltman, 2020: xx)

둘째, 이렇게 복잡한 변수가 어우러진 조건을 바탕으로 "교육부 주도의 교육 거버넌스"가 정착되었다는 사실을 알게 되었다. 교육부는 정책 총괄기구라는 종전의 위상을 그대로 유지한 채 핵심 정책 수행을 위해 조직과 기능을 강화하는 등의 변화를 보여준다. 자연 교육 거버넌스 체제 내의 여타의 단위들은 그 존재감과 역할이 큰 폭으로 축소된다. 국가교육위원회가 법령상 정책기구로서의 위상에도 불구하고 사실상의 정책 자문(심의)기구로 교육부의 정책 기능을 보조하게 된 것은 이런 이유에서다. 전국시도교육감협의회의 존재감이 한껏 낮아지고, 교육 관련 시민사회단체의 목소리를 찾아볼 수 없는 것도 같은 맥락에서다.

셋째, 윤석열 정부의 교육정책 기조는 기본적으로 민영화를 요체로 한 시장주의 교육정책이라는 사실을 확인할 수 있었다. 이는 대선 공약이나 인수위가 가다듬어 내놓은 국정과제, 나아가 정부 출범 후 대통령실 홈페이지에 탑재된 국정과제의 내용 분석에서 확인된 바다. 이런 정책 기조와 주요 정책을 수립하는 과정에서 핵심적인 역할을 한 주체가 바로 교육부다. 특별히 인수위에 파견된 교육부 관료를 매개로 교육부의 역량이 조직적으로 동원되어 대선 공약을 가다듬는 등의 작업이 이루어졌다. 인수위 단계에서부터 교육부 주도의 교육 거버넌스가 구축될 여건이 조성된 것으로 해석할 수 있는 대목이다.

넷째, 이주호 장관 취임 이후 본격화된 윤석열 정부의 교육정책은 시장주의 교육정책에서 한 걸음 더 나아가 있다는 사실을 알게 되었다. 민간기업과 사학이 학교와 대학에서 이윤을 추구할 수 있는 공간을 넓혀 주는 정책이 추진되어 온 것이다. '민관 협력'을 내세워 교육 거버넌스에서 민간기업과 사학의 목소리가 키우는 방향의 제도화도 목격되고 있다. 요컨대, "신민영화"가 윤석열 정부가 추진해 온 교육정책의 기본 성격을 이루고 있다. 이런 점은 디지털 기반 교육혁신이나 클로컬30 프로젝트 등 현 정부의 핵심 정책에 관한 내용 분석에서 확인된 바다.

다섯째, 이상의 고찰 결과를 종합해 볼 때 교육부 주도의 교육 거버넌스는 윤석열 정부의 신민영화 교육정책 추진을 위한 필수 내지 선결 요건이라는 사실을 깨닫게 되었다. 신민영화 교육정책은 시장주의와 마찬가지로 기업의 이해와 부유층의 요구를 배타적으로 관철하려 한다는 점에서 당파성이 매우 강하다. 필연적으로 교육의 계급화를 심화시켜 관련 당사자들의 반발과 저항을 불러일으킬 수밖에 없다. 이를 제압하고 가자니 교육 거버넌스를 주도 또는 장악하지 않으면 안 된다. 신민영화 교육정책 자체가 민주적인 의사결정 구조를 통해서는 달성 가능한 정책지향이 아니기 때문이다.

교육부 주도의 교육 거버넌스를 구축한 뒤 하고 싶은 대로 하는 교육부의 행태는 두고두고 문제가 될 공산이 크다. 학령인구 감소 등 '시장의 힘'에 맡겨 사학의 비중을 줄여야 할 때 정부가 엄청난 돈을 써가며 국·공립대 정원을 줄이고 있다. "정부 실패"의 전형적인 사례로 회자될 것이 분명한데, 고등교육은 물론 우리 공교육 생태계를 뒤흔들게 될 하책이라 하지 않을 수 없다. 이주호 장관 임명 전만 하더라도 "국가책임을 바탕으로 지역과 상생하는 국립대학: 국가·지역 지원"[교육부, 2022.7.29: 8]이 고등교육정책 기조로 천명되었다는 사실을 상기할 필요가 있다.

이것 말고도 교육부의 무모함을 보여주는 증거는 도처에 널려 있다. 지면 관계상 본문에서 다루지 못했지만, 이른바 '4대 교육개혁 입법'[교육부, 2023.1.5: 13]은 이주호 장관의 교육부가 얼마나 위험한 생각을 하고 있는지 잘 보여준다. 러닝메이트법, 교육자유특구법, 고등교육법·사립학교법 등을 자신들의 뜻대로 개정하겠다는 것인데, 갑작스럽고 너무 일방적이어서 비현실적인 느낌마저 들게 할 정도다. 총선을 앞두고는 교원 수당 인상, 청년 대상 스쿨 브랙퍼스트 등과 같은 선심성 정책도 서슴지 않았다.[2014.1.24: 7, 14]

모두 교육부 주도의 교육 거버넌스 위에서 행해진 일로 이번 총선에서 국민은 표로 자신들의 생각을 전달했다. 깨달음과 변화가 있었으면 하는 바람이다. 그러나 매사 국가교육위원회를 우회하고 전국시도교육감협의회와의 법정 소통기구조차 무용지물로 만든 교육부다. 대통령실 교육비서관은 처음부터 교육부 관료를 임명했으며, 그 위의 사회수석은 최근 교육부차관을 지낸 경제관료로 채워졌다. 무언가 변화를 기대하기가 어려운 상황이다. 비민주적인 교육 거버넌스는 비교육적이며 당파성이 강한 교육정책을 양산할 뿐이다.

3부 ─────────────────

교육정치학의
역사와 미래 과제

제3부에서는 교육정치학의 학문적 여정과 미래 과제에 주목하고 있다. 한국교육정치학회 창립 30년, 미국교육정치학회 출범 55년이 되는 시점에 연구자들의 고민과 노력 그리고 학문적 성과를 음미해 보려는 것이다. 이런 작업을 통해 교육정치학 연구자들의 문제의식에 깊이를 더하는 한편, 연구 관심과 주제 등 연구의 지평이 확장될 수 있길 기대한다.

제8장
'정책 패러다임'과
새로운 세기의 교육정치학

이 장에서는 '정책 패러다임policy paradigm'에 주목하여 교육정치학 연구의 성과를 검토하고 향후 과제에 대해 논하고 있다. 1980년대 초 대두된 '정책 패러다임'은 정치과정 분석을 넘어 정책의 내용 및 결과에 대한 분석으로 연구의 지평을 확장한다. 그러나 규범적·처방적 접근이 중심됨으로써 "연구의 정치화"라는 문제 상황에 직면하게 된다. 특별히 지난 세기말 본격화된 시장주의 교육개혁이 이런 경향을 심화시켰다. 이에 교육정치학은 학문적 정체성을 더욱 견실하게 유지하고 발전시켜야 할 과제를 안게 되었다.

1. 지적 전통의 단절

이론은 물론 실천의 영역에서 우리 근현대사는 축적의 과정이라기보다는 단절의 경험으로 점철되었다. 특히, 학문의 영역에서 연구 성과가 축적되지 못하고 격동하는 사회 현실에 따라 '새로운' 패러다임의 수용을 강요받아 왔다. 식민치하에서 일본과 독일의 영향을 강하게 받아 오다 8·15를 계기로 거의 모든 분야가 미국의 학문적 전통으로 대치된 사실이 이를 잘 보여준다. 지적 전통의 단절과 복원 노력, 그것이 외세에 의해 독자적인 학문 체계 수립이 좌절된 우리 학문의 성장사인 셈이다.

교육정치학의 과제를 논할 때조차 미국 교육행정학이 성립·발전해 온 과정을 언급하지 않을 수 없는 이유도 이런 사정 때문이다. 제1장에서 살펴본 바와 같이 20세기 초 미국의 교육행정학은 정치-행정 이원론에 기초하고 있었다. 당시 교육행정을 포함한 공공 부문 전반이 지나칠 정도로 당파적 이해관계에 지배되어 부패와 비능률 등 많은 문제점을 드러냈다. 이런 문제 상황을 타개하려는 미국인들의 사회개혁 운동에 대응한 학계의 응답이 바로 '정치-행정의 이원론'이었다.

그런데 정치-행정 이원론을 기반으로 한 교육행정학의 전통은 사실관계에 기초한 것이 아니었다. 자연 이론적 보편성도 결하고 있었다. 역사의 특정 국면에서 '유용한' 하나의 신념 체계a belief system를 기반으로 한 지적 유희 또는 정당화일 따름이었다. 이 책 제2장에서 확인한 것처럼 이것이 실천의 영역에서 '교육에 대한 비정치의 신화'로 구현되었다. 하나의 신념 체계 또는 이데올로기가 줄잡아 50여 년 동안 교육 부문의 연구와 실천을 지배해 온 것이다.

그러다가 1960년대를 전후로 기존의 사회 규범과 가치에 대해 집단적인 저항이 표출되면서 사정은 급변한다. 정치와 행정을 분리된 실체가 아니라 일련의 연속적인 과정으로 파악하지 않으면 안 된다는 시대적 요청에 직면하게 된 것이다. 정치와 행정을 통일적인 관점에서 파악할 때만이 행정에 대한 대중의 불만과 불신을 해소하고, 학문의 사회적 유용성을 회복할 수 있다. 이런 요구에 대한 학계의 응답이 바로 신행정학New Public Administration 성립으로 나타났다. 그 연장선상에서 교육정치학이 등장하는데, 1969년에 출범한 미국교육정치학회PEA는 그런 변화의 상징이라 할 수 있다.

이 장에서는 1980년대의 '정책 패러다임'에 주목하여 그간의 연구 성과를 검토하는 한편, 21세기 교육정치학의 과제를 탐색해 보고자 한다. 이를 위해 제2절에서는 교육정치학의 발달 과정을 간략히 살펴본 후 '정책 패러다임'으로의 전환이 갖는 의미와 그 한계에 대해 논하고 있다. 제3절에서는 지난 세기말부터 추진되어 온 공교육 개혁의 결과가 곧 교육정치학 연구자들에게 제기되는 중대한 도전이라는 기본 인식 아래 금

세기 교육정치학의 과제를 검토하고 있다. 제4절에서는 교육학계의 동향과 관련지어 이상의 논의를 종합·정리하고 있다.

2. '정책 패러다임'과 정책연구의 정치화

제1장에서 살펴본 것처럼 민권운동과 반전운동 등으로 점철된 1960년대 전후의 상황은 정치-행정 이원론의 허구성을 극명하게 확인시켜 주었다. 미국 시민들은 행정에서 정치적 요소를 배제하고 행정이 경제성, 효율성, 관료적 통제 등을 중시하는 전문가들의 전유물이라는 생각을 더는 받아들이지 않았다. 당면한 문제 상황이 행정가들의 '정치성'과 정책 결정 과정에 대한 전문가들의 독점 등에서 기인한 것으로 보았기 때문이다. 같은 맥락에서 학교통합정책, 국가방위법, 교사 파업, 학생운동 등 공교육의 정치화 현상이 대중들에게 교육(행정)과 정치의 떼려야 뗄 수 없는 관계를 각인시켰다.

행정가와 전문가들에 대한 불만과 불신이 극에 달한 상황에서 연구자들은 고민을 거듭하였다. 정치-행정 이원론은 지난 세기 초 사회 현안을 해결하고 행정학을 하나의 독자적인 연구 분야로 정립시키는 데에 기여한 이데올로기였다. 1950년대에 접어들어 행태주의가 이원론적 관점을 보다 세련된 형태로 강화하였지만,[132] 정치-행정 이원론이 허구적인

---

132. 정치-행정의 이원론이 제도적 이원론이라면, 논리실증주의에 기초하여 연구에서 가치와 사실을 엄격히 구분하려는 행태주의는 '신이원론'(안해균, 1989: 66) 또는 '논리적 이원론'(Waldo, 1955: 63)이라 할 수 있다. 1950년대에 들어 맹위를 떨치게 된 행태주의가 제도적 이원론을 대치·강화한 것이다. 행태주의에 기초한 '주류적인' 패러다임 내에서 정치-행정 이원론의 지배적인 경향은 이런 사정과 관련이 있다.

신념 체계였다는 사실을 고백하라는 요구를 더 이상 외면할 수 없게 되었다. 교육 부문에서 이런 요구에 대한 이론적 대응이 바로 교육정치학의 성립이었다. 정치-행정 일원론에 기초하여 독자적인 연구 분야로 정립된 교육정치학은 크게 다음의 네 단계를 거쳐 오늘에 이르고 있다.

제1단계(20세기 초엽~1960년대 중반): 교육정치학의 태동기
제2단계(1960년대 말~1970년대 말): 교육정치학의 성립기
제3단계(1980년대 초~1990년대 중반): '정책분석'으로의 전환기
제4단계(1990년대 중반~2020년대): 학문적 정체성에 대한 재조명기

역설적이지만 '교육행정학의 시대'라 할 수 있는 20세기 초에서 1960년대 중반까지 교육정치학이 독자적인 연구 분야로 자리 잡는 토대가 마련된다. 장장 60여 년의 교육정치학의 태동기[133]를 거치면서 정치-행정 이원론에 입각한 사회공학은 실패한 것으로 판명된다. 그 결과 1950년대와 60년대에 공교육과 교육행정에 대한 불만이 분출하게 된다. 정치-행정의 일원론으로 관점이 전환되는 여건이 조성된 것이다. 미첼 Mitchell, 1990: 156-158은 이런 변화를 "반정치적 합의anti-political consensus의 종식"으로 표현하면서 네 가지 사건에 주목하고 있다.

"국가적으로 중요한 네 가지 사건이 1950년대와 60년대에 걸쳐 교

---

133. 교육정치학의 태동기는 교육정치학이 독자적인 연구 분야로 정립되는 전사(前史)에 해당하는 시기다. 백완기(1986 참조)에 따르면, 행정학의 발달 계보에서 이른바 '기술주의', '인간주의', '원리주의', '행태주의'에 걸친 기간이다. 교육행정학이 독자적인 연구 분야로 정립·발달하는 과정에 행정학의 '기술주의', '인간주의', '원리주의', '행태주의' 모두가 커다란 영향을 미쳤다는 사실은 재론할 필요조차 없다.

육 정치school politics를 변화시켰으며, 이 네 가지 사건이 결합하여 **지난 반세기 동안 정책 결정을 지배해 온 도시개혁 운동, 진보주의 교육, 과학적 관리론의 반정치적 합의**anti-political consensus**를 종식시켰다.** 즉, (1) 원자탄 개발을 위한 '맨해튼 프로젝트'와 같이 정책에서 가치의 문제를 극명하게 부각시키고 교육목적의 전환을 불러일으킨 미국인들의 창의성yankee ingenuity, (2) 교육 형평성 논란을 불러일으킨 연방대법원의 흑백학교통합 판결, (3) 공교육의 효과성 논란의 계기가 된 스푸트닉 쇼크Sputnik shock, (4) 뉴욕주 교사 파업으로 대표되는 교원의 단체협상 문제 등이 어우러져 '**교육정치학의 발견**discovery of the politics of education'으로 이끌었다."

미첼이 말하는 "교육정치학의 발견"은 1969년 미국교육정치학회의 출범으로 마무리된다. 이를 계기로 교육정치학은 태동기를 지나 '교육정치학의 성립기'를 맞이한다. 이후 10여 년간 교육정치학은 정치과정political process 분석 위주의 연구에 치중하였으며, 다원주의pluralism·경험주의empiricism·행동과학behavioral science을 연구의 자양분으로 하고 있었다.Cibulka, 1995: 105 학문의 모체라 할 수 있는 정치학으로부터 물려받은 지적 유산, 즉 행태주의 패러다임behavioral paradigm 때문이었다.

이후 교육정치학은 '정책 패러다임policy paradigm'으로의 대전환을 이룬다. 1970년대 말에 시작된 이런 변화는 교육정치학 성립기의 '행태주의 패러다임'에 대한 내적 성찰의 결과였다.Cibulka, 1995 참조 바야흐로 "정책분석policy analysis"[134]에 연구 관심이 집중된 것이다. 과거 정치과정 분석에 치중하였다면, 정책분석에서는 정책의 내용 및 결과에 주목하게 된다. 한마디로 과정 지향적인process-oriented 교육정치학에서 결과 지향적인outcome-oriented 교육정치학으로 변화[135]로 그 특징은 다음 세 가지로 집약된다.[堀 和郎, 1988: 399-403]

"(1) 종전의 경험적·기술적 분석에서 한 걸음 더 나아가 정책 옹호 policy advocacy라고 불리는 정책비판, 대체정책의 제안, 정책정보의 제공 등 정책의 가치판단을 포함하는 **규범적·처방적 접근 중시**, (2) 정책 결정 과정만이 아니라 **정책의 내용과 그 결과에 대한 관심**, (3) 정책 과정을 다룰 때도 정책 형성이나 결정의 국면보다 **정책 추진이나 정책 평가의 국면, 즉 정책의 유효성에 주목**하는 경향"

인용문에는 '정책분석'으로의 전환기에 관찰되는 정책 내용과 실행 가능성, 정책선택과 수행의 파급효과 등에 대한 분석으로의 연구 관심의 변화[136]가 잘 정리되어 있다. 그런데 이런 변화는 1) 공교육 관련 당사자들의 정치적 활성화에 따른 정책과제의 분출, 2) 공교육 환경의 변화에

---

134. 정책연구가 교육정치학의 주된 관심사였다는 사실은 두말할 나위가 없다. 그러나 1970년대 말 정치학, 행정학, 교육정치학 등에서 또다시 "정책분석"의 필요성이 제기된 데는 나름의 문제의식의 변화가 있었기 때문이다. 이에 관해서는 연구자마다 조금씩 달리 설명하고 있다. 일례로 나겔(Nagel)은 정책연구(policy studies)를 정책연구 일반을 지칭하는 말로 사용하고, 정책분석(policy analysis)을 정책연구의 한 부분으로 주어진 목표, 제약, 조건 등에 비추어 최선의(또는 더 좋은) 정책에 이르기 위하여 대체정책을 평가하는 활동(작업), 즉 정책평가연구(policy evaluation research)와 동의어로 사용하고 있다. 다른 한편, 로즈(Rhodes)는 정책연구(policy studies)를 경험적인 정책연구의 의미로 그리고 정책분석(policy analysis)을 규범적인 정책연구의 의미로 사용하고 있다.(堀 和郎, 1993: 396)

135. 결과 지향적 교육정치학에서는 교육정책의 내용과 결과 및 정책입안자들에게 유용한 "행동의 영역(domains of action)"에 주목하여 정책대안을 밝히는 데 초점을 맞추고 있다. 여기서는 특히 다른 정책을 채택할 경우와 비교하여 특정 정책의 비용과 편익을 분석함으로써 다양한 통치행위(governmental actions)의 실제적인 영향력에 대한 분석을 강조하는 경향이 있다고 한다.(Mitchell, 1988: 456)

136. 연구자들의 이런 관심의 변화는 미국교육정치학회(PEA)의 연보(Yearbook, 1988, 89, 90, 91 등)뿐만 아니라 미국교육학회(AERA)에서 계간으로 간행하는 저널 『Educational Evaluation and Policy Analysis(1983-1992)』에도 그대로 반영되어 있음을 알 수 있다.

따른 교육(행정)에 대한 근본적인 재검토 요구, 3) 앞의 두 요인을 배경으로 교육정치학의 사회적 유용성에 대한 이론적 성찰의 필요 등에 대한 대응적 성격이 짙다.

먼저 공교육의 구성원들 - 학부모, 주민, 학생, 교사, 납세자, 이익집단, 압력집단 등 - 이 정치적으로 활성화됨으로써 수많은 정책과제가 제기된다. 그런데 이는 교육제도나 교육조직 등에 대한 기술적인 조정만으로는 대응하기 어려운 속성을 지니고 있었다. 따라서 이른바 '정책적 대응' 내지 교육행정 당국의 정책선택을 아주 중요한 요소로 만들었다. 자연 이런 필요성에 대한 적절한 이론적 대응이 절실하게 된 것이다.^{Mitchell, 1982:} 730-737 참조

다음으로 1970년대 후반부터 80년대에는 (1) 출산율 저하에 따른 학생 수의 급격한 감소, (2) 저성장경제로 인한 교육재정 기반의 취약화, (3) 학력 저하와 학교 질서 파괴에 따른 공교육에 대한 국민의 신뢰감 상실, (4) 교육위원회, 교육감, 교사 간 대립의 격화로 인한 교육행정 당국의 권위 실추(갈등 없는 전문직 상의 붕괴) 등이 초래되었다. 이런 상황에서 공교육의 정책적 함의를 분석하고, 정책 대안을 검토하는 정책연구의 중요성이 부각될 수밖에 없었다.^{Boyd, 1983: 2}

마지막으로 이런 문제 상황에서 교육정치학의 "사회적 유용성"에 대한 성찰이 요구되었다. 교육정치학의 이론적 배경이 되었던 행태론적 정치학의 입장에서는 여전히 가치판단의 배제를 주장하며, 정책연구는 어디까지나 '처방전'보다 설명을 중시해야 한다는 입장을 고수하였다. 그렇지만 연구의 관심은 이미 [그림 8-1]과 같이 변화되었다.

이처럼 정책분석은 (1) 교육정치학의 실천성 회복, (2) 교육정치학 본연의 정책 지향policy orientation을 연구의 중심에 놓아야 한다는 자각의

1960~70년대의 교육정치학 (정치과정 분석)	1970년대 말 이후의 교육정치학 (정책분석)
공교육을 누가 지배하는가? (정책기구, 정책과정 연구)	교육정책이 공교육에 어떠한 차이를 초래하는가? (정책선택, 개선, 정책 대안 제시 등에 기여하는 연구)

[그림 8-1] 교육정치학의 연구관심의 변화

산물이다. 이에 연구 방법의 측면에서는 규범적·처방적 접근을 중시하는 경향을 보인다. 이런 변화에 대해 호리는 "교육정치학의 정책연구로의 '전선의 확대', 나아가 교육정책 분석으로의 교육정치학의 재구성"堀 和郎, 1993: 406이라고 묘사한 바 있다. 기존의 정책분석[137]으로 복귀하는 것이 아니라 정책분석을 중심으로 교육정치학의 사회적 유용성(학문적 책임)을 높이려는 변화로 이해할 수 있다.

이와 같은 '정책 패러다임'으로의 전환은 1982년 전미교육학회NSSE가 연보年譜[138]에서 그 변화를 즉각적으로 소개하는 알 수 있듯이 교육학계의 커다란 반향을 불러일으켰다. 이후 교육정치학은 양적인 면에서나 질적인 면에서 비약적인 발전을 이룩하게 된다. 〈표 8-1〉은 ERIC 데이터베이스를 통해 확인한 결과인데[139], 1980년대에 급격히 성장하여 1990년대에 이르게 되면 교육정치학의 연구 건수가 교육행정의 그것에 근접하고

---

137. 보이드(Boyd, 1988: 506-508 참조)는 기존의 정책분석 모델을 경제학 모델, 즉 '기술관료적 정책분석(technocratic policy analysis)'이라고 성격 규정하면서 그 한계를 지적하고 있다.
138. 전미교육학회(The National Society for the Study of Education, NSSE)는 1901년 듀이(John Dewey), 버틀러(Nicholas Murray Butler), 저드(Charles Hubbard Judd) 등과 같은 미국의 저명한 교육학자들의 소모임으로 창립되었다. 이 학회는 해마다 두 권씩 연보를 발간해 왔는데, 교육정치학에 대해서 두 차례에 걸쳐 다룬 바 있다. 한 번은 1977년에 출간된 『The politics of education』으로 교육정치학이 하나의 독자적인 연구 분야임을 확인하는 것이었다. 다른 하나는 1982년에 출간된 『Policy making in education』으로 정책 패러다임으로의 교육정치학 연구 관심의 변화를 반영한 것이었다. NSSE(1999)의 서신 참조.

기간	교육정치학	교육행정학	비고
1966-1969	27	698	1:25.9
1970-1979	413	5,714	1:13.8
1980-1989	1,514	4,406	1:2.9
1990-1999	3,225	3,402	1:1.1

*비고란은 교육정치학과 교육행정학의 연구 건수를 비교한 수치임

있음을 알 수 있다.

다른 한편, 새로운 세기를 목전에 두고 있던 1990년대는 교육정치학
사에서 또 하나의 의미 있는 연대로 기록될 만하다. 미국교육정치학회
가 출범한 지 4반세기가 되는 해가 바로 1994년이며, 이를 기념하기 위
해 그간의 연구 성과에 대한 전면적인 재검토 작업이 이루어졌기 때문
이다. 그간의 성과를 바탕으로 새로운 세기에 대비하려는 취지에서였다.
그 결과가 1995년 『The study of educational politics』라는 제목의 연
보로 출간되었는데[140], 여기에는 총 12편의 논문이 수록되었다. 그 가운
데 '정책 패러다임'으로의 전환 이후의 연구 현황에 대한 시불카[Cibulka,
1995: 117]의 비판적 검토는 시사하는 바가 크다.

---

139. ERIC 데이터베이스에는 1966년 이후의 연구자료부터 탑재되어 있다. 교육정치학과 교
육행정학의 연구 현황을 알아보기 위해 각각 "the politics of education"과 "educational
administration"으로 키워드로 삼고, 1966~1969년을 한 단위로 나머지는 10년 단위로 기
간을 제한하여 1999년까지의 연구 결과를 검색하였다. 하지만 이러한 검색 결과가 연구 현
황 전부를 설명해 주는 것은 물론 아니다. 다만, 논의를 위한 참고자료로의 의미만을 갖는
다는 점을 밝혀두고자 한다.
140. 이 해에 또 하나의 주목할 만한 일로 미국교육정치학회 주도하에 미국교육학회(AERA)
산하 제 L분과(Educational Policy and Poltics)가 신설된 것을 들 수 있다. 미국교육정치
학회(PEA)는 종전대로 AERA 산하 특수연구분과(Special Interest Group, SIG)로 남아
활동하면서 '교육정책 및 정치학' 분과를 신설한 것이다. 그만큼 교육정치학의 학문적 유용
성과 지위를 인정받은 결과라 할 수 있다.

"지난 10여 년간 **교육정치학에서 연구의 대부분이 '교육개혁'과 개혁의 필요성을 논구하기 위한 '정책설계**policy design'**문제에 집중**되었다. 이러한 현상이 교육정치학 연구에 해결해야 할 중대한 과제를 제기하게 되었다. 요컨대, **정책연구**policy research**와 정책 주장**policy argument **간의 구분을 모호**하게 만들었으며, **그 결과 정책연구가 대중을 계몽하고 정책 엘리트가 선호하는 가치를 정당화하는 도구로 전락**하였다."

1980년대 이래 연구자들이 '정책설계'[141]에 몰두하면서 교육정치학이 중대한 문제 상황에 봉착하게 되었다는 지적이다. '정책 패러다임'에 기초한 연구가 '정책 정당화'로 전락하는 한편, 정치적으로 편향된 연구가 여론에 영향을 미치는 상황이 초래된 것이다. 정책분석의 정치화 현상을 지적하고 있는 것이라 할 수 있다. 다시 시불카[Cibulka, 1995: 120]의 말에 귀 기울여 보기로 하자.

"교육정책 및 정치학 연구는 하이픈으로 연결되거나 마치 동전의 다른 한 면인 것처럼 인식되고 있다. 그러나 **정책연구에서 '계몽** enlightenment'**으로 여겨지는 것 대부분은 교육정치학 연구와 관련이 없다**. … 현재 **많은 교육정치학 연구자들이 정책 패러다임으로 전환하였기 때문에 이러한 혼란이 초래되고 있다**. 정책연구와 정치과정에 대한 보다 폭넓은 연구 간의 명확한 구분이 모호해졌기 때문이다. … 교육정치학 연구자가 정책연구로 관심을 전환하더라도 **교육행정학이나**

---

141. 시불카(Cibulka, 1995: 117)는 "정책설계의 주된 관심이 정책 문제에 어울리는 적절한 정책도구를 개발하는 방법"에 있다고 한다. 정책의 도구적 측면에 대한 이와 같은 관심으로 인해 "특정 개혁이 그것을 떠받치고 있는 정치과정을 어떻게 반영하고 있는가(정치과정 분석 - 필자 주)"에 대한 분석을 소홀히 하는 경향을 보여왔다는 것이다.

여타의 하위 학문과는 구별되는 특수한 지식기반(정치학 - 필자 주)
을 가진 학자로서 자신의 정체성을 약화시켜서는 안 된다. 이런 점을
명심해야 한다."

우리 연구자들 사이에서도 '정책연구'가 교육부나 지방 정부 등이 발
주하는 용역을 처리해 주는 기능적 활동[142]으로 인식되고 있다. 이런 현
실에 비추어 시불카의 지적은 통렬한 데가 있다. 듣기에 거북할 수도 있
지만, 이 같은 정책연구에도 '고정출연진'이 존재한다. 다 그럴 능력이 있
어서라고 둘러댄다. 그러나 캐스팅의 주체인 정부 당국자와 연구자들이
은밀한 네트워크를 형성하여 자원 배분을 독점하고 있다. 이 책 제10장
에서는 이런 관행이 정책중점연구소로 조직화되어 정책연구가 이전보다
더 관제화·보수화되었다는 점을 밝히고 있다.

'정책 패러다임'으로의 전환은 '행태주의 패러다임'의 제약을 넘어 규
범적 논의의 중요성을 일깨웠다. 그럼으로써 정책연구의 사회적 유용성
을 제고시키자는 것이었다. 현실에서 유리된 연구자들의 지적 유희로는
당면한 상황을 타개할 수 없다는 문제의식의 발로였다. 그러나 '정책 패
러다임'으로의 전환 이후 교육정치학은 또다시 새로운 도전에 직면하게
되었다. 그 원인에 대해서는 여러 각도에서 분석할 수 있지만, '정책 패
러다임'에서 중시되는 규범적·처방적 접근에 주목하지 않을 수 없다. 이

---

142. 이와 관련하여 "정책분석(policy analysis)과 정책 주장 간의 구분"이 중요하다는 다이
(Dye, 2011: 5-6)의 논지를 음미해 볼 필요가 있다. "다양한 **정책의 원인과 결과를 설명하
는 일과 정부가 추구해야 할 정책을 처방하는 일은 다르다**. … 정책 주장은 정치적 수사, 설
득, 조직, 활동(activism) 등의 기술이 필요하다. 이와는 달리 **정책분석은 학자나 학생들이
체계적인 탐구의 도구를 가지고 주요 정책을 파헤치는 일**이다. 정책분석에서는 공공정책
및 그 결과를 형성하는 힘에 관한 과학적 지식을 발전시키는 것 자체가 사회적으로 의미
있는 활동이며, 그런 점에서 **정책분석은 처방, 지지, 활동의 전제조건**이라는 무언의 가정이
존재한다."

로 인해 정책연구가 특정 이데올로기에 입각한 '정책 정당화' 내지 '정책 설계'와 혼동되는 양상이 초래된 것이다.

규범적·처방적 접근이 강조될 경우 정책연구가 정치화될 가능성은 커질 수밖에 없다. 그러나 이것은 '정책 패러다임'의 한계인 동시에 특장特長이라고도 할 수 있다. '양날의 검'인 셈이다. 정책 결정 과정에서 경합하는 다양한 가치들과 선택된 가치에 대한 분석을 가능케 해주며, 일련의 과정을 거쳐 교육적 가치에 기초한 정책을 선택할 수 있게 해주기 때문이다. 정작 문제가 되는 것은 정책연구가 정책 당국이 정해준 '규범' 또는 이데올로기에 대한 무비판적인 수용을 전제로 이루어지는 경우다. 이 책 제6장에서 살펴본 것처럼 '문민정부' 이래 시장주의 교육개혁이 본격화되면서 이런 현상이 한층 두드러졌다.

3. 새로운 세기의 도전과 교육정치학의 과제

사실 그 누구도 새로운 세기의 변화를 정확히 예견할 수는 없다. 미래에 대한 낙관적인 전망과는 달리 생태계의 파괴, 핵 통제 불능 상태, 계급 및 인종 갈등, 국가 간의 경쟁과 대립의 심화 등 인류에게 커다란 재앙이 닥쳐 미래에 대한 논의 자체가 부질없는 것이 될 수도 있다. 교육의 미래에 대한 논의 역시 이와 같은 거대 담론을 바탕으로 이루어져야 한다는 점은 두말할 필요가 없다. 다만, 교육정치학의 과제와 관련하여 새로운 세기를 전망하는 작업은 좀 더 구체적일 필요가 있다.

그런 점에서 20세기 말 각국에서 경쟁적으로 추진해 온 공교육개혁에 주목하고자 한다. 교육정치학 연구자들이 씨름하고 있는 작금의 공교육이 세기말 교육개혁의 연장선상에 있기 때문이다. 개혁론자들은 그 진보적인 역할과 성과를 무시하고, 공교육체제의 비효율을 구실로 공교육 전반의 근본적인 변화를 꾀해 왔다. 공교육의 원리(또는 정신)와 공교육체제를 구분하지 않을뿐더러 운영 시스템의 개선을 곧 교육개혁과 동일시하였다. 시장이냐 아니면 국가냐 하는 '공허한 논쟁'을 부추겨 공교육을 시장 메커니즘으로 대체하려 한 것이다.

지난 세기말 본격화된 시장주의 교육개혁의 목적이 "공부담 공교육비의 절감"에 있었다는 사실은 제6장에서 살펴본 대로다. 당파성이 강한 정책을 추진하는 과정에서 교육행정의 집권화와 권위주의가 오히려 심화되었다.^{김용일, 1999b 참조} 이럴진대 건강한 세계관과 지식을 갖춘 인재 양성은 처음부터 기대할 수 없는 일이었다. 교육개혁이 실패를 예정하고 있었다는 뜻이다. 교육정치학 연구자들은 이 점에 주목해야 한다. 21세기 관련 거대 담론과 함께 개혁의 실패 원인을 규명하고 대안을 창출하기 위해 새로운 접근방법·방법론·이론을 천착해야 한다. 이와 관련하여 다음과 같은 지적을 음미해 볼 필요가 있다.

> "(교육정치학에는 - 필자 주) **교육개혁을 하나의 사회·정치적 실천으로 분석하는 정치사회학적 관점이 결여**되었다. 특히, 정치사회학에서 발전된 개념인 사회적 규제social regulation, 사회 존재론social epistemology에 대한 천착을 통해 **교육개혁이 일종의 사회적 규제의 일환**이며, **학교교육이 권력관계의 일부**라는 점을 인식해야 한다."^{Scribner, Reyes, and Fusarelli, 1995: 208}

인용문을 보면, 앞에서 시불카가 "정책설계는 교육정치학과 관련이 없다"라고 한 말의 의미가 잘 드러난다. 그간 (교육)행정학에서 강조해 온 '기술적 합리성'에 대한 지나친 의존 또한 교육정책 분석에 걸림돌로 작용할 공산이 크다. 교육개혁의 정치과정에 대한 분석과 사회를 규제하는 권력 구조에 이론적 논구 없이는 한 발짝도 더 나아갈 수 없다. 일례로 한 국가 수준의 공교육개혁에 대한 분석에서 계급 또는 계층의 문제는 어떻게 이해되어야 하는가?

이런 문제의식은 교육정치학 연구자들에게 아주 긴요하며, 실패가 확인되고 있는 교육개혁의 대안 창출을 위해 꼭 짚고 넘어가야 할 사항이다. 특별히 많은 사람이 개혁을 '주어진 것'으로 간주하고 전문성과 기술적 합리성에 과잉 의존하면서 정책설계에 몰두해 오지 않았는가? 우리 교육학계가 정책 정당화에 앞장서 온 사람들로 넘쳐나는 상황이지 않은가? 다시 한번 강조하지만, 이런 일에 '선택' 또는 '부름'을 받는 것과 정책연구는 아무런 관련이 없다.

한때 많은 이들이 '정보화·세계화'라는 새로운 세기의 변화를 내세워 교육개혁의 필요성을 역설해 왔다. 그러다가 돌연 '지식기반사회'라는 표현으로 유행어가 바뀐 듯한 모습을 보여주었다. 이러한 미묘한 차이가 함축하고 있는 실천적 의미에 대한 분석 역시 교육정치학 연구자들의 몫이라 할 수 있다. 교육은 사회를 바람직한 방향으로 변화시키는 기능을 수행하기도 하지만, 문화적 전통을 계승·발전시키고 환경변화에 적합한 인재 양성의 과제를 부여받고 있다. 그런 점에서 '지식기반사회'에 대비한 교육개혁의 정당성은 부정하기는 어렵다.

그러나 우리가 주목해야 할 점은 '세계화globalization'라는 개념이 '정보화'라는 개념과 쌍둥이처럼 붙어 다녔다는 사실이다. 세계화란 전 지구적 차원의 단일 시장 형성을 의미하는 경제학의 개념이다. 새로운 세기에 당면하게 될 세계 경제의 성격을 '세계화'라고 전망하고, 그 대비책으로 시장 메커니즘에 따른 공공 부문의 구조조정 전략을 내놓은 것이다. 5·31 교육개혁안을 자세히 살펴보면, 그 핵심이라 할 수 있는 '교육경쟁력 강화 → 국가경쟁력 강화' 테제가 다름 아닌 '세계화'라는 개념에서 도출되었음을 알 수 있다.

그런데 이 용어가 '지식기반사회'라는 개념의 등장과 함께 갑자기 용도 폐기된 느낌을 준 바 있다. 개혁론자들의 미래에 대한 구상에 심대한 결함이 있는 것이 아니라면, 혹시 개혁의 본질을 은폐하기 위한 고도의 책략은 아니었을까? 새로운 세기에 들어와서도 신자유주의 정책 기조가 여전하며, 그 결과 국가 간 계층 간의 불평등이 더해졌다는 평가가 지배적이다. 전 지구적 차원에서 강요되어 온 이런 변화의 본질을 생각할 때, 21세기의 미래를 낙관적으로 전망할 수 있을 것인가? 특별히 경쟁력 강화 테제가 특정 국가의 교육에 끼친 영향은 무엇이고, 그에 따른 변화는 바람직하고도 정당한 것인가?

지난 세기말 본격화된 공교육개혁의 결과가 금세기에 우리가 당면한 하나의 도전이며, 그 전모에 대한 분석과 대안 창출이 교육정치학 연구자들의 과제라는 점을 새삼 깨닫게 된다. 이런 과제를 해결하기 위해서는 개혁의 이념 자체에 대한 천착은 물론[143], 교육개혁에서 국가의 역할[144], 교육행정의 권위주의화 현상, 공교육의 원리 등 수다한 사안에 대한 심도 있는 고찰이 필요하다. 이와 관련하여 웡[Wong, 1995: 29] 역시 같은 견해를 피력한 바 있다.

"공교육개혁은 여전히 우리들(교육정치학 연구자들 - 필자 주)의 연구관심사로 남아야 한다. 교육개혁이 어떠한 가치에 기초하고 있는지를 밝히고, 개혁 상황의 변화에 따라 분권화라든지 권한 이양 empowerment 등과 같은 종전의 개념도 변화되어야 한다. **다층적인 조직에서의 교육서비스 공급 체제 또한 이해할 필요가 있다.** 학교가 운영되는 방식, 자원이 학교조직의 서로 다른 수준에서 사용되는 방식 등에 대한 거시적(정부 간의 정책 결정 수준)이고 미시적(교실 수준) 차원을 연계시켜 분석하는 작업이 요청된다."

그런데 이런 과제는 어쩔 수 없이 교육정치학의 학문적 정체성에 대한 논의 내지 고민과 맞닿아 있다. 다른 무엇보다 다양한 학문적 자원이 동원되어야 할 필요성 때문이다. 윙이 "교육정치학 연구가 단일한 학문적 토대(정치학을 의미함 - 필자 주)에서 벗어나 다학문적 접근 multidisciplinary approach으로 변화해 왔고, 이러한 경향은 미래에도 가속화될 것"이라고 한 것은 바로 이런 의미에서이다. 그의 말을 직접 들어보기로 하자.

"경제학으로부터 인간자본투자human capital investment, 인센티브, 합

---

143. 슈타우트 등(Stout et al., 1995)은 교육정치학 연구에서 교육정책을 떠받치고 있는 '가치 내용 분석(value content analysis)'이 매우 중요하다는 점을 강조하고 있다. 가치란 '정치 이데올로기(political ideology)' 또는 '환상(illusion)'으로서 정치와 상호작용하고 있으며, 정책이란 다름 아닌 정치적 의사결정의 결과이다. 그러므로 정치적 의사결정의 (1) 구조, (2) 행위자(actors), (3) 과정, (4) 결과에 더하여 (5) 서로 다른 가치들이 정치과정과 결과에 미치는 영향을 분석하는 것이 중요하다는 얘기다. 교육의 질(quality), 효율성(efficiency), 평등(equity), 선택(choice) 등과 같이 서로 경합하는 주요한 가치들 사이에 숨어 있는 긴장은 다원주의적 민주주의 사회에서는 완전히 해결될 수 없는 문제다. 이는 정치적으로 해결될 수 있을 따름인데, 교육정치학은 궁극적으로 시민의 서로 경합하는 가치, 태도, 이데올로기의 관점에서뿐만 아니라 물질적인 측면에서 분배의 문제(distributive questions)를 해결하는 과제를 지니고 있다는 것이다.

144. 1980년대 이후 세계 주요국에서 추진되어 온 교육개혁이 교육정치학의 주요 탐구 대상이며, 특히 교육개혁에서 '국가의 역할'에 대한 규명이 중요하다는 점은 이미 필자의 다른 글에서 논구한 바 있다.(김용일, 1997 참조)

리적 기대 등과 같은 개념을, 사회학으로부터 관료제의 속성과 기능, 학교조직, 학습자의 생산과정, 사회적 자본, 도시축소urban undercut 등의 개념을, 그리고 역사학적 관점에서 연구 결과를 역사적 맥락에 위치시켜contextualizing 해석하는 방법을, 나아가 정치학으로부터 통치구조, 정치과정, 이익집단, 권력의 배분 등의 개념을 가져다 쓸 수 있다."[Wong, 1995: 31-32]

역사적 접근의 중요성[145]을 언급하고 있는 대목은, 스크리브너 등[Scribner et al., 1995: 210]이 심리학의 연구 성과를 토대로 '정치 지도력political leadership'이라는 개념에 대한 천착의 필요성을 강조하고 있는 것만큼이나 이채롭다. 모두 교육정치학의 학문적 정체성을 확립하는 데 있어서 학제 간 접근 또는 방법론적 다양화의 필요성을 지적하는 것이다. 다음과 같은 주장도 같은 의미로 이해된다.

"논리실증주의 및 논리경험주의logical empiricism라는 방법론적 단일성에서 벗어나 연구 활동 자체의 역사적 발전 과정에 대한 분석을 통해 교육정치학의 학문적 정체성을 찾아야 한다. 이것은 결국 **교육정치학이 다양한 관점과 방법론에 개방적이어야 한다는 뜻**으로 학교 안에서 개인들의 정치적 행동을 규정하게 될 '**맥락적 개념**contextual notions'[146]**에 대한 탐구의 필요성**을 의미한다."[Scribner, Reyes, and Fusarelli, 1995: 209]

---

145. 역사적 접근의 중요성에 대해서는 일찍이 전미교육학회의 연보에 게재된 논문(「A usable past: using history in educational policy」)에서 다룬 바 있다.(Hansot and Tyack, 1982)

논자마다 조금씩 다른 해법을 제시하고 있지만, 새로운 세기에 교육정치학이 학문적 정체성을 더욱 견실하게 유지하고 발전시켜야 할 과제를 안고 있다는 점만큼은 분명해졌다. 그것이 곧 '정책 패러다임'의 한계를 극복하는 길이기도 하다. 독자적인 연구 분야로 정립된 지 4반세기가 지난 1990년대 중반 이후 교육정치학 연구자들이 또다시 자신의 학문적 정체성에 대해 진지하게 고민하고 있음을 엿볼 수 있다.

사회과학 전반의 발달 추세에 비추어 교육정치학이 다학문적 성격을 지니고 있다는 사실 자체가 정체성을 위협하는 것이 아니다. 교육정치학은 정치학을 학문의 모체mother discipline로 하면서 신행정학의 정치-행정의 일원론적 관점을 수용하는 한편, 사회학·역사학·심리학·경제학·문화인류학 등 다양한 학문에서 이론적 자양분을 공급받아 성장해 왔다. 이것은 교육학뿐만 아니라 모든 학문의 발달 과정에서 공통으로 발견되는 현상이다. 그렇다면 교육정치학의 정체성에 대한 고민은 어디에서 연유하는 걸까?

1970년대 말 정책연구로 연구 관심이 전환된 이후 1980년대를 거쳐 현재에도 겪고 있는 문제 상황 때문이다. 시불카의 표현을 빌자면, 정책연구의 정치화 현상이 정체성에 대한 위기의식을 심화시킨 것이다. 정책연구가 얼마간 교육정책을 정당화하는 속성을 떨쳐내기 어렵지만, 정책주장이나 정책 옹호와의 구분이 모호해지고 말았다. 특별히 신자유주의

---

146. 맥락이론(contextual theory)은 개인의 정치적 행동에 영향을 미치는 구성적 요인(compositional factors), 구조적 요인(structural factors), 총체적 요인(global factors) 등을 명확히 구분하고 있다. 예컨대, 구성적 요인에는 특정 지역사회의 빈곤 정도와 그것이 학교장 또는 교육위원들의 정치적 행동과 맺고 있는 관계가 포함될 수 있다. 다른 한편, 구조적 요인에는 특정 지역사회의 빈부격차 또는 구조적 특성의 정도가 포함될 수 있다. 끝으로 총체적 요인은 맥락 그 자체로 귀속시킬 수 있는 특성으로 대중매체의 자극이 그 좋은 예다.(Scribner et al., 1995: 209)

교육개혁의 파고 속에서 정책연구가 교육정치학의 문제의식과 기본관점을 제대로 지켜내지 못하였기 때문이다.

정책연구의 정치화 현상이 교육정치학의 학문적 정체성을 위협해 왔다는 점에서 이를 극복하기 위한 노력은 앞으로도 계속되어야 할 것이다. 그러나 이런 한계에도 불구하고 교육정치학은 그간 공교육에 주목하여 많은 연구 성과를 거둔 게 사실이다. 정치학자나 행정학자들이 무관심했던 공교육에 관한 연구를 메워주는 역할을 했을 뿐만 아니라 정치학의 이론 형성[147]에도 기여해 왔다. 이런 성과를 바탕으로 교육행정의 민주화, 나아가 교육의 민주화라는 규범적 가치의 토대 위에서 공교육(행정)에 대한 보다 심도 있는 연구가 이루어져야 할 것이다.

4. 교육(행정)의 민주주의 실현

1994년에 한국교육정치학회가 창립되었다. 미국교육정치학회가 1969년에 출범하였으니 꼭 4반세기만의 일이다. 우리의 교육행정학이 8·15 이후 줄곧 미국의 영향을 즉각적으로 받아 왔다는 점을 생각할 때 실로 믿기 어려울 정도이다. 이렇게 시간적 지체를 보인 이유는 무엇일까? 직접적인 대답 대신 한국교육정치학회의 초대 회장인 안기성[1994.4.20] 선생님의 창립에 즈음한 글을 살펴보기로 하자.

---

147. 웡(wong, 1995: 23-26)은 그러한 예로 (1) 연방주의(federalism)에 대한 재조명, (2) 엘리트주의와 대중주의 논쟁의 극복을 들고 있다. 특히, 후자와 관련하여서는 ① 권력의 자율적인 센터, ② 인종 관계 관리, ③ 민주주의와 교육에 대한 발상의 전환 등에 관한 연구를 통해서 교육정치학이 정치학의 발전에 기여해 왔다고 한다.

"우리는 오랫동안 '교육과 정치의 분리'라는 허구적인 미신迷信에 시달려 왔습니다. 교육과 정치가 밀접히 관련되어 톱니바퀴처럼 함께 굴러가는 엄연한 사실에도 불구하고 양자는 무관하다는 미신에 밀려 그 관계를 일방적으로 부정하는 일을 일관해 온 과거가 있었습니다. 그러므로 우리는 그 무모한 허구의 미신과 엄연한 사실 사이에 서서 이중인격자가 되어 이도 저도 못 하고 방황하거나 고심하여야 했던 것입니다. 우리는 현실적으로 일상의 생활에서 '가치의 권위적 배분'이라는 정치작용을 통하여 운영되는 교육에 늘 자족·순응해 오면서도 겉으로는 마치 이들 양자가 무관해야 한다고 해 왔습니다. 이는 참으로 허망한 일이었습니다. … 그런 점에서 교육정치학은 그 그릇된 미신에 대한 하나의 도전으로 매우 용기 있는 일이기도 합니다."

교육정치학회의 출범이 늦은 이유를 '비정치의 신화'가 우리 교육(학)계를 강하게 지배해 온 데서 찾고 있다. 실재하는 탐구 대상으로서 교육(행정)과 정치의 관계에 대해 외면해 온 것이다. 미국 교육학계의 동향을 누구보다도 잘 알고 있다고 자처해 온 사람들이 침묵으로 일관해 온 것 자체가 매우 '정치적'이라는 느낌이 든다. 제2장에서 살펴본 것처럼 '비정치의 신화'는 교육(행정)에 대한 정부와 전문가의 독점을 초래했다. 그런 점에서 교육학계의 '주류'가 누려온 정책 당국과의 밀월관계를 포기할 수 없었기 때문이라고 해석할 여지가 충분하다.

이와 관련하여 학문 후속세대의 재생산을 특정 국가에 의존해 온 점 또한 크게 반성하지 않으면 안 된다. 학문 후속세대를 재생산하는 독자적인 메커니즘이 부재하거나 취약할 경우 학문의 종속은 필연적이다. 아울러 학문의 관제화官制化 현상도 뒤따르는데, 그 결과 비민주적 또는 반민주적 사회질서에 도움을 주는 '이론'과 연구자들을 양산할 공산이 크다. 사정이 이럴진대, 특별히 미국에서 학위를 받아 온 사람들이 스스로 정치-행정 일원론에 기초한 교육정치학을 드러내기 마땅치 않았을 것이라는 점 또한 어렵지 않게 짐작할 수 있다.

1970년대 이후 교육행정학 연구자들이 탈실증주의적 접근방법에 관심을 보여 얼마간의 변화에 대한 기대를 품게 했다. 그러나 여전히 행태주의라는 '진지' 안에 자신들을 가둬두고 있는 형국이다. 이런 사실의 확인은 판版을 거듭하면서 교육행정학의 교재로 사용되고 있는 호이와 미스켈의 저작[Hoy and Miskel, 1996]의 목차를 살펴보는 것만으로도 충분하다. 제3장에서 살펴본 대로 이런 류의 책이 강단에서 교재로 채택된다. 그런 점에서 정치-행정 이원론과 '비정치의 신화'를 극복하는 일이 얼마나 어려운지를 새삼 깨닫게 된다.

교육정치학은 "정치학의 학문적 자원을 동원하여 교육(행정) 현상을 탐구하는 새로운 연구 분야"[Boyd, 1983: 1]로 출발했다. 이후 교육정치학은 나름의 독자적인 학문적 기반을 확장해 왔다. 한 예로 교육정치학 연구자들 대부분이 공교육체제를 경영학이나 경제학적 관점에서 접근하려는 데 대해 비판적이다. 공교육의 관리는 시장의 원리가 아니라 민주주의 원리, 즉 가치 배분의 형평성을 달성하려는 공적 노력의 일환으로 파악되어야 한다는 것이다. 이런 기본인식 때문에 1980년대에 정치학이 경제학의 '합리 선택 모델'rational choice model을 적극적으로 수용하는 상황에서도 교육정치학 연구자 다수는 그런 변화를 거부하였다.

다음 장에서 자세히 살펴보고 있는 것처럼 "모학문인 정치학으로부터의 일탈"[Wong, 1995: 22]이 감행된 것이다. 요컨대, 공교육의 원리 등에 대한 천착에서 교육정치학 고유의 이론을 정립할 가능성을 보게 된다. 공교육이 경제적 효율성이나 산업관리론의 관점으로 재단되어서는 안 된다는 것은 사실관계에 기초한 것이면서 규범적 성격을 내포하고 있다. 이는 왈도가 "행정학이 궁극적으로 추구하는 것은 민주주의"라고 한 것이나 프레데릭슨이 "가치 중립적인 행정은 존재할 수 없으며, 신행정학이 추구하는 것은 바로 사회 형평"이라고 천명한 것과 그 맥을 같이한다.

교육정치학 연구자들이 '교육행정' 대신 '교육경영'이라는 용어의 사용을 달가워하지 않는 것도 바로 이런 이유에서다. 1990년대 중반부터 경제 이데올로기인 신자유주의가 정책 기조로 자리 잡으면서 계층 간의 불평등이 더욱 심해졌다. 이런 점 때문에라도 교육정치학은 교육행정에서의 민주주의, 나아가 교육의 민주화라는 가치가 현실에 구현될 수 있는 조건에 대한 탐색을 게을리하지 말아야 한다. 민주적인 교육 거버넌스 없이 교육의 공공성 실현을 바라는 것은 공허하다. 교육 내용의 건강성 확보 역시 민주적인 교육행정의 토대 위에서 가능한 일이다.

제9장
한국교육정치학회 10년의 발자취와 앞날

이 장에서는 한국교육정치학회 출범의 의미를 재조명하는 한편, 학회 출범 10년의 여정을 바탕으로 교육정치학의 앞날에 대해 생각해 보고 있다. 1994년 학회의 출범은 교육정치학이 학문적 시민권을 획득하였다는 징표다. 이후 10년간 학술대회와 학회지 발간 등 다양한 활동을 통해 교육정치학의 학문적 유용성을 널리 확인시키는 성과를 거두었다. 그러나 교육정치학 연구를 본업으로 하는 인적 풀의 한계를 절감하는 시간이기도 했다.

1. 교육학의 대미 의존성

1994년 4월 2일 출범한 한국교육정치학회는 그 출발부터가 남달랐다. 다른 무엇보다 학회 창립에 '토착 연구자들'이 주도적인 역할을 했다는 점에서 그렇다. 국내에서 공부해 온 일군의 사람들이 연구모임을 결성하고[148], 공동 학습과 편역서 출간 등의 성과를 바탕으로 한국교육정치학회를 출범시킨 것이다. 대미 의존적인 우리 교육학계에서 어떻게 이런 일이 가능했을까? 이 물음에 답하기 위해서는 1980년대 말 교육학(계)이 처했던 상황으로 잠시 되돌아갈 필요가 있다.

잘 알고 있는 것처럼 8·15 이후 우리 교육학은 미국의 압도적인 영향력 아래 있었다. 미군정을 거치면서 형성된 교육학(계)의 지배 세력의

---

148. 「교육정치학연구회」라는 명칭의 연구모임으로 교육정치학 관련 논문 편집본(*The Politics of Education*)을 제작하여 함께 공부하는 등의 활동을 펼쳤다. 『교육정치학론』(학지사, 1994)이란 제목의 편역서는 이 연구모임의 활동 결과물 가운데 하나다.

힘 때문이었다.^{김용일, 1995c 참조} 이들의 자기 복제 또는 재생산 능력은 실로 엄청난 것이어서 교육학의 형식과 내용을 전일적으로 지배할 정도다. 그들은 미국 유학 여부를 기준으로 대학에 교수요원을 배분하는 한편, 여러 분과학회에서 주도권을 행사했다. 게다가 미국에서 수입해 온 개념과 이론 일변도로 우리 교육학을 구축해 왔다.^{김용일, 2003 참조}

많이 달라졌다고는 하나 새로운 세기를 맞이한 지 20여 년이 지난 지금도 그 본질적인 양상은 여전하다. 이런 사정을 감안할 때, 1980년대 말의 상황이 지금보다 나았을 것으로 기대하기는 어려운 노릇이다. 교육학(계)의 대미 의존성과 보수성이 지금보다 더하면 더했지 결코 덜하지 않았다는 뜻이다. 1980년대가 정치 및 사회 민주화의 시대로 회자되는 것을 보면, 당시 교육학 연구자들의 고뇌와 자괴감이 어느 정도였던가는 짐작하고도 남음이 있다.

교육학(계)이 교육 현장과 유리되어 있다는 비판이 끊이질 않았다. 점잖게 말해 이론과 실천의 괴리현상이 심각하였다. 어느 쪽인가 하면, 대학 강단에 똬리를 틀고 있는 거의 모든 연구자가 학교와 대학 현장은 안중에도 없이 미국에서 공부해 오거나 학습한 내용을 전파 또는 '적용'하는 데 몰두하였다. 교육행정학의 상황이 유독 심했다. 연구자들의 이런 행태가 정책설계policy design나 정책 옹호policy advocacy를 연구라고 착각하게 만드는 상황을 연출할 정도였다.

대대적인 변화가 필요했다. 최소한 교육학(계)이 교육 현장의 목소리에 귀 기울이지 못하는 이유가 무엇인지는 밝혀야 했다. 지극히 미국적인 문맥에서 산출된 개념이나 이론이 어째서 우리 교육 현실을 설명하고 처방하는 데 무비판적으로 동원되는지에 대한 설명이 필요했다. 시대는 변해 가는데 교육학(계)이 언제까지 관변학官邊學에 머물러 다른 학

문과의 '의사소통 불능' 상태를 지속해야 하는지 답해야 했다. 한국교육
정치학회의 출범은 바로 이런 문제의식들과 맞닿아 있었다.

2. 교육학의 관념성과 보수성에 대한 도전

어떤 사람은 한국교육정치학회의 출범을 교육행정학과 관련지어 설명
한다. 이 책 제3장에서 살펴보았듯이 이해할 수 있는 일이다. 미국에서
교육행정학은 20세기 초 정치-행정 이원론을 바탕으로 그 존립 기반을
확보한 연구 분야다. 이에 반해 교육정치학은 기본적으로 정치-행정 일
원론의 관점을 견지해 왔다. 그런 점에서 교육정치학은 교육행정학의 안
티테제anti-thesis 격인 셈이다. 그런 까닭에 한국교육정치학회의 출범은
정치-행정 이원론에 압도되어 있던 한국 교육행정학의 '주류'적 연구 경
향에 대한 도전으로 인식될 수밖에 없었다.

1969년 미국교육정치학회 출범도 마찬가지였다. 제1장에서 살펴본 것
처럼 '소용돌이 시대'라 불리는 1960년대의 상황은 교육행정학의 사회
적 유용성에 대해 근본적인 문제를 제기하였다. 교육(행정) 현상을 정
치·사회적 맥락에서 분리하고 교육(행정)전문가의 기술적 합리성 차원
에서 설명해 온 정치-행정 이원론적 관점이 설 자리를 잃게 된 것이다.
정치-행정 일원론에 기초한 교육행정학 재구성의 필요성, 이것이 바로
미국교육정치학회의 출범으로 귀결된 것이다.

호리堀 和郞, 1983: 175-176가 "교육정치학으로서의 미국 현대 교육행정학의
형성"이라고 한 것을 보면, 교육정치학을 교육행정학의 대립물 또는 대
체재로 파악하는 시각이 일찍이 널리 퍼져있음을 알 수 있다. 또다시 호

리의 표현을 빌자면, "관리론적 교육행정학"^{堀 和郎, 1993 참조}에 대한 비판적인 문제 제기의 소산이 교육정치학인 셈이다. 이렇게 보면, 1960년대 전후의 미국 교육행정학과 1980년대 말 우리 교육행정학이 처한 상황 간의 유사성을 어렵지 않게 확인할 수 있다.

실제로 1980년대 말 우리나라에서 교육행정학은 정치적 소용돌이 속에 있었다. 민주화 요구가 분출하던 당시의 상황에 비추어 그에 걸맞은 학문적 대응이 필요했다는 뜻이다. 학생운동으로 대표되던 학원의 정치 과잉 현상에 대한 과학적인 설명이 필요했다. 교원노조 결성을 둘러싼 논란과 갈등은 교육 부문에 정치적 이슈가 실재함을 잘 보여주었다. 1980년대 말 지방교육자치의 제도화를 놓고 경험했던 여야 간의 밀고 당기는 모습은 교육행정제도가 정치-행정제도와 같은 맥락에서 파악되어야 할 대상이란 사실을 확인시켜 주었다.

사정이 이런데도 교육행정 연구자들의 대응은 더디기만 했다. 정치-행정 이원론에 사로잡혀 있었기 때문이었다. '교육의 정치적 중립성'이란 도그마가 교육(행정)과 정치의 관계는 물론 교육 부문의 정치적 이슈를 해석하는 유일한 기준 또는 자원이었다. 반대해석이 얼마든지 가능한 낡은 명제에 집착함으로써 국가와 교육(행정)전문가의 교육 지배를 옹호하는 보수성을 여지없이 드러냈다. 교육(행정)의 민주화 요구가 분출하던 상황에서도 정부의 정책만을 정당화하는 관변학자의 행태를 벗어나지 못한 것이다.

그러나 이는 비단 교육행정학에만 국한된 문제가 아니었다. 1970년대 말 비판적 교육사회학의 '일탈'¹⁴⁹을 제외하면, 우리 교육학 전반의 지배적인 경향이었다. 8·15 이후 줄곧 정치-행정 이원론의 세례를 받아 온 우리 교육학(계)이 일종의 미신 또는 신화에 사로잡혀 있었던 결과다.

그런 사정에 대해 안기성 선생님은 일찍이 다음과 같이 날카롭게 분석한 바 있다.

"이 땅에서의 교육정치학은 이제 시작에 불과하다. 우리 사회는 잦은 정치적 변동에다 진부한 교육원리로 무장한 우리의 교육이론가들로 초만원을 이루어 여전히 교육에서 정치를 터부시하고 배척하는 자세를 견지하고 있었기 때문이다. 정치적 변동이 있을 때마다 정치란 옳지 않은 것으로 보는 자가 많아졌으며, 낡은 낭만주의적 교육관을 가진 많은 교육이론가들은 이를 더욱 부채질하였다."안기성, 1994: 57-58

'진부한 교육원리'가 정치-행정 이원론, 더 구체적으로 말해 '비정치의 신화'[150]를 의미한다는 사실은 두말할 나위가 없다. '낭만주의적 교육관'이란 표현 역시 정치와 교육의 관련성을 부정하는 무모함이나 비현실성을 강조한 것이다. 이런 관점에 사로잡힌 연구자들로 발 디딜 틈 없는 곳이 우리 교육학계라는 진단이다. 이렇게 볼 때, 한국교육정치학회의 출범을 교육행정학회에 대한 대립물로 한정하는 것은 지나치게 협소한 인식이라 하지 않을 수 없다.

한국교육정치학회 출범은 우리 교육(학)계 전반의 관념성과 보수성에

---

149. 이 글의 주된 관심사는 아니지만, 1970년대 말을 전후로 한 비판적 교육사회학에 대한 젊은 연구자들의 폭발적인 관심은 교육학사에서 반드시 짚고 넘어가야 할 대목이다. 이에 대한 교육학계 '주류'의 대응은 고의로 외면하거나 확산을 차단하는 것이었다. 1980년대 중반 이후 교육사회학 전공자들의 입지가 좁아진 것도 보수적 학계의 이런 대응과 무관치 않은 것이란 가설을 세워 찬찬히 검토해 볼 필요가 있다.

150. 이 책 제3장에서 살펴본 것처럼 안기성(1994. 4. 20: 1) 선생님은 'myth'를 '신화'가 아니라 "미신"으로 번역하는 게 더 타당하다고 주장해 왔다. 한국교육정치학회 출범의 의의를 논하는 곳에서 그는 "… 우리 교육계가 **그릇된 미신(迷信)으로부터 해방될 수 있게 되었다**는 점에서입니다. 우리는 **오랫동안 「교육과 정치의 분리」라는 허구적인 미신**에 시달려 왔습니다"라고 쓰고 있다.

대한 학문적 도전이다. 그 의의를 교육행정학(회)을 넘어 교육학(계)라는 더 넓은 문맥에서 찾아야 한다는 뜻이다. '비정치의 신화'가 교육(학)계를 지배하는 한 교육학의 관념화는 피할 수 없는 일이다. 교육과 정치가 맞물려 돌아가는 현실과 교육 부문의 정치적 이슈를 외면한 상태에서 교육 현상에 대한 과학적인 설명은 애초에 불가능하다. 시도하더라도 추상화될 수밖에 없다. 이것이 교육 현장과 교육학 간의 괴리 현상이 발생한 일차적인 원인이기도 하다.

더 큰 문제는 교육학의 이와 같은 관념성이 교육 실천에 강하게 개입하여 현실을 설명하는 일종의 기준 또는 규범으로 자리 잡게 되었다는 점이다. 그 결과 교육에 대한 정부와 전문가 독점이 초래되었다는 사실은 이 책 제2장에서 살펴본 대로다. 게다가 우리의 경우 또 다른 결정적인 변수가 가세했다. 바로 정당성이 결여된 정치권력의 교육 지배 현상이 오랫동안 계속된 것이다.

> "우리나라에서 **교육과 정치를 연계시키는 교육정치학 연구가 활성화되지 못했던 보다 더 근본적인 이유는 그동안 군사독재정권 하의 정치풍토와 정치문화 때문**이라고 볼 수 있다." 강무섭, 1994.11.11: 1

한국교육정치학회 3~4대 학회장을 역임한 강무섭 박사의 진단이다. '비정치의 신화'에 더하여 설상가상으로 비민주적인 정권이 교육학의 관념성을 강화하였다는 것이다. 특히, 분단 상황에서 고착된 냉전논리가 보수성을 심화하고 교육 현실에 대한 과학적 접근을 한층 더 어렵게 만들었다. 이 모두가 교육과 정치의 관계나 교육에 실재하는 정치적 이슈를 정면으로 응시하지 못하도록 만든 장애물이었던 셈이다. 그런 점에서 다음과 같은 분석은 눈여겨볼 만하다.

> "그 첫 번째 의의(한국교육정치학회 출범 - 필자 주)는 문민정부 출
> 범과 동시에 교육정치학회가 태동되었다는 것이다. 문민정부가 표방
> 하고 있는 자율화·민주화의 흐름이 교육과 정치의 문제를 그 소재
> 에 관계없이 논의할 수 있도록 그 장을 열어놓고 있기 때문이다."강무섭,
> 1994.11.11: 2

사실 비민주적인 정권 아래 교육정치학은 설 자리를 찾기가 쉽지 않
았다.[151] 설령 교육과 정치의 문제를 다루더라도 그것을 해석하는 엄격한
기준 또는 지침을 벗어나기 어려웠다. 정치사회화나 사회통합을 위한 교
육의 역할 등으로 연구 소재가 한정되는 것이 결코 우연이 아니었다. 정
부와 교육전문가(학교관리자, 보수적인 교원단체, 교육학자 등)의 목소리
는 존재하되 교사·학생·학부모의 목소리는 연구의 관심 밖으로 밀려났
다. 연구의 정치화politicization가 도를 넘어섰기 때문이다.

> "… 그간 한국의 교육학과 '주류' 교육 연구자들은 철저하게 '실천적'
> 이었다. **문제의 핵심은 그들의 학문적 실천이 보수적이고 냉전적 실천**
> **일변도였다는 점**에 있다. 연구자로서 양심과 학문적 책임을 저버릴 때,
> 연구의 정치화는 필연적이다. 많은 연구가 **특정 계층이나 집단의 이해**
> **를 대변하고, 정권과 관료들의 교육정책을 합리화·정당화해 주는 일**

---

151. 미국의 영향으로 '비정치의 신화'가 강고하게 뿌리내리고 있었다. 게다가 보수·냉전 이데
올로기가 위세를 떨쳤다. 이런 상황에서 교육과 관련하여 "누가, 언제, 무엇을 얻고, 또 그것
을 얻지 못하는 사람은 누구이며 그 이유는 무엇인가?"라는 라스웰(H. D. Lasswell)의 전
통적인 정치학적 질문을 던지기조차 쉽지 않았다.

로 **전락**하고 말았다." 김용일, 2003: 230

교육정치학 연구자로서 비판 정신과 함께 권력과 긴장 관계를 유지하는 것이 얼마나 중요한가를 일깨우는 분석이다. 보수적이며 냉전 이데올로기가 지배하는 교육학계의 토양 위에서 교육정치학(회)의 성장은 실로 지난할 수밖에 없다. 그러나 달리 생각해 보면, 한국교육정치학회 출범 자체가 우리 교육학(계)의 이런 문제 상황을 극복하라는 명령인 셈이다. 우리 교육학계에 깊이 뿌리내리고 있는 정치-행정 이원론을 극복하는 한편, 교육계에 만연해 있는 '비정치의 신화'를 타파하는 것이 교육정치학의 역할이며 또 학회의 임무다.

3. 교육(행정)학 재구성 전선의 교착상태

이상에서 보듯이 한국교육정치학회는 이론과 실천 면에서 실로 벅찬 과제를 안고 출발했다. 정치-행정 이원론과 '비정치의 신화'에서 벗어나는 한편, 교육(행정)에 대한 정부와 교육(행정)전문가의 독점적인 지배 상황을 극복하는 과제가 그것이다. 전자가 사실fact 복원에 관한 문제라면, 후자는 분명 가치value와 관련된 문제로 당위적 과제라 할 수 있다. 이런 과제를 감당하는 데 있어 교육정치학 연구자들은 특별히 다음의 논지를 음미해 볼 필요가 있다.

"… 정책(정치)과 행정의 이원론은 경험적 근거를 결하고 있다. 왜냐하면, 행정가는 정책의 집행만이 아니라 정책 수립에도 관여하는 것이 명백하기 때문이다. **정책(정치)과 행정을 연속적인 과정으로 파악하는 것이 경험상 더 정확**하다. … **행정가들은 중립적이지 않으며, 그들은 훌륭한 관리good management는 물론 달성되어야 할 가치 또는 정당화 논리rationales로서 사회적 형평성까지도 실행에 옮겨야**만 한다."Frederickson, 1980: 7-8

제도적 이원론(정치-행정 이원론)과 논리적 이원론(신이원론, 가치-사실의 분리)을 극복하려는 노력을 통해 교육정치학의 지평을 연 신행정학의 핵심 논지다. 바로 앞 장에서 살펴보았듯이 이런 문제의식에 기초하여 1960~70년대 교육정치학은 정치과정political process 분석에 집중했다. 그러나 1970년대 말 '정책분석'으로의 전환에서 보듯이 이후 교육정치학 연구자들은 행태주의 전통의 '객관성'을 뛰어넘고자 했다. 가치문제를 외면하지 않고 "바람직한 교육"의 조건과 내용 등에 대한 천착을 자신들의 주된 임무로 삼았다.

같은 맥락에서 한국교육정치학(회)의 전선은 정치-행정 이원론에 기초한 교육(행정)학의 '주류'적 경향, '비정치의 신화'에 사로잡혀 있는 교육(학)계의 보수적인 풍토 전반에 걸쳐 형성되어 있었다고 해야 할 것이다. 미국에서 수입해 온 비과학적인 인식 체계에서 벗어나는 한편, 교육학의 보수성을 극복하고 현장성을 회복하는 과제를 안고 출발했다는 뜻이다. 이런 기준에 비추어 한국교육정치학회 출범 이후 10년간을 어떻게 평가할 수 있을 것인가? 이제 이런 질문에 답해보기로 하자.

한국교육정치학회는 1994년 4월 2일 고려대학교 인촌기념관에서 창립총회를 거쳐 출범했다. 오후 3시 10분 발기인 14인[152] 외에 50여 명이 참석한 가운데 개회선언이 이루어졌다. 이어 당일 초대 회장으로 선출

된 안기성 선생님의 기조연설이 있었다. 회칙 심의와 임원 선출 등 학회
의 틀을 갖추어 나가는 데 필요한 안건을 처리하는 한편, 창립기념 학
술대회와 학회지 및 소식지 발간 등에 대한 논의도 함께 이루어졌다. 백
현기 선생님을 고문으로 추대하고 강무섭 박사를 부회장으로 위촉하였
으며, 김경근 박사를 감사로 선출하였다.

2시간여에 걸친 창립총회는 『교육정치학론』^{학지사, 1994} 출판기념회[153]로
이어졌다. 백현기 선생님은 "우리 학회의 연차대회나 학술발표회는 우리
나라 교육의 실제나 정책 수립에 보탬이 되는 내용으로 채워졌으면 한
다"^{한국교육정치학회, 1994. 4. 20}라며 큰 기대감을 표하셨다. 안기성 선생님은 "우리
학회의 기본 운영 방침을 아카데믹한 분위기에서 논의와 토론이 활발하
게 이루어지는 데에 두었으면 한다"^{한국교육정치학회, 1994.4.20}라는 바람을 피력
하셨다.

창립기념 학술대회는 1994년 6월 17일 고려대 인촌기념관 제1회의실
에서 개최되었다. 나중에 제5대 학회장(2002~2004년)을 맡게 되는 진동
섭 교수의 사회로 진행된 이날 학술대회는 "교육정치학 연구의 현황과
과제"라는 주제 아래 세 편의 논문이 발표되었다. 교육정치학의 학문적

---

152. 나중을 위해 학회 창립발기인 14인의 명단을 기록으로 남기고자 한다. 안기성(고려대 교
수), 김경근(KDI국민경제교육연구소), 김경록(고려대 석사과정), 김용일(경인여대 교수), 손
희권(고려대 석사과정), 신현석(한남대 교수), 심성보(부산교대 교수), 심신호(육군 중령),
양성관(고려대 석사과정), 유현숙(한국교육개발원), 윤종혁(한국교육개발원), 이낙종(초등
학교 교사), 장상필(고등학교 교감), 조남근(세명대 교수).

153. 한국정치학회보 창간호에 실린 "신간 소개"의 내용을 그대로 옮겨 보기로 한다. "교육과
정치는 어떠한 관계에 있는 걸일까? 이러한 관심에서 교육과 정치에 대한 체계적인 접근을
위한 이론서가 출간되었다. 지난 2일 한국교육정치학회의 창립과 함께 출간된 『교육정치학
론』은 교육의 전문성과 정치적 중립성 보장이라는 관념의 함정에 빠져서 교육과 정치의 분
리만을 강조하고 양자의 상호관련성에 대해 언급을 금기시하여 왔던 그간의 사정에 대한
비판적인 접근을 위한 논거를 제공해 준다는 점에서 주목할 만하다. 근대사회에 접어들면
서 국민의 교육권을 보장하기 위해 공교육을 실시하게 되었다. 공권력을 배경으로 수행되
는 교육 및 교육행정은 당연히 가치를 권위적으로 배분하는 정치과정이 되지 않을 수 없
다. 그런 점에서 종래의 교육행정과 정치의 이원론은 극복되어야 할 대상인 것이다. … "

정체성을 규명하는 한편, 연구 동향을 살펴보고 우리 교육정치학의 향후 과제를 탐색하는 자리였다. 바야흐로 학회로서 본격적인 활동을 시작한 것인데, 이날 함께하신 김종철 선생님은 다음과 같은 격려의 말씀을 해주셨다.

"한 십 년만 젊었어도 교육정치학이라는 새로운 연구 분야에 더 적극적으로 참여할 수 있을 텐데 … 젊은 회원 여러분을 중심으로 힘찬 활동을 통해 나날이 발전하는 학회가 되길 바랍니다."한국교육정치학회, 1994.11.11: 6

출범 당시 학회지는 연 1회 이상 발간하기로 하였다. 게재 논문은 학회의 연차 및 정기 학술대회에서 발표된 논문과 소정의 심사 과정을 거친 개인 논문으로 한정하였다. 최소 1회 이상 발간하기로 한 것은 학회지의 호수를 "제○집 ○호"의 형태로 한 데서도 알 수 있는데, 제5집 1호와 2호(각각 1998년 9월과 12월 출간) 말고는 매해 1권꼴로 출간하는 데 그쳤다. 2003년 12월에는 9, 10집 통합호를 낼 정도로 부진하였다. 이로써 학회 출범 후 10년간 총 10권의 학회지를 자산으로 갖게 되었다.

학술대회 역시 연차학술대회와 정기 학술대회를 각각 연 1회 이상 개최하기로 하였지만, 소기의 목표는 달성하지 못했다. 2000년경부터 학회가 다소 침체 상태에 빠졌기 때문이다. 연차학술대회의 경우 2003년 12월 6일 제9차 연차학술대회까지 모두 아홉 차례 개최하였으며, 정기 학술대회는 2000년 12월 20일 제6차 학술대회를 끝으로 부진을 면치 못하였다. 앞서 언급한 바와 같이 연차학술대회와 정기 학술대회 발표 논문은 학회지에 게재되었는데, 이를 중심으로 그간 다룬 주제를 간추려 보면 다음과 같다.

- 교육정치학 연구의 현황과 과제(창간호, 1994)
- 지방교육자치제의 성과와 전망(2집, 1995)
- 한국 교육개혁의 정치학(3집, 1996)
- 교육에서 거버넌스governance의 문제(4집, 1997)
- 한국사회의 교원과 정치(5집1, 1998)
- 교육기관 평가의 정치학(5집2, 1998)
- 한국 교육개혁의 정치경제학적 조망(6집, 1999년)
- 21세기 교육정치학의 새 지평(7집, 2000)
- 교육과정의 정치학(7집, 2000)
- 대학 의사결정 구조 개편의 정치학(8집, 2001)
- 개인 논문(제9·10집 통합호, 2003)
- 교육정책 결정 관련 주체들의 역할과 기능 재조명(제9차 연차학술 대회)

이처럼 10년간 연구주제 면에서는 주요 내용을 망라해왔음을 알 수 있다. 특히 지방교육자치, 교육개혁, 교육기관 평가, 교육과정 등은 교육 정치학의 특장을 잘 살려 시의적절하게 선정된 것으로 평가할 수 있다. 교육정치학의 학문적 정체성을 다룬 내용도 눈길을 끄는데, 학회 출범 첫해와 새로운 세기를 목전에 두고 다룬 주제가 그것이다. 학술대회 말 고도 교육정치학을 널리 소개하고 특정 주제에 관한 연구 결과를 공유 하려는 기획연구서 출간도 빼놓을 수 없는 성과라 할 수 있다.

- 한국교육정치학회 편(1994). 교육정치학론. 서울: 학지사(안기성 외 총 11인의 공동작업)
- 안기성 외(1997). 교육정치학: 교육과 정치체제. 서울: 양서원(총 5인

의 공동작업)

- 안기성 외(1998). 한국교육개혁의 정치학. 서울: 학지사(총 7인의 공동
  작업)

  위의 기획연구서 가운데 편역서로 출간한『교육정치학론』은 1998년 3
월 현재 3쇄를 거듭하여 교육정치학에 대한 세간의 높은 관심을 확인
시켜 준 바 있다. 그러나 이런 성과에도 불구하고 한국교육정치학회는
2000년을 고비로 침체 또는 답보 상태에 접어든 게 사실이다. 그 원인
에 대한 면밀한 검토는 학회의 발전을 위해 꼭 필요한 일로 우리 학회
구성원 공동의 몫이다. 다만, 여기서는 그런 작업의 단초를 마련한다는
뜻에서 나름의 간략한 진단과 처방을 해보고자 한다.

  2000년경부터 한국교육정치학회가 침체 상태를 보이는 이유는 무엇
인가? 다른 무엇보다 교육정치학 연구의 "주력"이 형성되지 못하였다는
점을 지적하지 않을 수 없다. 종합학문적 특성상 교육행정 연구자를 필
두로 교육사회학, 교육사, 교육철학, 교육과정학 등의 연구자들이 함께
학회 발전에 노력을 기울여 온 게 사실이다. 그러나 유감스럽게도 교육
정치학을 "본업"으로 하는 연구자들을 양성하고 조직화하는 데는 기대
만큼의 성과를 거두지 못하였다.

  자연 학회의 외형적 성장과는 달리 학문의 질적 성장은 일정한 한계
를 노정할 수밖에 없었다. 애초에 교육정치학을 본업으로 하는 연구자
가 적은 마당에 강단이나 학회를 통해 새로운 연구자가 원활하게 수혈
되지 못함으로써 학회의 동력이 떨어지게 된 것이다. 그런 점에서 2000
년을 고비로 한 학회의 침체 양상은 피할 수 없는 것이라고도 할 수 있
다. 기왕에 보유하고 있던 역량이 과도하게 소진되면서 문제가 겉으로

드러난 것이기 때문이다.

> "1994년 4월 2일은 한국교육정치학회가 창립된 날이다. 이로써 우
> 리나라에서도 교육정치학이 학문적 시민권을 획득하게 되었다. 그러나
> 지난 6년간의 연구 성과를 보면, 흡족하다고만 하기 어려운 게 사실이
> 다. 사정이 이런 데는 물론 학문공동체가 출범한 지 얼마 되지 않은
> 탓이 크다. 그러나 보다 근본적인 원인은 정치-행정 이원론이 여전히
> 극복되지 못한 현실에서 찾아야 할 것이다. 교육정치학 연구자들의 노
> 력이 있었다고는 하나 사람들의 사고방식과 교육 현실을 변화시키기에
> 는 역부족이었다."[김용일, 2000: 77]

이런 평가에서 보듯 교육학 전반의 보수적인 학문 풍토는 고사하고
교육행정학의 '주류'적 경향조차 제대로 극복하지 못하였음은 말할 나
위가 없다. 한국교육정치학회가 출범할 당시 설정한 '전선'이 일종의 교
착상태에 빠져버린 것이다. 이런 상황은 미국교육정치학회와 비교해 볼
때 상당히 대조적이다. 미국교육정치학회는 1995년 미국교육학회[AERA]에
"교육정책 및 정치학[Education Policy & Politics]"분과(Division L, 제L분과)
신설을 청원하여 받아들이게 하였다. 그 정도로 학문의 성장과 그 사회
적 유용성을 인정받게 된 것이다.

더 눈길을 끄는 것은 제L분과를 탄생시킨 미국교육정치학회의 행보
다. 제L분과의 출범 이후 여전히 해소하지 않은 채 2001년 연차대회를
계기로 회원 자격을 갱신하는 등 조직 전반을 정비하여 왕성하게 활동
하고 있다.[Crowson and Scribner, 2003: 8] 그만큼 전문연구자 집단으로서 학회의 역
량이 무르익었다는 징표라 할 수 있다. 웡[wong 1995: 22]의 표현대로 "학문적

모태라 할 수 있는 정치학으로부터의 일탈"을 감행할 정도로 독자적인 역량을 확보하고 있어 가능한 일이다.

윙에 따르면, 1980년대 정치학은 "과정 지향 전통process-oriented tradition"에서 '합리 선택 모델'로의 이행기에 있었다고 한다. 정치학자들 대부분이 경제학의 새로운 패러다임인 '합리 선택 모델'에 매료된 것이었다. 그런데 이와는 달리 교육정치학자들은 교육정책 분석에서 경제학적 사고를 꺼리는 모습이었다. 여러 이유를 들 수 있지만[154], 그 원인에 대한 다음의 분석은 교육학의 현장성과 실천성을 회복해야 하는 우리에게 시사하는 바가 크다.

> "실천 지향적 성격과 응용과학적 특성: 이런 특성으로 인해 대부분의 교육정치학자들이 대규모의 양적 데이터에만 의존하지 않고 여전히 학교·지역사회·교육구·주 및 연방정부로부터 직접 정보를 수집하는 한편, 정책 관련 집단들과 자주 대화하며 연구결과를 보급하는 노력을 기울임. 이런 연유로 경제학 모델을 수용한 1980년대의 정치학 연구가 계량경제학 모델과 수학 공식으로 가득 채워진 것과는 대조를 이룸." wong, 1995:28

1980년대부터 전 지구적 차원에서 위세를 떨치던 신자유주의에 현혹되어 좌충우돌해 온 우리 교육학계의 사정과 사뭇 대조적임을 알 수 있

---

154. 같은 논문에서 윙은 세 가지 이유를 들고 있는데, 첫 번째가 교육정치학의 종합학문적 특성이다. 교육정치학이 일차적으로 정치학의 발달과 관련이 있지만, 거기에 국한되지 않고 교육사회학·인류학·행정학·인간발달·교육과정이론 등 여러 학문으로부터 다양한 관점을 수용해 왔기 때문에 가능했던 일이라는 것이다. 본문에 인용되어 있는 내용이 두 번째고, 세 번째로 들고 있는 것이 정책입안자들과 실천가들에게 제기되는 '문제 발견'뿐만 아니라 '문제 해결'에도 적극적인 교육정치학의 전통이다.

다. 교육정치학의 성장과 학문적 정체성 확보가 연구의 현장성과 실천성 확보로 가능했다는 사실이 흥미롭다. 정부의 정책을 정당화해 주는 것을 '정책연구'로 착각하는 한 우리 교육학은 관변학으로서 오명을 영원히 씻을 수 없을 것이다. 관념성과 보수성을 극복하는 한편, "교육의 실물"에 대한 진지한 고민을 바탕으로 교육(행정)학을 재구성하는 데 큰 역할을 하는 한국교육정치학회의 앞날이 되었으면 하는 바람이다.

4. 학문 후속세대 양성 과제

한국교육정치학회 출범 10년을 전후로 겪었던 '시련'은 어쩌면 당연할 일일지 모른다. 고작 10년이 흘렀을 따름이다. 1969년 출범한 미국교육정치학회가 만개한 것이 1990년대 중반인 '청년기'였던 점을 생각하면, 그리 실망할 일도 아니다. 시간이 모든 것을 해결해 줄 것이란 막연한 기대가 아니다. 다음 장에서 확인할 수 있는 것처럼 시간이 더 필요했던 게 사실이다. 더욱이 우리는 그들과 비교하여 훨씬 더 어려운 환경을 헤쳐 나가야 할 '운명'을 안고 출발했다.

우리 교육학의 대미 의존성은 여전하다. 미국에서 수입해 온 정치-행정 이원론의 뿌리는 너무 강고하다. 8·15 이후 정통성을 결한 정치권력의 등장이 반복됨으로써 교육(학)계에 깊이 박혀 있는 '비정치의 신화'를 극복할 계기를 마련하기가 여간 힘든 게 아니었다. 특히, 관료 권력과 교육(행정) 연구자들의 유착관계는 연구의 정치화를 심화시켰다. 이렇게 관념성과 보수성이란 장벽이 유독 높은 조건에서 출범한 한국교육정치학회는 이제 막 '소년기'에 접어들었을 뿐이다.

많은 어려움에도 불구하고 학회를 출범시킴으로써 교육정치학이 '학문적 시민권'을 획득하는 개가를 올렸다. 학회 출범 10년 동안 학회지와 학술대회 등을 통해 교육정치학의 학문적 유용성을 널리 확인시키는 성과도 거두었다. 연구자, 정책담당자, 교사, 대학원생 등 학회원이 200여 명에 달할 정도의 외형적 성장도 이룩하였다. 그러나 이런 양적 성장의 이면에 학회의 앞날을 장밋빛으로만 묘사하기 어려운 문제가 도사리고 있었던 것도 사실이다.

　　여러 문제점 가운데 교육정치학을 본업으로 하는 전문연구자의 부족 현상을 지적하지 않을 수 없다. 학문 후속세대 양성에 이렇다 할 성과를 내지 못했기 때문이다. 체계적으로 양성되기보다는 대학원생이나 연구자 개인 차원의 결단과 노력에 의존해 온 실정이다. 앞으로도 꾸준히 이 문제에 대한 학회 차원의 공론화와 대책 마련이 필요하다고 생각한다. 우리가 겪고 있는 여러 문제 상황을 발생시키는 근본 원인이기 때문이다.

　　교육정치학 관련 강좌를 더 많이 개설하는 등 우리 학회 회원이 소속된 대학(원) 차원의 노력이 필요한 것도 사실이다. 그러나 이런 일은 하루아침에 이루어질 그런 성질의 것이 아니다. 학문 권력 등 강단의 역학 관계나 정치과정의 복잡성 때문이다. 그러나 그렇더라도 우리 학회가 발 벗고 나서 그 해결책을 모색하고 실천할 것을 제안하고 싶다. 교육정치학 연구자들의 전문 역량을 높이고 학문 후속세대를 재생산하는 데 매진하여 교육정치학(회)의 발전에 필요한 동력을 마련하기 위해서다.

제10장
한국 교육정치학 30년의 성과와 과제

이 장에서는 학회 창립 30주년을 맞이하여 한국 교육정치학의 성과를 점검한 뒤 향후 과제에 대해 논하고 있다. 교육정치학의 영향으로 교육학계는 교육에 대한 비정치의 신화를 상당 수준 극복하였다. 그러나 교육계 전반은 여전히 '비정치의 신화'에 붙들려 있다. 학회가 청년기에 접어들어 눈부신 양적 성장을 이뤄냈지만, 여전히 연구의 질적 확충이 필요한 상태다. 그러기 위해 교육정치학은 교육학 전반의 보수성과 관제적인 성격을 극복하고 정책연구의 비판적 기능을 회복하는 데 더 많은 노력을 기울여야 한다. 연구의 질적 확충을 위해 특별히 (1) 5·31 교육개혁에 대한 종합적인 평가, (2) 지방교육자치에 대한 증거 기반 연구, (3) 교육의 계급화에 대한 적극적인 학문적 대응 등에 관심을 기울였으면 한다.

1. 청년기의 교육정치학

1992년 한국교육개발원 교육정책연구본부에서 일할 때였다. 당시에는 연구원의 모든 직원을 대상으로 외부 인사 초청 강연이 개최되곤 했다. 마침 정범모 선생님이 연사로 오셨다. 그런데 강연 말미에 귀가 번쩍 뜨이는 말씀을 하셨다. "향후 교육학에서 유망한 연구 분야의 하나가 바로 교육정치학"이라고 꼭 집어 언급하신 것이다. 너무나 반갑기도 하고, 무언가 망치로 머리를 세게 맞은 느낌이었다. 먼저 선생님의 말씀이 '충격적'이었던 까닭은 칠순을 앞둔 노학자의 혜안을 통해 교육정치학 연구의 중요성을 재차 확인했다는 사실 때문이었다. '역시 정범모 선생님이야. 공부하려면 선생님처럼 …'[155]이라고 마음을 다졌던 기억이 생생하다.

다른 한편, 선생님의 말씀이 반가웠던 이유는 교육정치학회를 출범시키기 위해 동분서주하였던 당시의 사정 때문이었다. 대학원 시절 내내 은사이신 안기성 선생님의 지도하에 교육정치학 공부에 몰두하였다. 정규 교육과정 외에 원서 강독팀이나 연구팀을 꾸려 공부하고 편역서와 번역서 등을 출간하는 작업이 이어졌다. 고된 일이었지만, 교육정치학도로서 강도 높은 훈련의 과정이었다. 그 연장선상에서 교육정치학회를 출범시키자는 데에 뜻이 모아졌다. 이 일에 실무책임자 역을 맡아 분주한 시간을 보내던 차에 정범모 선생님의 말씀을 듣게 된 것이다. 그야말로 크나큰 격려가 아닐 수 없었다. 그러니 얼마나 반가웠겠는가?

새 학회 출범에는 무거운 책임감과 감당하기 어려운 좌절의 경험이 따르는 법이다. 그런데 선생님께서 "처음 가보는 길이지만 가슴 펴고 뚜벅뚜벅 걸어가라"라고 격려해 주신 셈이다. 선생님의 말씀이 이렇게 각별하게 다가온 데는 당시 우리 교육(학)계의 사정도 크게 한몫했다. 교육(학)계 전반이 '비정치의 신화'에 단단히 붙들려 있었다. 교육과 정치의 관계를 애써 부정하고, 교육 부문에는 정치적 이슈가 존재하지 않는다는 '믿음'이 너무 강했다. 안기성[1994.4.20: 1] 선생님의 표현을 빌자면, 교육(학)계가 "비정치의 미신迷信"에 푹 빠진 상태였다.

이런 조건에서 1994년 4월 2일 한국교육정치학회가 창립되었다. 우리 교육학사에 한 획을 긋는 실로 역사적인 일이었지만, 기쁨이나 설렘만 있었던 게 아니다. 무언가 숙제를 한 아름 떠안게 되었다는 기분을 떨쳐내기 어려웠다. 맨 먼저 해야 할 일은 당연히 교육(학)계에 만연되어 있던 '비정치의 신화'를 거둬내는 작업이었다. 그것이 곧 한국교육정치학회

---

155. 그 시절 필자는 정범모 선생에 대해 자랑스러움과 존경의 마음을 가지고 있었다. 쓰신 글이 교육(학)계 밖에서도 널리 읽히는 분이라는 생각에서였다. 그간 큰 공부가 되었던 단행본 몇 가지만을 소개하면 다음과 같다. 『미래의 선택』(1990), 『교육난국의 해부』(1991), 『교육과 교육학』(1997), 『한국의 교육세력』(2000), 『학문의 조건: 한국에서 학문이 가능한가』(2006).

가 출범한 이유이며, 학회가 이 땅에 탄탄히 뿌리를 내리는 길이기도 했다. 물론 하루아침에 될 일은 아니다. 그러나 적어도 교육학계만큼은 '비정치의 신화'라는 강고한 이데올로기에서 벗어날 수 있도록 해야한다. 정치-행정 일원론에 기초하여 증거에 기반한 연구에 매진할 수 있도록 해야 한다.

바로 앞장에서 살펴본 대로 1994년 6월의 학회 창립기념 학술대회는 이런 문제의식을 담뿍 담고 있었다. 이 학술대회를 시작으로 본격화된 학회 활동이 올해로 꼭 30주년을 맞이한다. 바야흐로 청년기에 접어든 것이다. 여기서는 학회 창립 30주년을 맞이하여 그간의 성과를 점검한 다음 향후 과제가 무엇인지 살펴보고자 한다. 만만치 않은 일이지만 (1) 교육정치학 연구 활동 차원의 성과와 과제, (2) 학회 운영 차원의 성과와 과제로 나누어 논구하고 있다.

이를 위해 제2절에서는 성과의 측면에 주목하여 먼저 교육학계에 관한 한 '비정치의 신화'가 상당 수준 극복되었다는 점을 논하고 있다. 그런 다음 학회 운영 등이 안정화 단계에 접어들었으며, 연구의 양적 성장이 이루어졌다는 점을 실증적 자료를 통해 확인하고 있다. 이어 제3절에서는 연구의 질적 확충이 앞으로의 과제라는 점을 논하는 한편, 이를 위해 특별히 주목해야 할 탐구 과제를 세 가지로 정리하여 제시하고 있다. 제4절에서는 고찰 결과를 요약한 후 학령인구의 감소 등 교육환경의 급격한 변화가 교육정치학 연구와 연구자에게 미칠 영향에 대해 간략히 언급하고 있다.

2. '비정치의 신화' 극복과 연구의 양적 성장

가. 교육에 대한 비정치의 신화 극복

1) 신화 극복의 상징으로서 한국교육정치학회

우리나라에서 교육정치학회가 출범했다는 것은 '비정치의 신화'에 대한 학문적 차원의 도전이 본격화되었다는 사실을 보여주는 상징이라할 수 있다. 이전에 선각자들의 혜안이나 문제 제기가 없었던 것은 아니다.[김종철, 1970; 안기성, 1975; 주삼환, 1987; 곽영우 외, 1993] 그 가운데 백현기[1969: 103] 선생님이 자신의 저서에서 "교육행정의 정책적 국면"이란 장을 따로 설정하고 다음과 같이 설파하고 있는 대목은 아주 인상적이다.

> "행정은 정책(나아가 정치 - 필자 주)과 불가분의 관계에 있다. 이는 두말할 것도 없이 **정책이 행정의 구체적인 방향을 제시한다고 볼수 있기 때문**이다. 일반적으로 정책을 결정한다는 것은 어떤 조직체가 수행할 목적을 결정하거나 상반된 제 목적의 선택을 한다거나 혹은 이미 결정했던 목적을 수정한다는 일 등을 의미한다. … 그런데 **실제로 결정된 정책은 고립적인 것이라기보다 그 이전의 다른 정책 결정 사항과 연속적 관계에 있으며 상호 관련적인 성질**을 띠고 있다. 이 성질 때문에 어떤 사람은 **정책과 행정을 구별하기 어렵다는 주장**을 하기도한다."

이런 예에서 보듯이 정치-행정 일원론의 관점을 바탕으로 한 이들의 문제 제기는 아주 신선하고 의미 있는 일이었다. 그러나 우리 교육에 만연되어 있던 '비정치의 신화'를 극복하는 데는 역부족이었다. 1994년 4월 한국교육정치학회가 출범하여 연구자들이 조직됨으로써 '비정치의 신화'를 넘어설 수 있는 강력한 계기가 마련된다. 이를 기반으로 비로소 특정 신념 체계나 이데올로기에 얽매이지 않고 교육(행정) 현상을 있는 그대로 바라보고 논구하는 일이 가능해졌다.

이 책 제1장에서 살펴본 바와 같이 교육정치학은 인식론 또는 이론적 차원에서 정치-행정 이원론을 넘어설 때 성립 가능한 학문이다. 그런데 교육 실천의 영역에서 정치-행정 이원론은 '비정치의 신화'로 현현하는 게 보통이다. 우리 교육(학)계는 오랫동안 교육(행정)과 정치의 관계를 부정해 왔다. 게다가 교육 부문에 정치적 이슈가 존재한다는 사실을 애써 외면해 왔다. 그러므로 이런 신화 또는 미신으로부터 우리 학계와 교육계가 얼마만큼 자유로워졌는지가 교육정치학의 성과를 논하는 중요한 기준이 될 수 있다.

결론부터 말하자면, 지난 30년 동안 교육정치학의 연구와 다양한 활동으로 '비정치의 신화'가 상당 부분 극복되었다고 평가할 수 있다. 학회 출범이 '비정치의 신화'에 대한 도전을 조직화·체계화하였으며, 강산이 세 번 변하는 세월을 거치면서 상당한 성과를 거두게 된 것이다. 사실 학회 출범 자체가 '비정치의 신화'를 극복하려는 다양한 에너지의 응축물이었다. 그런 점에서 이 같은 성과는 일견 당연한 일이다.

학회의 출범과 비슷한 시기에 시작된 5·31 교육개혁은, 뜻한 바는 아니었지만, 교육과 정치의 떼려야 뗄 수 없는 관계를 명료하게 확인시켜 주었다.^{안병영, 2020.6.19; 안병영, 2010 참조} 아울러 학회 출범 준비 작업이 한창이던 1991년에 도입된 지방교육자치제도는 날이 갈수록 교육 부문에 정치적 이슈가 실재한다는 점을 여실히 보여주었다.^{안기성, 1997 참조; 김용일, 2009 참조}

교육 실천의 정치적 역동성에 대한 천착이 교육정치학 연구의 성과[156]로 나타나면서 '비정치의 신화'가 설 자리는 급격히 좁아진다. 이론과 실천의 변증법의 전형적인 모습으로 일련의 과정이 '비정치의 신화'를 극복하는 험로였다는 사실이 의미심장하다. 이제 교육학계에서만큼은 정치-행정 이원론의 이데올로기적 속성을 부정하는 사람을 찾아보기 어렵다. '비정치의 신화'를 내놓고 지지하는 사람도 드물다. 청년기를 맞이한 한국교육정치학회가 600명에 근접하는 회원을 확보하고 안정화 단계에 접어든 것이 결코 우연이 아니란 얘기다.

이처럼 교육학계 차원에서는 정치-행정 이원론의 교육 버전version인 '비정치의 신화'를 벗어던지는 눈부신 성과를 거두었다. 하지만 교육계의 경우 여전히 신화 또는 미신 속에서 좌충우돌하고 있다. 교육계에 몸담아 온 사람들이 헌법 제31조 4항의 "교육의 정치적 중립성"을 제멋대로 해석하는 현실이 이를 잘 보여준다. 조금 뒤에 살펴볼 것이지만, 이 조문은 "한국판 '비정치의 신화'"로 교육에 대한 국가와 전문가 독점의 정당화 논리일 따름이다. '비정치의 신화' 극복이라는 교육정치학의 성과가 반쪽짜리일 수 있다는 말이기도 한데, 계속해서 이 문제에 주목해 보기로 하자.

2) 국가와 전문가 독점에서 '정책 경쟁의 시대'로

이 책 제2장에서 살펴보았듯이 '비정치의 신화'의 실천적 귀결은 교육정책 및 행정에 대한 국가와 전문가 독점이다. '비정치의 신화'가 널리

---

156. 교육정치학 연구의 성과와 동향에 대한 고찰은 그간 다양한 시각에서 여러 차례 시도되었다. 최근 김예슬과 김병주(2021)가 텍스트마이닝을 활용하여 연구 주제의 변화 동향을 분석하는가 하면, 이정연 외 3인(2022)은 교육행정학과 교육정치학 학회지를 비교 분석하는 접근법을 통해 연구 동향을 파악한 바 있다.

유포되면서 국가가 최종 심급의 권한을 보유한 상태에서 교육(행정)전문 가들을 내세워 교육정책을 결정하고 수행해 온 것이다. 교육(행정)전문 가들은 '비정치의 신화'에 편승하여 교육정책 결정 등에서 주도권 또는 권력을 장악하고자 했다. 하지만 그런 욕심은 정부의 정책 기조나 이해 에 부응할 때 어느 정도 충족될 수 있을 뿐이다. 여기서 발생한 긴장이 국가와 전문가의 전략적 동맹coalition으로 해소되어 왔는데, 일련의 정 치과정에서 교사[157], 학생, 학부모 등이 소외되고 만다. 이런 현실을 학계 에서는 또다시 '비정치의 신화'로 정당화해 준 것이다.

그런데 앞에서 교육학계와는 달리 우리 교육계는 여전히 '비정치의 신화' 속에서 좌충우돌하고 있다고 했다. 이러한 사정은 한국판 '비정치 의 신화'라 할 수 있는 "교육의 정치적 중립성"이란 법 규범이 유통되는 맥락과 그 정치적 귀결에서 잘 확인할 수 있다. 먼저 교육의 정치적 중 립성이 교사의 정치적 기본권을 극력 제한하는 쪽으로 작동해 왔다는 사실에 주목할 필요가 있다.배소연, 2019; 박대권·김용·최상훈, 2020 참조

그 결과 교육정책 결정 및 학교 운영에서 교육자의 목소리가 배제되 고 정부 및 사학 경영자의 의중이 일방적으로 관철되었다. 교사노조가 법제화되는 등의 변화가 있었으나 정치적 기본권 제약 문제 해결 등 여 전히 많은 숙제를 안고 있다. 일련의 과정에서 학생과 학부모가 배제된 것 또한 아주 자연스러운 일로 받아들여졌다. 학교운영위원회가 있지 않 느냐고 반문할 수 있다. 그러나 제도 도입 취지가 퇴색한 채 학교 현장에 서는 '계륵'과 같은 존재가 된 지 오래다.김용일, 2009: 383-407 참조

---

157. '비정치의 신화'가 유포되면서 교사가 소외된 연유에 관해서는 이 책 제2장에서 살펴보 았다. 같은 맥락에서 우리나라의 경우 교사를 정책 결정 과정 등에서 배제하는 정당화 논 리로 헌법 제31조 4항의 '교육의 정치적 중립성'이 동원되었다.(정상우, 2015 참조)

다음으로 교육의 정치적 중립성이 지방교육자치의 '원리'쯤으로 회자되어 온 교육 현실을 생각해 보자. 지방교육자치제도의 구성 및 운영의 '원리'로 교육의 정치적 중립성을 불러들이는 순간 이 제도는 "전제조건이 많은 아주 기괴한 모습"으로 구현될 수밖에 없다. 제도가 작동하게 될 정치 및 정책 환경과 괴리가 커지기 때문이다. 교육감 후보 자격 제한이나 정당 관여 금지 등을 두어 보통선거의 원칙을 위배하고 있는 것이 그 단적인 예다._{최지혜·강민수, 2021 참조} 제도 설계 단계에서 교육계의 이해와 요구가 배타적으로 반영된 정치과정의 결과다. 이 문제에 관한 한 지방교육자치제도에 대해 '중립성의 원리', '전문성의 원리' 등을 앞세우는 식의 규범적 접근을 해 온 일부 연구자들의 책임이 크다.

'비정치의 신화' 극복의 실천적 의미는 기본적으로 교육정책 결정 및 행정에서 민주주의를 회복하는 데서 찾을 수 있다. 그런 점에서 우리의 지방교육자치는 여러 흠결에도 불구하고 아주 각별한 의미를 던져주고 있다. 제도 운용을 거듭할수록 '비정치의 신화'가 허구라는 사실을 드러내는 강력한 증거로 작용하고 있다는 점에서 그렇다. 주민직선제 결과 중앙과 지방은 물론 교육감과 시·도지사 간의 정치-행정 권력의 불일치mismatch 상황을 경험하게 되었다. 나아가 특별히 중앙과 지방, 즉 교육부와 시·도 교육청 간의 경쟁이 활발해지는 "정책 경쟁의 시대"_{김용일, 2023.4.14 참조}를 맞이하였다.

'교육의 정치적 중립성'에 의지해 지방교육자치를 설명해 온 사람들의 입지가 일거에 무너진 형국이라 할 만하다. 그러나 학계와는 달리 교육계에서는 여전히 '교육의 정치적 중립성'을 끌어안고 있다. 그 대표적인 집단이 바로 교원단체로 이 사안에 관한 한 보수와 진보가 다르지 않다. 그런 입장을 고수하여 얻는 게 더 많기 때문이다. 예컨대, 교육감 선거에서 정당 관여를 배제함으로써 자신들이 선거판을 좌지우지해 올 수 있었다.김영진·가상준, 2021; 함승환, 2019 참조 '비정치의 신화'의 정치적 힘의 생생한 모습이다. 교육정치학의 성과 등으로 '비정치의 신화'에서 비교적 자유로워진 학계와는 달리 교육계는 지체 상태를 면치 못하고 있다.

나. 학회의 안정화와 교육정치학 연구의 양적 성장

1) 청년기에 접어든 한국교육정치학회

'비정치의 신화'를 극복한 것이 교육정치학의 내용적 성과라면, 이제 형식 또는 틀 차원에서의 성과를 생각해 볼 차례다. '비정치의 신화'를 극복하는 데 일정한 성과를 거둔 한국교육정치학회는 이제 청년기에 접어들었다. 교육정치학 연구의 양적 성장은 "청년기 특유의 에너지"[158]와 떼려야 뗄 수 없는 관계에 있다. 1994년 학회 창립 이후 걸음마 단계를 거쳐 건장한 청년으로 성장하면서 이제 안정화 단계에 들어선 것이다. 개인적 소회를 말하자면, 학회 창립을 전후로 하여 가졌던 '조마조마한 마음'이 이제 자랑스러움 내지 자부심으로 바뀌었을 정도다.

먼저 2023년 10월 현재 학회의 등록 회원이 571명에 달한다.한국교육정치학회, 2023.10.28: 570 작지 않은 규모로 학문공동체로서 나름의 역할을 충분히 해낼 수 있는 수준의 양적 성장을 이루었다. 2024년 현재 건국대 양성관 교수가 22대 학회장으로 재임하고 있는데, 연세대 김혜숙 교수가 학회장이던 12대부터 임기가 2년에서 1년으로 단축되었다. 1~2대(안기성

---

158. 1969년 미국교육학회(AERA)의 특수연구분과로 출발한 미국 교육정치학회(PEA)가 만개한 시점도 1990년대 중반 청년기에 접어들어서였다. 이런 성장의 여세를 몰아 1995년 AERA에 "교육정책 및 정치학(Education Policy & Politics)" 분과(Dvision L) 신설을 청원하여 받아들이게 하였다는 사실은 이 책 제8장에서 살펴본 대로다.

교수)와 3~4대(강무섭 박사) 연임하여 각각 4년간 봉사하기도 하였다. 이렇게 해서 30년 동안 22명의 학회장을 배출하였다. 임원 현황을 보면, 그 분포가 특정 대학이나 기관에 치우치지 않는 등 전국 학회로서의 면모를 잘 갖추고 있다.^{한국교육정치학회, 2024 참조}

학회지인 「교육정치학연구」의 성장도 괄목할 만하다. 1994년 12월 창간호 발간 이후 10년간은 1년에 한 번꼴로 총 10회 발행하였다. 이후 2009년까지 연 1~2권 또는 1~3권 발행으로 도약을 시도하다 2010년 제17집부터 정기적으로 연 4회 발행하게 된다.^{박대권, 2015: 105 참조} 이런 양적 성장의 배경에는 2008년 1월 한국학술지인용색인KCI 등재후보학술지가 된 이후 등재학술지로 승격시키려는 꾸준한 노력이 자리하고 있다. 2015년 1월 마침내 등재학술지로 선정될 때 학회장이 제13대 전북대 반상진 교수였는데, 실무작업의 수고로움을 감당해 편집위원장은 동아대 김달효 교수였다.[159]

출범 이후 독자적인 길을 걸어온 한국교육정치학회는 2013년 한국교육학회의 분과학회로 가입하게 된다. 고려대 신현석 교수가 11대 학회장으로 재임하고 있던 때의 일이다. 맥락상 완전히 같은 것은 아니지만, 미국의 교육정치학회가 미국교육학회의 제L분과("교육정책 및 정치학 분과")의 지위를 획득한 것과 유사한 행보라 할 수 있다. 여러 분과학회의 집합체인 한국교육학회에 가입함으로써 학회의 운신의 폭이 넓어졌다. 이후 한국교육정치학회는 한국교육학회의 연차학술대회 등에 분과학회

---

159. 당시 필자는 학회 부회장으로 이 과정을 가까이 지켜볼 수 있었다. 등재지로 승격되는 쾌거는 전적으로 전임 학회장들과 임원들이 애쓴 결과다. 역사의 기록으로 남긴다는 뜻에서 12대 학회장 김혜숙 교수(연세대)와 편집위원장 장덕호 교수(상명대), 11대 학회장 신현석 교수(고려대)와 편집위원장 양성관 교수(건국대), 10대 학회장 김재웅 교수(서강대)와 편집위원장 신태진 교수(연세대)에게 감사의 마음을 전한다.

자격으로 참여하는 등 활발한 활동을 이어오고 있다.

학술대회 또한 청년기에 접어든 학회의 위상에 걸맞은 모습을 보여주고 있다.[160] 1994년 6월의 창립기념학술대회가 그 시작이었다. 이후 크게 춘계학술대회와 연차학술대회가 1년 단위의 기본 틀로 자리 잡게 된다. 여기에 2016년부터는 추계학술대회 및 타 학회와의 연합학술대회 등이 추가되는 한편, 정책토론회와 외부 기관과의 정책 포럼 등 다양한 시도들이 이루어져 왔다. 아울러 영남대 김병주 교수가 15대 학회장으로 재임하던 2017년 제1회 교육정치학회 대학원생 논문 경진대회를 시작으로 매년 대회를 개최함으로써 학문 후속세대를 위한 연구와 발표 공간도 마련된 상태다.[https://www.ekspe.or.kr] 제21대 학회장인 경희대 김병찬 교수는 2023년 콜로키엄을 새로 도입해 정례화하는 한편, 연차학술대회를 아주 큰 규모로 키우는 데 디딤돌을 놓았다.[한국교육정치학회, 2023.10.28. 참조]

2) 교육정치학 연구의 양적 성장

한국교육정치학회가 안정화 단계에 접어들었다는 사실은 학회지인 「교육정치학연구」의 최근 발간 현황에서도 확인할 수 있다. 다른 무엇보다 게재 논문의 양적 성장이 두드러진다. 〈표 10-1〉은 학회 출범 세 번째 10년간의 「교육정치학연구」 발간 실적을 정리해 놓은 것이다. 이 기간 매년 네 차례 학회지가 발행되었으며, 총 313편[161]의 논문이 수록되었다. 이일용 교수가 2004년에 정리한 첫 번째 10년의 총 73편, 박대권 교수가 2014년에 분석한 두 번째 10년의 총 185편에 비해 비약적으로 증가

---

160. 학회 재정도 마찬가지다. 매년 이월금이 3,000만 원 수준에 이르며, 2023년 예상 수입이 6,500만 원이 넘는 규모다. 수익자 부담 경비(논문심사비와 게재료, 학술대회 참가비 등)와 인세가 고정 수입 형태로 2,000만 원에 달하여 재정 안정화도 어느 정도 달성된 상태다.(한국교육정치학회, 2023.2.9; 2024.10.28. 참조)

발간 호수	발행년도	게재 논문 수
30권 1-4호	2023	19(4), 7(3), 5(2), 6(1)
29권 1-4호	2022	13(4), 8(3), 4(2), 7(1)
28권 1-4호	2021	9(4), 10(3), 6(2), 11(1)
27권 1-4호	2020	6(4), 9(3), 8(2), 8(1)
26권 1-4호	2019	6(4), 15(3), 8(2), 10(1)
25권 1-4호	2018	16(4), 12(3), 8(2), 9(1)
24권 1-4호	2017	9(4), 9(3), 6(2), 8(1)
23권 1-4호	2016	8(4), 6(3), 7(2), 5(1)
22권 1-4호	2015	7(4), 5(3), 5(2), 5(1)
21권 1-4호	2014	6(4), 4(3), 7(2), 6(1)

*게재 논문 수 옆의 괄호 안은 발간 호수
자료: 한국교육정치학회 홈페이지 논문검색(https://www.ekspe.or.kr/)

한 수치다. 더 고무적인 것은 2016년까지 매해 20여 편 수준이던 것이 2017년부터는 매해 30편 이상 꾸준히 발표되고 있다는 사실이다.

이러한 양적 성장에는 게재 논문 편수 증가 이상의 중요한 의미가 내포되어 있다. 그와 같은 실적 자체가 '비정치의 신화'를 극복한 징표로 해석할 수 있다는 뜻이다. 논문게재율이 2023년 현재 67%라는 점을 고려할 때[한국교육정치학회, 2023.10.28: 11], 지난 10년간 매해 평균 47편 안팎의 논문이 제출된 셈이다. 여기에 공동연구 형태의 논문을 감안하면, 매년 50~60여 명이 학회지 게재를 위한 논문 작업에 공력을 들여왔다. 그만

---

161. 세 번째 10년 기간의 이 발행 편수는 그 이전 20년간의 실적을 모두 합한 것보다 55편이나 많은 것이다. 「교육정치학연구」에 대한 분석 작업은 조금 다른 각도이긴 하지만 박균열과 박호근(2022 참조)에 의해서도 이루어진 바 있다. 이들은 창간호부터 2020년에 발행한 27권까지 총 488편의 논문을 대상으로 연구의 주제와 방법에 주목하여 연구 동향을 분석하고 있다.

큼 학회지에 대한 연구자들의 접근성이나 친밀도가 높아진 것이다. 이처럼 학회지의 양적 성장에서도 학계에 관한 한 '비정치의 신화'가 상당 수준 극복되었다는 사실을 재차 확인할 수 있다.

[저서]
- 김재웅(2021). 『교육정치학 탐구』. 서울: 교육과학사.
- 정일환·이일용·김혜숙·김병주·권동택·정제영(2020). 『교육정치학: 이론과 적용』. 서울: 학지사.
- 한국교육정치학회(2014). 『한국 교육개혁 정치학』(연서 제1권). 서울: 학지사.
- 김재웅(2010). 『홈스쿨링의 정치학: 홈스쿨링 운동의 교육정치학적 분석과 전망』. 서울: 민들레.
- 김용일(2009). 『지방교육자치의 현실과 '이상': 지방교육자치제도의 정치학』. 서울: 문음사.

[번역서]
- Spring, Joel, 정일환·김혜숙·이혜미 역(2016). 『미국 교육 정치학』. 서울: 교육과학사.
- Whitty, Geoff, 김달효 역(2012). 『신자유주의 교육정책의 비판』. 서울: 학지사.

다른 한편, 교육정치학의 양적 성장과는 달리 그 성과가 연구자를 넘어 대중과 만나는 기회는 충분치 않았다. 그런 점은 교육정치학 관련 단행본 출간 실적에서 간접적으로나마 확인할 수 있다. 정일환[2004: 8]은 학회 창립 10주년 기념 학술대회에서 교육정치학 관련 서적들이 활발히 발간되었다고 보고한 바 있다.[162] 그런데 20년이 지난 현재 단행본 출간

실적[163]은 상당히 저조한 편이다. 이 점에 대해서는 학회 창립 20주년 기념 학술대회에서도 지적된 바 있다.[반상진, 2014: 29 참조] 그만큼 지난 20년간 저술 활동을 통해 학문 후속세대나 대중과 만나는 노력이 부족했던 결과다. 양적 성장 이면의 '그늘'이라고나 할 것인데, 선도적 또는 실험적 저술가들의 활발한 활동이 요구되는 대목이다.

3. 정책연구의 비판적 기능 강화와 탐구 과제

가. 교육학의 보수성과 관제적 성격 극복

큰 틀에서 교육정치학 연구는 지금까지 살펴본 양적 성장을 바탕으로 질적 확충을 기해야 하는 과제를 안고 있다. 그런데 여기서 먼저 살펴봐야 할 문제가 하나 있다. 바로 교육학 연구 전반의 보수성과 관제적 성격 극복 여부다. 바로 앞 장에서 한국교육정치학회 출범의 의의를 "우리 교육(학)계 전반의 관념성과 보수성에 대한 학문적 도전에서 찾아야 한다"라고 한 바 있다. 바꾸어 말해 이런 도전이 일정한 성과를 냈다는 것은 교육정치학의 연구 환경이 그만큼 좋아졌다는 뜻이다. 그렇지 못하다면, 이를 극복하는 일이 연구의 질적 확충을 위해 선결 또는 병행될 수밖에 없다. 우리가 발 딛고 있는 현실은 어디쯤일까?

---

162. 그의 말을 그대로 옮겨 보면 다음과 같다. "학회 차원에서 발간한 서적들, 예컨대『교육정치학론』(1994),『한국교육개혁의 정치학』(1998),『교육정치학: 교육과 정치체제』(1997) 등을 들 수 있다. 이외에도 개인적 수준에서『위험한 실험: 교육개혁의 정치학』(2000),『정치로부터 자유로운 교육』(2001) 등 교육정치학 관련 저서들이 활발히 발표되고 있다."
163. 단행본 출간 실적은 2023년 5월 초 인터넷 서점(알라딘과 교보문고) 사이트에서 "교육정치학", "교육과 정치"를 키워드로 검색하였다. 절판된 책까지 포함된 조사 결과를 그대로 다 사용하지 않고, 내용은 물론 저자의 교육정치학 연구 또는 학회와 연관 관계를 고려하여 최종 선정하였다.

앞에서 적어도 교육학계 차원에서는 '비정치의 신화'를 넘어섰다고 했다. 그런데도 교육학 연구 전반은 아직도 완고한 면모를 유지하고 있다.[164] 마치 교육정치학의 존재와 '비정치의 신화'가 미신이라는 것까지는 인정하되 그 이상은 양보할 생각이 없다는 태도처럼 말이다. 그러는 사이 지난 20여 년간 교육학의 관제적 성격은 오히려 강화되었다. 요컨대, 교육정치학은 여전히 교육학의 보수성과 관제적 성격을 극복하는 과제를 안고 씨름해야 하는 처지다. 여러 변화가 있었지만 "복잡계"로서 교육정책 연구에 관한 한 이것이 당면한 현실이다. 그와 같은 문제 상황의 중심에 '정책중점연구소'가 자리하고 있다.

"안녕하세요. 부총리 겸 교육부장관 유은혜입니다. 오늘 처음으로 **교육부가 지원하는 15개의 정책중점연구소** 소장님들을 이렇게 한자리에서 뵙게 되어 반갑습니다. … 우리 부는 **2005년부터 교육 현장의 문제점을 해결하기 위한 실질적인 대안을 찾기 위해서 대학에 정책중점연구소 지정을 시작**했습니다. 교육복지, 학교폭력, 학생 정신건강, 학교안전, 진로교육, 교원정책, 사교육혁신, 교육자치, 글로벌 거버넌스, 역사교육, 민주시민교육, 미래교육 이러한 **핵심적인 초중등 과제부터 고등교육정책이나 산학협력, HRD와 같은 고등·평생·직업교육의 과제까지 여러 교육 분야가 망라**되어 있습니다. 여러 가지 복잡한 교육 문제의 해법을 찾아가기 위해서는 전문성 있는 대책, 그리고 현장

---

164. 우리 교육학이 지난 30년간 교육의 계급화가 격화되어 온 현실에 어떻게 대응해 왔는지를 생각하면 실로 자괴감을 금할 길이 없다. 많은 연구가 정치화되면서 그와 같은 퇴행을 부추겼기 때문이다. 사정이 이럴진대 1960년대 신행정학자들이나 교육정치학을 탄생시킨 주역들이 고민한 "학문의 사회적 유용성" 차원에서 낙제점을 면키 어렵다는 건 말할 필요조차 없다.

의 문제점 분석을 기반으로 수립된 대책이 필요합니다. 오늘 참석해 주신 **각 대학의 정책중점연구소가 그동안 교육부의 정책 기본계획 수립과 사업 추진 과정에서 많은 역할**을 해주셨습니다." ^{부총리 겸 교육부장관 유은혜.}
2020.10.8.

2020년 10월 8일 정부서울청사에서 열린 '정책중점연구소 협의회'의 풍경이다. 거기서 교육부장관이 행한 인사말을 길게 인용한 이유가 있다. 그 속에 우리 교육학계에서 수행해 온 정책연구의 현주소가 고스란히 담겨 있기 때문이다. 지난 20년 가까이 한국연구재단을 경유한 재정 지원을 고리로 정책설계policy design나 정책 주장policy argument 위주의 연구가 조직화되었다. 정책 정당화를 위한 '정책연구'가 제도화된 것이다.

교육부 입장에서는 "정책설계의 외주화outsourcing" 사업이라 할 만한데, 특별히 사립대학 정책중점연구소의 경우 "정책연구의 민영화 privatization"[165]라는 의미도 함께 지니고 있다. 이처럼 교육학 전반의 정책연구가 이전보다 훨씬 관제화되어 연구 내용의 보수성 또한 한층 강화되었다. 이제 대학의 정책중점연구소는 한국교육학회 연차학술대회 기관 세션에서 주제 발표와 종합토론을 도맡아 진행할 정도로 광폭 행보를 보이고 있다.^{사교육혁신연구소, 2021.6.26 참조}

특별히 사립대학에서는 이런 연구소 유치가 교육학과 교수들의 '능력'

---

165. 교육부가 사립대학에 정책중점연구소를 지정해 주어 정부 재정 지원 등을 받게 한다는 점에서 '신민영화(new privatization)' 정책으로 보는 게 더 적절할지 모른다. 이를 통해 정부가 우리나라 고등교육의 지배 세력인 사학과 더 단단히 손잡는 한편, 연구를 통해 사학의 이해를 반영하는 효과까지 거두고 있다. 제7장에서 살펴보았듯이 '신민영화'라는 개념은 사학이나 민간기업이 학교와 대학에서 이윤을 추구하고 영향력을 확대할 수 있도록 사업의 공간을 열어주는 저간의 경향을 분석한 Burch(2021)의 책에서 가져왔다. 이와 관련하여 '정책의 민영화(the privatization of policy)'라는 개념도 앞으로의 연구에 크게 도움이 될 수 있을 것이다.(Ball, 2021: 47 참조)

을 보여주는 징표로 받아들여진다. 이에 교육부 관료를 교수로 영입하는 관행이 정착되었을 정도다.[166] 더 정확히 말하면, 사립대학은 중점연구소 유치를 전후로 거의 예외 없이 교육부 관료를 교수로 영입하였다. 설상가상으로 이런 연구소의 연구 인력이 대개 교육학의 학문 후속세대다. 훈련의 과정에서부터 정책 정당화를 요체로 하는 '정책연구 마인드'의 세례를 받게 되는 형국이다.

교육정치학 연구의 질적 확충에서 필수적인 요소가 바로 학문 후속세대 양성 과정이다. 그렇다면 강단에서 정책연구가 본업인 교육정치학

〈 표 10-2 〉 교육정치학 관련 과목 개설 현황(2023년 현재)

구분	고려대학교	교원대학교*	서울대학교	연세대학교
학부 (교육학과)	교육정치론	–	–	교육정책
대학원 (세부전공)	교육행정학 및 고등교육학	교육정책전문대학원	교육행정 전공	교육행정 · 정책
	교육정치학	교육정책의 정치학	교육정책론	교육정책과 교육의정치학
	교육정책분석 및 평가	교육정책과 정치경제학	고등교육정책	교육정책분석 I II**
	교육정책연구법	정책과 정치과정론	교육정책세미나	
	교육정책사례연구		교육정책분석론	
	고등교육정책 분석 및 평가			

*교원대학교의 경우 대학원은 "교육정책전문대학원" 전체의 교육과정을 대상으로 하였음
**해당 세부 전공의 대표 개설 과목으로 되어 있으나 대학원 개설 과목에서는 찾아볼 수 없음
자료: 해당 대학(원) 홈페이지의 교육과정 또는 교수요목

---

166. 이런 사정은 ○○정책중점연구소를 유치하여 운영해 온 서울 소재 사립대학 교육학과 교수의 프로필에 잘 담겨 있다. 정보의 민감성 등을 고려하여 익명 처리하고 문맥도 조금 바꾸었다. "○○○ 교수 19○○년 행정고시 합격, 교육부에서 ○○ 분야에서 정책개발 등을 ○○년 동안 담당. ○○나라 연방 교육부에서 교환 공무원 근무. 미국 ○○대학에서 박사학위 취득. 20○○년 ○○대학교 교수로 이직. 중앙부처 관료로서의 교육정책 및 행정 경험을 연구와 교육 활동에 접목하여 현장 적합성 높은 교육 활동을 수행 중."

은 어떤 대접을 받고 있을까? 전국 대학과 대학원의 정책연구 관련 교육 현실은 기대에 한참 못 미치는 수준이다. 반상진[2014: 32-33]은 일반대학원과 교육대학원 수준에서 교육정치학 과목 개설 비율이 16~22% 정도로 일찍이 보편화된 미국의 상황과 아주 다르다고 분석한 바 있다.

그런데 10년이 지난 지금도 크게 달라지지 않았다. 〈표 10-2〉에서 특별히 교원대와 서울대 교육학과에 교육정치학 또는 교육정책 관련 과목이 개설되지 않은 점이 눈길을 끈다. 논제의 성격상 후속 연구과제로 남겨둘 수밖에 없지만, 기본 가설은 "학문으로서 교육정치학과 취업 수단으로서 교육행정학과의 긴장 관계" 정도가 아닐까?

나. 정책연구의 비판적 기능 강화

지난 30년 가까이 정부는 교육개혁을 추진한다면서 영국과 미국으로부터 시장주의 교육정책 수입policy borrowing에 몰두해 왔다. 정도의 차이는 있지만, 보수적인 정부나 그와 차별성을 내세우는 정부가 본질상별 차이가 없었다.양희준, 2015; 안병영, 2010: 6-7 참조; 이병환, 2002 교육 실천에서의 이런 경향성이 정책설계와 정책 주장에 매진해 온 학계에 의해 정당화되었다는 사실은 앞에서 살펴본 대로다.

학계의 연구와 제반 활동으로 비교육적인 교육정책이 정상화되길 기대하는 것이 보통이다. 그러나 시장주의 교육정책 등 정부의 의지가 일방적으로 관철된 비교육적인 정책이 교육학계의 뒷받침을 받아 입안·추진되었다. 바야흐로 정책 정당화를 넘어 정책연구 본연의 비판적인 면모를 되찾아 한층 강화시켜야 할 것인데, 이는 교육정치학 연구의 질적 확충을 위해 빼놓을 수 없는 과제다.

"세계화기는 정부가 1995년 5·31 교육개혁안을 공표하면서 시작되었다. 5·31 교육개혁안은 세계화, 정보화 사회를 지향한다고 하였지만 **교육개혁의 방법적 원리를 신공공관리론에서 끌어왔다. 신공공관리론은 시장주의와 신관리주의 결합 형태**이다. 시장주의 차원에서 경쟁 원리와 고객주의를 바탕으로 공급자로서 정부의 서비스 경쟁 유도, 작은 정부, 고객 선택권 확대 등을 추구한다. 신관리주의 차원에서 규제 완화, 민영화, 권한 이양, 성과주의 등이 시도된다. … **정부가 주도적으로 정책의제를 설정하고, 교육행정학계에서 정책 과정을 지원하는 역할을 수행**하고 있다. **교육행정학 연구와 교육행정의 실제 간의 역전 현상이 나타난 것이다.**"임연기, 2014:429-430

중견 교육행정학자가 '세계화기'의 "교육행정의 연구과제"를 논하는 글에 등장하는 내용을 가져온 것이다. 후반부에 "정부가 주도적으로 정책의제를 설정하고, 교육행정학계에서 정책 과정을 지원하는 역할을 수행하고 있다"라는 대목이 인상적이다. 정책설계를 통해 정부 주도의 교육개혁을 지원했다는 뜻이다. 이를 "교육행정학 연구와 교육행정 실제 간의 역전 현상"이라고 하고 있다.

교육행정학 연구자들이 시장주의 교육개혁을 뒷받침하였다는 사실에 대한 완곡한 표현이다. 교육학계가 정책설계 등에 앞장서 시장 조건 market conditions에서 강자인 기업과 부유층의 이해를 대변하는 데 복무해 온 것이다. 그런 점에서 관제화된 연구의 보수성과 편향성을 다시 한번 확인할 수 있다.

사실 교육행정학, 나아가 교육학 연구 전반의 이런 기풍은 이른바 '세계화기'에 갑자기 만들어진 것이 아니다. 8·15 이후 미군정기를 거치면서 한국의 교육학은 관제적 성격이 강한 학문으로 출발한다. 국대안 파동으로 인한 초기 인적 구성상의 변화에 더하여 미군정의 유학프로그램에 의한 교육학 연구자 양성 시스템 자체의 속성 때문이었다.^{김용일, 2003 참조} 학문의 관제화가 연구의 보수성을 초래한 것인데, 교육학의 이 같은 기본 토양은 지금도 크게 변하지 않았다. 1980년대 사회민주화 운동의 결실인 '87년 체제'가 40년 가까이 지났다는 사실을 상기할 때, 교육학의 이런 상황은 실로 기이한 느낌을 줄 정도다.

다행스러운 점은 교육정치학의 경우 임연기가 말한 "정책 과정을 지원하는 역할"에서 상대적으로 자유로웠다는 사실이다. 기본적으로 "누가, 무엇을 언제 어떻게 얻는가?"라는 정치학의 핵심 질문에 기초한 학문의 정체성 덕분이다. 이로써 교육행정학과는 달리 연구의 비판적 성격을 비교적 잘 유지할 수 있었다. 교육정치학 연구의 질적 확충 과제와 관련하여 깊이 음미하고 더 발전시켜 나가야 할 부분이다. 계량경제학 모델이나 단순하기 짝이 없는 시장 가설market hypothesis¹⁶⁷로 우리 교육의 문제 상황을 돌파할 수 없다는 점만큼은 분명하지 않은가?

우리의 교육정치학 연구는 지난 30여 년간 지속된 시장주의 교육정책과 일정한 거리를 두어왔다. 정부의 정책이나 정당의 정책 대안을 정당화하는 일을 '정책연구'로 생각하는 풍조와는 달리 비판적 안목에서 정책연구를 수행하고자 노력해 온 것이다. 특별히 "정책연구의 정치화"가 교육정치학의 학문적 정체성을 위협한다는 점에서 긴장의 끈을 놓지 않으려 애썼다. 그러면 이로써 충분한가? 시장주의 교육개혁이 신민영화

---

167. 미국에서도 1980년대에 교육정치학 연구자들은 정치학자들과는 달리 교육정책 연구에서 경제학적 접근의 수용을 꺼렸다. 이런 사실은 "모학문인 정치학으로부터의 일탈"이란 개념 중심으로 바로 앞 장에서 살펴본 바와 같다.

정책으로 진화하고 있는 작금의 현실 하나만 놓고 보더라도 대답은 긍정적일 수 없다. 교육정치학은 여전히 연구의 질적 확충을 통해 사회적 유용성을 높여 나가야 하는 과제를 안고 있다 할 것이다.

다. 연구의 질적 확충을 위한 탐구 과제

그러면 이제 연구의 질적 확충을 위해 앞으로 교육정치학에서 천착했으면 하는 탐구 과제를 살펴보기로 하자. 각 과제에 대한 본격적인 논구는 다른 연구자들의 몫으로 하고, 여기서는 연구의 필요성과 착안점을 중심으로 간략히 논하고자 한다. 실로 다양한 탐구 과제를 거론할 수 있겠지만_{신현석·정용주, 2022; 신현석, 2017; 김재웅, 2004; 김용일, 2000 참조}, 크게 세 가지로 집약하여 제시했다. 과제의 중요도와 시의성에 더하여 교육정치학의 유용성이 얼마나 잘 드러나느냐를 과제 선정의 기준으로 삼았다.

1) 5·31 교육개혁에 대한 종합적 평가

5·31 교육개혁은 '문민정부' 시절이던 1995년 5월 31일 교육개혁위원회의 제2차 대통령보고서가 공개되면서 본격화되었다. 그런데 30년 가까운 세월이 흐른 지금도 여전히 "현재 진행형"이란 평가가 많다. '국민의 정부'로 정권이 바뀌고 '참여정부'를 거치면서도 이 개혁의 청사진은 생생하게 살아있는 정책 문서였다._{김신일, 2015 참조} 이명박 정부로 정권이 교체된 다음 박근혜 정부에 이르기까지 5·31 교육개혁의 주역들이 다시 등용되고 개혁에 속도를 더한 것은 충분히 이해할 만한 일이다. 문제는 문재인 정부로 정권 교체가 되었는데도 크게 달라지지 않았다는 사실이다. 그런 가운데 정권 교체가 이루어져 윤석열 정부가 들어섰다. 이명박 정부의 교육부장관이 다시 발탁되면서 과거의 정책 문서가 강도를 더해

꿈틀거리는 현실을 맞이하고 있다.^{교육부, 2023.1.5. 참조}

　어떻게 이런 일이 가능한 것일까? 거듭된 정권 교체에도 불구하고 30년 전에 시작된 교육개혁이 현재 진행형이란 사실은 무얼 뜻하는 걸까? 교육정치학 연구자라면 팔을 걷어붙이고 달려들어볼 만한 탐구 과제라는 생각이다.[168] 총론 차원에서 이 정책 문서를 떠받치고 있는 가치 또는 이념에 대한 논란도 종합적으로 정리할 때가 되었다. 학교 민영화와 공교육 시장화를 요체로 하는 시장주의 교육정책이라는 평가가 대세이지만,^{안병영, 2020.6.19: 4-5 참조} 교육부나 이 정책을 주도해 온 당사자들은 손사래를 치면서 부정한다. 기업과 부유층의 이해를 일방적으로 반영한 정책을 추진해 왔다는 오명을 피하고 싶은 것이다.

　시장주의 교육정책에서 한 걸음 더 나아가 사학과 민간기업이 학교와 대학에서 이윤추구를 할 수 있는 공간을 활짝 여는 신민영화 정책으로 진화하고 있는 현실이다.^{Burch, 2021 참조}. 이 책 제7장에서 살펴본 것처럼 인공지능 등 에듀테크의 교육적 활용 담론과 정책이 이런 문제들과 아주 긴밀히 연계되어 있다.

　총론만이 문제가 아니다. 각론 수준에서 5·31 교육개혁의 대표 의제인 학교 다양화나 대입 전형 방법과 요소의 다양화 정책을 둘러싼 논란이 여전하다. 게다가 학교 민영화 레짐의 '고유영토'라 할 수 있는 취학 전 교육과 고등교육 정책은 정부의 총체적 실패를 극명하게 보여주는 사례다. 모두 긴요한 탐구 대상으로 교육정치학 연구의 질적 확충을 위해 더 큰 관심이 필요하다.

---

168. 이런 현상의 원인을 규명하는 데에 "이중권력(dual power)", "숨겨진 국가(deep state)" 등의 개념이 아주 유용할 수 있다.(Spring, 2021: 89-101 참조)

2) 지방교육자치에 대한 증거 기반 연구

지방교육자치는 하나의 정치-행정제도a politico-administrative system다. 이런 제도적 속성 때문에 자연스럽게 교육정치학의 주된 탐구 대상으로 자리매김해 왔다. 그런데 현행 제도 운용 34년 동안 한시도 조용할 날이 없었다. 여러 논란 가운데 근자의 핵심 현안은 역시 교육감 선출제도 개편이다. 윤석열 정부가 들어서자마자 집권 여당 소속 국회의원 2인은 러닝메이트제로의 개정 법률안을 제출하였다.정우택, 2022. 7. 4; 김선교, 2022. 7. 1. 21대 국회가 마무리되면서 자동 폐기되었지만, 문제는 개정 이유가 당리당략과 함께 이 제도에 대한 "신념 또는 규범"에 의지해 있다는 사실이다. 제도 운용 과정에서 축적된 경험적 자료에 기초한 개편 논의가 아니란 뜻이다. 증거 기반 연구가 절실한 이유라 할 것이다.

그러나 이것 말고도 교육정치학 연구자들이 관심을 갖고 들여다보아야 할 문제 상황이 존재한다. 바로 '교육의 정치적 중립성'을 지방교육자치의 '원리'로 신봉해 온 교육(학)계의 현실이 그것이다. 법학자나 행정학자 등 이미 많은 이들이 다룬 바 있지만길성용·강태수, 2022; 안성경, 2017; 배소연, 2019 참조, 앞으로 교육정치학 연구자들이 적극 나섰으면 한다. 교육의 정치적 중립성에 대해 규범적 접근이나 문리 해석을 넘어서야 하기 때문이다. 그런 결심을 하는 데 다음의 인용문이 얼마간 도움이 되었으면 한다.

"교육은 본질적으로 정치의 한 형식an essential form of politics이다. 따라서 '이러저러해야 한다'라는 이상화된 설명보다는 그 역사적 작동 양식들과 기본구조에 대한 면밀한 고찰을 통해 더 잘 이해할 수 있다."Peim, 2022, in preface

다른 한편, 지방교육재정교부금 논란도 교육정치학 연구자가 관심을 기울여야 할 뜨거운 현안이다.^{송기창, 2022; 송기창, 2022. 1. 24 참조} 논란과 갈등은 재정경제부를 필두로 한 정부가 내국세에 연동된 현행 제도를 개편하려는 데서 촉발되었다. 정부는 한국개발연구원KDI 등 국책연구기관이나 관련 연구자들을 동원하여 개편안을 마련한 뒤 언론을 통해 개편의 당위성을 알리는 행보를 이어왔다.^{김학수, 2022; 김성은·강만원, 2022. 6. 21} 주장의 요지는 교육재정 규모의 축소이며, 핵심 논거는 학생 수 감소다. 이에 대해 교육(학)계는 거세게 반발해 왔다.^{전국시도교육감협의회, 2023. 9. 5.; 지방교육재정 수호를 위한 공동대책위원회, 2022. 10. 24; 송기창·윤홍주, 2022} 그러나 학령인구의 급감 등 교육환경의 변화로 지방교육재정 개혁은 더는 외면할 수 없는 의제가 되었다.

끝으로 사실 이건 지방교육자치와 큰 관련이 없지만^{김용일, 2009 참조}, 문제 상황이 계속되기 때문에 여기서 적시하고 넘어가기로 한다. 바로 학교운영위원회 제도에 대한 엄정한 평가와 개편 문제다. 이미 오래전에 확인된 것처럼 제도로서 효용이 기대 이하다. 학교장이나 학부모에 따라 운영 양태가 달라 학교 현장에서는 계륵과 같은 존재로 취급되고 있다. 그런데도 5·31 교육개혁 당시 영국의 학교운영위원회school governing body 모델을 수입하여 제도화했던 교육부는 책임지려 하지 않는다. 이 제도를 기반으로 단위 학교에 대한 지원 및 관리를 담당하는 시·도 교육청은 자기들 책임이 아니라면서 애써 외면하고 있다.

3) 교육의 계급화에 대한 학문적 대응

앞에서 교육정치학이 시장주의 교육개혁에 비판적 입장을 견지해 왔으나 그것으로 충분치 않다고 했다. 왜 그랬던 걸까? 교육정치학 연구가 시장주의 교육개혁과 일정한 거리를 유지해 온 건 사실이다. 그러나 교육의 계급화[169]가 격화되어 온 현실에 별다른 영향을 미치지 못한 것 또한 부인하기 어렵다. 교육정치학의 학문적 실천이 '거대한 벽'에 부딪힌 셈이다. 교육의 계급화가 교육정치학 연구의 부족함에서 기인한 것은 물론 아니다. 그렇지만 교육정치학이 사회적 유용성을 높여 이런 문제 해결에 기여하는 것은 아주 긴요한 일이다. 이 점을 강조하고 싶었다.

시장주의 교육개혁을 추진했던 나라들의 경우 예외 없이 교육의 계급화가 심해졌다. 그런 실태를 보고하는 연구는 1990년대 중반 이래 차고 넘친다.[Tienken and Mullen, 2022; Ingleby, 2021; Rhodes, 2012 참조] 게다가 코로나 사태 COVID-19로 인한 비상 상황, 인공지능 등 디지털 격차 심화 가능성 등 교육의 계급화를 가속화할 징후들이 도처에 도사리고 있다. 교육정치학 연구자들이 이런 현실을 응시하고 교육의 계급화를 초래하게 된 원인을 규명하는 데 적극적으로 나서야 한다.

스티글리츠[Stiglitz, 이순희 역, 2013: 116-145 참조]의 지적대로 교육의 계급화는 "결코 우연한 것이 아니라 시장의 힘과 정부의 정책 등에 의해 만들어진 것"이기 때문이다. 교육정치학의 "정책 패러다임"이 지닌 장점을 살려 유효한 정책 대안을 마련하는 일에도 연구력을 집중하였으면 하는 바람이다. 우리 모두의 아이들을 위한 공교육제도를 견실하게 하기 위해서다.

---

169. "교육의 계급화"라는 개념은 다음의 문맥에서 그 의미를 잘 파악할 수 있다. "세대에 걸쳐 계급 재생산이 이루어지는 공간, 그것이 바로 오늘날의 학교 대학이다. 오죽하면, '더 이상 개천에서 용 나기 어렵다'라는 자조가 사회 전반을 짓누르고 있겠는가? 이런 현실을 이 책에서 나는 교육의 계급화라는 말로 표현하고 있다. 계층 간 교육 불평등과 같은 익숙한 개념을 사용하는 것이 너무 한가하다는 생각이 들었다. 짐작하는 것 이상으로 사태가 심각하기 때문이다."(김용일, 2010: 6-7)

4. 너른 학문 세계를 넘나드는 교육정치학

이 작업을 마무리할 즈음 대학원 박사과정에 진입하여 공부할 때의 기억이 하나 떠올랐다. 누군지 밝히기는 곤란하지만, 인사차 방문한 연구실에서 은사님 가운데 한 분과 주고받은 대화 내용이다. 세부 전공이 어느 분야인지 물으시길래 "교육정치학을 공부하고 있다"라고 말씀드렸다. 그러자 선생님께서는 "자네 아주 거창한 공부를 하는구먼"이라고 하셨다. '거창한 공부'라는 표현에 얼마간 냉소가 담겨 있다는 느낌을 받았다. 표정에서도 그리 탐탁하게 여기지 않으신다는 걸 금방 알아챌 수 있었다. 대화는 어색해지고, 될 수 있으면 빨리 연구실에서 벗어나야겠다는 생각에 전전긍긍했었다.

이런 기억에 비추어 보면, 작금의 교육정치학에 대한 학계의 인식은 말 그대로 상전벽해라 할 수 있다. 지금까지 살펴본 것처럼 청년기에 접어든 신생 학문에 대한 수용도가 아주 높아졌다는 뜻이다. 교육학계에서 정치-행정 이원론적 관점은 이제 설 자리가 없다고 해도 과언이 아니다. 그 연장선상에서 '비정치의 신화'를 공개적으로 거론하거나 지지하는 연구자들을 찾아보기 어렵게 되었다.

정치-행정 일원론에 기초하여 '비정치의 신화'를 극복하는 데 진력해 온 교육정치학의 성과라 하지 않을 수 없다. 그러나 학계와는 달리 교육계의 경우 여전히 요지부동인 구석이 존재한다는 사실도 함께 확인할 수 있었다. 이에 "한국판 '비정치의 신화'"인 '교육의 정치적 중립성'을 고수하는 이유 등에 대해 천착했으면 하는 생각도 밝혀두었다.

'비정치의 신화' 극복과 연구의 양적 성장이라는 눈부신 성과에도 불구하고 교육정치학은 질적 확충의 과제를 안고 있다. 이를 위해 먼저 교육학 연구 전반의 보수성과 관제적 성격을 극복하는 과제에 주목하였다. 교육정치학 연구가 활성화되는 데 필수적인 연구 환경 정비의 의미가 내포되어 있기 때문이다.

이런 소극적인 차원의 과제는 곧바로 정책연구의 비판적 기능 강화라는 적극적 차원의 과제로 이어진다. 정책 정당화를 넘어 현장성과 실천성을 갖춘 정책연구에 매진해야 한다는 뜻이다. 이 두 측면에서의 부단한 노력이 교육정치학 연구의 질적 확충을 가능케 해줄 것이다. 이런 맥락에서 탐구 과제를 세 가지로 집약하여 제시하였는데, 어느 것 하나 소홀히 할 수 없는 과제들이다.

그런데 교육정치학 연구의 질적 확충의 과제와 관련하여 같이 생각해봤으면 하는 중요한 문제가 하나 있다. 바로 학령인구의 급감에 따른 교육환경의 변화다. 일반대학 교직과정은 물론이고 교대와 사범대 입학정원까지 속도감 있는 감축을 강요받고 있는 현실이다. 당연히 교육학 전공 교수 수요도 아주 빠르게 감소하고 있다. 이런 변화가 특별히 학문 후속세대에게 뜻하는 바는 무엇일까?

"제대로 된 공부"를 하지 않으면 연구자로 살아남을 수 없다는 것이지 않을까? 이런 조건에서는 교육(학)계를 넘나들며 거침없이 소통할 수 있어야 한다. 교수직이 아니라도 연구자로서 다양한 활동을 통해 생계를 유지할 수 있어야 한다. 이런 능력을 갖추려 할 때, 자연히 교육정치학처럼 도전적이며 학문의 사회적 유용성 면에서 비교우위에 있는 연구 분야가 선호될 것으로 예상해 볼 수 있다.

그러나 이와는 다른 경로를 따를 가능성도 배제할 수는 없다. 교육학 전공 교수라는 직업을 얻는 수단으로서의 '학문'과 실력 있는 연구자로서 확고한 정체성을 갖추어 나가는 공부 차원의 학문이 다르기 때문이다. 앞에서 지난 30년의 성과가 무색할 정도로 교육정치학이 유독 강단에서 제대로 대접받지 못하고 있다는 걸 확인했다. 이 문제에 관한 한 정치-행정 이원론의 전통에 서 있는 교육행정학과의 긴장 관계가 해소되지 못한 상태다. 당분간 교육정치학 전공으로 교수 채용 공고를 낼 가능성이 그리 많지 않다는 뜻이다. 이런 조건이라면 학문 후속세대는 교육정치학보다는 교육행정학을 선택할 공산이 크다.

사실 이런 점 때문에 교육학의 보수성과 관제적 성격 극복의 필요성을 더 강조한 면이 없지 않다. 교육정치학 연구자가 교육행정학이라는 우회로를 통해 배출되는 상황이 편치 않을 뿐만 아니라 '언제까지 계속되어야 하나'라는 생각 때문이다. 그러나 이런 상황이 일정 시간 계속되더라도 멀리 보면 그리 실망할 일만은 아니다.

비판적인 안목과 함께 현장성과 실천성을 갖춘다면, 교육학뿐만 아니라 인문 사회과학의 너른 학문 세계에서 얼마든지 유능한 연구자로 자신의 존재를 각인시켜 나갈 수 있을 것이기 때문이다. 게다가 교육정치학과의 상호작용을 거치면서 강단 교육학도 일정 수준 변해 왔고 또 앞으로 그 속도가 배가될 것이라는 점도 위안이라면 위안이다.

참고문헌

강길수(1980). 한국 교육행정사 연구초. 서울: 재동문화사.

강내희(2003). 노무현 정권과 신자유주의 교육정책. 교육비평. 14(겨울호), 12-27.

강대인(2015. 5. 8). 토론 I. 국가미래인재육성포럼·교육개혁포럼·한반도선진화재단. 5·31 교육개혁 20주년 미래인재육성 대토론회(자료집), 175-178.

강무섭(1994. 11. 11). 한국교육정치학회 태동의 의의. 한국교육정치학회. 한국교육정치학회보. 1(2), 1-2.

강무섭(1998. 10. 20). 교육정치학의 관심 영역. 한국교육정치학회. 한국교육정치학회보 Newsletter. 4(2), 1-3.

고세훈(2005). 민주주의와 복지. 최장집 편. 위기의 노동(서울: 후마니타스), 417- 443.

고전(2003). 일본교육개혁 흑·백서. 서울: 학지사.

공병영·이상돈(2015). 외국어고등학교 정책변동 과정 사례분석. 교육행정학연구. 33(1), 203-227.

곽영우 외(1993). 교육행정 및 교육경영. 서울: 과학과 예술사.

교육개혁위원회(1995. 5. 31). 세계화·정보화 시대를 주도하는 신교육체제 수립을 위한 교육개혁방안(I)(제2차 대통령 보고서).

교육개혁위원회(1998. 1). 교육개혁백서.

교육부(1999. 3. 11). 창조적 지식기반국가 건설을 위한 교육발전 5개년 계획(시안).

교육부(2022. 7. 29). 교육부 업무보고.

교육부(2023. 1. 30). 유보통합으로 '출생부터 국민안심 책임교육돌봄' 실현(보도자료).

교육부(2023. 1. 5). 2023년 주요업무 추진계획 – 교육개혁, 대한민국 재도약의 시작.

교육부(2023. 2). 모두를 위한 맞춤 교육의 실현 디지털 기반 교육혁신 방안.

교육부(2023. 2. 23). 인공지능을 활용한 디지털 교육으로 '모두를 위한 맞춤 교육시대'연다(보도자료).

교육부(2023. 3. 17). 모두를 위한 맞춤교육의 실현 디지털 기반 교육혁신 방안(국가교육위원회 제11차 회의 보고 사항).

교육부(2023. 6). 모든 학생의 성장을 지원하는 공교육 경쟁력 제고방안.

교육부(2023. 6. 20). 공교육 경쟁력 제고 방안(보도자료).

교육부(2023. 6. 20). 대학 내·외부 벽을 허물고 대학개혁을 선도할 글로컬대학

예비지정 결과 발표(보도자료).

교육부(2023. 6. 9). AI 디지털교과서 추진 방안(국가교육위원회 제14차 회의 보고
  사항).

교육부(2023. 7. 14). 공교육 경쟁력 제고 방안(국가교육위원회 제15차 회의 보고
  사항).

교육부(2023. 9. 15). 공교육과 기술이 함께 발전하는 '교육 정보 기술(에듀테크)'
  시대 열린다(보도자료).

교육부(2023. 10). 미래 사회를 대비하는 2028 대학입시제도 개편시안.

교육부(2023. 10. 9). 2028 수능 국·수·탐 선택과목 없이 통합 평가(보도자료).

교육부(2024. 1. 16). 국민의 교육선택권을 보장하는 자사(공)고·외고·국제고의
  존치를 위한 개정령안 국무회의 통과(보도자료).

교육부(2024. 1. 24). 2024년 주요 정책 추진계획: 교육개혁으로 사회 난제 해결.

교육부(2024. 4). 교사가 이끄는 교실 혁명을 위한 디지털 기반 교육혁신 역량 강
  화 지원방안.

교육부(2024. 4. 16). 대학, 지역혁신 생태계의 중심이 된다! 2024년 글로컬대학
  예비지정 결과 발표(보도자료).

교육부·전국시도교육감협의회(2017. 12. 12). 학교 민주주의 실현을 위한 교육자
  치 정책 로드맵.

교육인적자원부 대학구조개혁추진본부(2005. 8).「국립대학운영체제에 관한 특별
  법」제정 추진: 국립대학 특수법인화와 대학회계 제도.

교육인적자원부(2003). 국민의 정부(1998-2002). 교육인적자원백서.

교육인적자원부(2003. 1. 21).「민주당 대선공약」교육 분야 진단·검토.

교육인적자원부(2003. 11. 21). 소득 2만 불 시대 도약을 위한 대학경쟁력 강화
  방안.

교육인적자원부(2005. 9. 13). 2005 OECD 교육지표(Education at a Glance) 발
  간(보도자료).

교육인적자원부·한국교육개발원(2002). OECD 주요국가 교육통계(통계자료 SM
  2002-4).

국가교육위원회 위원장(2023. 4. 14). 중장기 국가교육발전 전문위원회 위원 위
  촉(안)(제12차 회의자료).

국가교육위원회 위원장(2023. 9. 8). 공교육 정상화를 위한 교권회복 특별위원회
  구성(안)(보고안건).

국가교육위원회(2023. 1. 17). 국가교육위원회 제8차 회의 결과(상세).

국가교육위원회(2023. 3. 17). 국가교육위원회 제11차 회의록.

국가교육위원회(2023. 7. 14). 국가교육위원회 제15차 회의록.

국정기획자문위원회(2017. 7). 문재인 정부 국정운영 5개년 계획.

국정브리핑 특별기획팀(2007). 대한민국 교육 40년. 서울: 한스미디어.

국정홍보처(2008. 2). 참여정부 국정운영백서4: 사회.

권혜정·홍후조(2021). 국가교육위원회 관련 법률안의 비교 검토 및 시사점. 교육법학연구. 33(2), 27-54.

길성용·강태수(2022). 헌법상 교육의 정치적 중립성 보장에 관한 해석론. 교육법학연구. 34(1), 1-28.

김가람·이일용(2014). 다중흐름모형을 적용한 반값 등록금 정책 변동 과정 분석. 교육정치학연구. 21(1), 27-49.

김경회(2019). '국가교육위원회' 법률안에 대한 비판적 검토. 교육정치학연구. 26(2), 107-129.

김광호(1994. 5. 28). 대학에 대한 산업계의 기대. 한국교육학회. 국제화·개방화에 대비한 대학교육의 혁신(춘계학술대회 자료집), 26-44.

김명연(2020). 「국가교육위원회 설치 및 운영에 관한 법률(안)」에 관한 비판적 검토. 민주법학. 72, 115-149.

김미애·조은경(2023). 미국의 K-학년제와 주립 유아학교 정책을 통해 본 우리나라 유보통합을 위한 유아교육 정책 방향. 유아교육연구. 43(1), 449-484.

김민희(2018). 정권교체에 따른 교육복지 정책변동 분석. 교육정치학연구. 25(3), 129-158.

김성열(2013. 11. 30). 김용일 교수의 "교육정치학과 교육행정학"에 대한 토론(제2주제 토론). 한국교육정치학회. 교육정치학회 학문적 외연과 인접 학문(2013년 정기학술대회 자료집), 54-57.

김성열(2023). 교육행정분야 실천 영역에서 교육학의 성과와 과제: 국가교육위원회 관련 연구와 제정 법률 비교를 중심으로. 교육비평. 52, 289-335.

김성은·강만원(2022. 6. 21). 지방교육재정교부금 개편 논의 동향. 나보포커스, 47. 국회예산정책처. 1-4.

김수경(2013). 세종시 대학 유치 과정에서 나타난 정부 부처간 정책갈등 분석. 교육정치학연구. 20(4), 1-21.

김신일(2015. 5. 9). 5·31 교육개혁의 교육사적 의미와 성과(기조강연). 한국교육행정학회·성균관대학교 교육정책연구원. 5·31교육개혁과 단위학교 자율경영: 성과와 쟁점(춘계학술대회 자료집), 3-14.

김영국 외(1984). 신정치학개론. 서울:서울대학교출판부.

김영진·가상준(2021). 교육감 선거의 특징 분석: 후보자는 이념을 유권자는 정당을. 경북대학교 사회과학기초자료연구소. 연구방법논총. 6(1), 1-30.

김영철 외(2007). 대한민국 교육정책사 연구. 교육인적자원부(정책연구개발사업 2007-위탁-59).

김영훈(1974. 6). 미국 행정학에서의 사실과 가치의 상관성에 관한 연구. 고려대

학교 박사학위논문.

김예슬·김병주(2021). 텍스트마이닝을 활용한 교육정치학연구의 연구주제 변화 동향 분석. 교육정치학연구. 28(4), 155-181.

김용(2021). 국가교육위원회 출범 이후 전국시도교육감협의회 발전 방안. 전국시도교육감협의회.

김용(2022. 4. 9). 국가교육위원회 설치 이후 교육 거버넌스 변화 및 향후 과제. 한국재정경제학회·한국교육행정학회·한국교원교육학회·한국교육정치학회. 새 정부 교육정책의 과제(2022년 연합학술 대회 자료집), 3-21.

김용(2023). 교육자유특구: 지역 맞춤형 공교육을 선도할까? 교육생태계를 교란할까?. 교육비평. 51, 8-36.

김용일(1989). 교육의 정치적 중립성에 관한 일 연구: 교육정치학적 연구방법을 중심으로. 고려대학교 석사학위논문.

김용일(1992). 미국의 보통교육제도성립에 관한 연구: 제도성립의 이념적 측면을 중심으로. 교육법학연구. 3, 4(통합호), 207-233.

김용일(1994). 교육정치학의 학문적 성격에 관한 고찰. 교육정치학연구. 창간호, 1-34.

김용일(1995a). 교육에서 '비정치의 신화'에 관한 고찰. 교육정치학연구. 2(1), 78-97.

김용일(1995b). 미군정기 '교육자치 3법'의 정치학. 교육문제연구. 7, 141-160.

김용일(1995c). 미군정하의 교육정책연구: 교육정치학적 접근. 서울: 고려대학교 민족문화연구원(민족문화연구총서 91).

김용일(1997). 교육개혁에서 국가의 역할에 대한 재고. 한국교육학회소식. 33(2), 13-19.

김용일(1998). 교육행정에서 공교육의 원리에 대한 재조명. 교육학연구. 32(2), 99-125.

김용일(1999a). '정책패러다임'과 새로운 세기의 교육정치학. 교육정치학연구. 6(1), 1-19.

김용일(1999b). 신자유주의 교육개혁과 행정의 권위주의화. 교육행정학연구. 17(4), 21-38.

김용일(1999c). 신자유주의 교육개혁의 성과와 한계. 교육학연구. 37(3), 433-457.

김용일(2000). 교육정치학 연구의 현황과 과제. 안암교육학연구. 6(1), 77-102.

김용일(2001). 위험한 실험: 교육개혁의 정치학(2쇄). 서울: 문음사.

김용일(2002). 교육의 미래: 시장화에서 민주화로. 서울: 문음사.

김용일(2002. 11. 1). 교육인적자원부 개혁 방안. 교육개혁시민운동연대·전국교수노동조합·전국교직원노동조합. 교육개혁은 교육부개혁으로부터(국민대토론회 자료집), 9-110.

김용일(2003). 한국 교육학의 지배 세력과 미국. 학술단체협의회 엮음. 우리 학문 속의 미국: 미국적 학문 패러다임 이식에 대한 비판적 성찰(서울: 한울 아 카데미), 211-233.

김용일(2003. 5. 24). '참여정부'의 교육정책 기조(주제발표 1). 한국교육포럼. 참 여정부, 교육개혁의 과제와 전망(2003 춘계세미나 자료집), 11-18.

김용일(2004). 한국교육정치학회의 발전 과정. 교육정치학연구. 11, 47-60.

김용일(2005. 3. 8). 참여정부의 교육개혁, 열망과 실망의 악순환을 넘어. 대통령 자문정책기획위원회. 참여정부 2년 평가와 3년 전망 심포지엄: 민주적 발 전모델과 선진한국의 진로(자료집), 213-222.

김용일(2006). 5·31 교육개혁의 현황과 전망. 교육문제연구. 24, 127-145.

김용일(2009). 지방교육자치의 현실과 '이상': 지방교육자치제도의 정치학(개정증 보판). 서울: 문음사.

김용일(2010). 교육의 계급화를 넘어. 서울: 북이데아.

김용일(2011. 5. 3). 민주정부 10년의 교육정책과 미래 과제. 미래발전연구원·복지 국가소사이어티 외. 김대중·노무현 정부의 계승과 발전(심포지엄 자료집), 126-130.

김용일(2015. 5. 22). 노무현 정부의 교육정책결정구조. 한국교육정치학회. 한국 교육정책 결정 구조의 정치학(제38차 춘계학술대회 자료집), 67-91.

김용일(2017. 2. 10). 제4차 산업혁명과 교육행정의 미래: "유망한 연구노트"(토론 문). 안암교육학회. 제4차 산업혁명과 교육학의 혁신(2016 동계학술대회 자료집), 117-118.

김용일(2018). 제4차 산업혁명과 교육정책 거버넌스의 변화. 한국교육학회 편. 제 4차 산업혁명 시대의 한국교육의 전망과 과제(서울: 박영story), 39-64.

김용일(2019). 정권 교체와 교육정책 변동에 관한 연구. 교육정치학연구. 26(1), 161-180.

김용일(2022. 5). 국가교육위원회 설립 이후 교육 거버넌스 개편 방안 연구. 대통 령직속 정책기획위원회(정책연구보고서 2022-10).

김용일(2022a). 국가교육위원회의 제도화 가능성 탐색 연구. 교육정치학연구. 29(3), 174-175.

김용일(2022b). 유치원 3법 개정 입법의 정책적 의미에 관한 고찰. 교육행정학연 구. 40(4), 49-73.

김용일(2023. 4. 14). 정책 경쟁(policy competition)의 개념을 통해 본 한국의 지방교육자치. 한국교육정치학회. 제1차 콜로키엄 발표 자료.

김용일(2023a). 국가교육위원회 출범에 관한 실증적 고찰과 전망. 한국교육학연 구. 29(1), 25-46.

김용일(2023b). 교육정치학 30년의 성과와 과제. 교육정치학연구. 30(4), 269-295.

김용일(2023c). 교육감 권력 변동과 지역 교육정책의 변화에 관한 연구. 한국교육학연구. 29(4), 49-72.

김용일(2023d). 국가교육위원회 출범 이후 교육 거버넌스 개편 현황과 과제. 교육행정학연구. 41(5), 307-330.

김용일(2024). 윤석열 정부의 교육 거버넌스 개편과 신민영화 정책. 교육정치학연구. 31(2), 1-24.

김용일·김용(2016. 12. 22). 교육부장관과 교육감의 사무와 권한 관계 법령 정비 연구(전국시도교육감협의회 정책연구보고서).

김운태(1964). 행정학원론. 서울: 박영사.

김운태(1990). 정치학원론(제3전정판). 서울: 박영사.

김원수(1985). 경영학사. 서울: 경문사.

김은설(2023). 영유아 보육과 교육, 통합 추진 정책. 육아정책포럼. 77, 35-43.

김재웅(2004). 한국 교육정치학의 반성과 발전과제. 교육정치학연구. 11, 62-88.

김재웅(2010). 홈스쿨링의 정치학: 홈스쿨링 운동의 교육정치학적 분석과 전망. 서울: 민들레.

김재웅(2015. 5. 22). 김영삼 정부의 교육정책 결정 구조와 과정: 5·31 교육개혁안을 중심으로. 한국교육정치학회. 한국 교육정책 결정 구조의 정치학(38차 춘계학술대회 자료집), 3-37.

김재웅(2021). 교육정치학 탐구. 서울: 교육과학사.

김정호(2022). 공교육을 뒤엎자: 40년 경제학자의 격정 교육개혁 보고서. 성남: 비비트리북스.

김종엽(2009). 교육에서의 87년체제: 민주화와 신자유주의 사이에서. 경제와 사회. 84(겨울호), 40-69.

김종철(1970). 교육행정의 이론과 실제. 서울: 교육과학사.

김종철(1984). 교육행정의 이론과 실제(4판). 서울: 교육과학사.

김종철(1989). 한국교육정책연구. 서울: 교육과학사.

김학수(2021. 12. 29). 지방교육재정교부금, 왜 그리고 어떻게 고쳐야 하나? KDI FOCUS. 110, 1-8.

김학수(2022). 지방교육재정교부금 산정방식의 개편 필요성과 장기 재정여력 개선효과. 예산정책연구. 11(3), 1-41.

나라정책연구회(1995). 소비자주권의 교육대개혁론. 서울: 길벗.

노종희(1987). 교육행정학의 과제: 기본개념과 내용. 교육행정학연구. 5(1), 59-74.

대통령자문 교육개혁위원회(1995. 5. 31). 세계화·정보화 시대를 주도하는 신교육체제 수립을 위한 교육개혁 방안(제2차 대통령 보고서).

대통령자문 교육혁신위원회(2007. 10). 학습사회 실현을 위한 「미래교육 비전과
　　전략」(교육비전 2030).
대통령자문 교육혁신위원회(2007. 12). 5·31 교육개혁의 성과와 과제.
대통령자문 교육혁신위원회(2008. 2). 제2기 교육혁신위원회 활동백서.
대통령자문 정책기획위원회(2007. 1. 31). 참여정부 정책의 성과와 과제.
대통령자문 정책기획위원회(2007. 8). 대한민국의 미래 비전과 전략(2007년 정책
　　기획과제).
대통령직인수위원회 교육개혁과지식문화강국실현T/F팀(2003. 2). 교육개혁과 지
　　식문화강국실현.
대통령직인수위원회(2003. 2. 21). 참여정부 국정비전과 국정과제.
대한민국국회 교육위원회(2005. 2. 24).「경제자유구역및제주국제자유도시의외국
　　교육기관설립·운영에관한특별법안」에 관한 공청회 진술서(제252회 국회
　　임시회 교육위원회 공청회 자료집).
대한민국정부(2018. 5). 문재인정부 1년, 국민께 보고드립니다.
대한민국정부(2022. 7). 윤석열정부 120대 국정과제.
더좋은민주주의연구소(2015. 8. 26). [인터뷰] 이해찬 전 교육부장관.
박기찬(1993). 조직정치론: 권력관계의 본질과 조직행위의 정치성. 서울: 경문사.
박남기(2022). 윤석열 정부 초중등교육 정책 및 법제의 주요 이슈와 과제. 교육법
　　학연구. 34(2), 59-89.
박대권(2012. 12. 8). 미국 연방정부의 확대로 살펴본 중앙집권과 지방분권 사이
　　의 정치학(제2주제 발표). 한국교육정치학회. 교육정치학의 학문적 성격에
　　대한 재조명(제33차 연차학술대회 자료집), 65-79.
박대권(2015). 한국교육정치학연구의 특징과 미국교육정치학연구의 연구동향. 교
　　육정치학연구. 22(2), 101-119.
박대권·김용·최상훈(2020). 헌법 31조 4항 '교육의 정치적 중립성'의 헌법 편입
　　과정. 교육정치학연구. 27(4), 343-375.
박도순·김용일·성병창·이윤미·김영석·김상무(2007). 한국 교육개혁의 평가와
　　대안 탐색 연구. 교육인적자원부(정책연구개발사업 2007-위탁-87).
박선형(2021). AI와 Big Data 쟁점 분석 및 교육정치학의 발전 과제. 교육정치학
　　연구. 28(3), 65-99.
박세일(2004). 대학개혁의 기본방향: 철학과 원칙. 박세일·이주호·우천식. 자율
　　과 책무의 대학개혁: 제2단계의 개혁(한국개발연구원-교육개혁포럼 공동
　　연구), 3-21.
박세일(2007). 대한민국 교육개혁의 선진화 구상과 실천. 서울: 한반도선진화재단.
박세일(2015. 5. 8). 21세기 선진통일을 위한 교육개혁: 철학과 전략(기조강연). 국
　　회미래인재육성포럼·교육개혁포럼·한반도선진화재단. 5·31교육개혁 20주

년 미래인재육성 대토론회, 9-19.

박수경(2007). 노무현 정부의 행정개혁의 특징. 정부학연구. 13(2), 213-249.

박종민(2009). 행정학의 연구대상. 박종민·정무권 편. 한국행정연구: 도전과 과제 (서울: 박영사), 3-26.

반상진(2014). 교육정치학 교육의 현황 분석과 활성화를 위한 논의. 교육정치학 연구. 21(4), 27-48.

배소연(2019). 헌법상 교육의 정치적 중립성에 관한 연구. 연세대학교 박사학위 논문.

배영수(1992). 노동과정론: 테일러주의 논쟁. 성곡학술문화재단. 성곡논총. 23, 1029-1063.

백완기(1986). 행정학. 서울: 박영사.

백현기(1966). 교육정책연구. 서울: 교육자료사 출판부(서울대학교 출판부 인쇄).

백현기(1969). 교육행정의 기초. 서울: 배영사.

부총리 겸 교육부장관 유은혜(2020. 10. 8). 정책중점연구소 협의회 인사말.

부총리 겸 교육부장관(2023. 10. 13).「초·중등교육법 시행령」일부개정령(안) 입법예고(교육부 공고 제2023-381호).

사교육혁신연구소(2021. 6. 26). 코로나19 상황과 사교육(2021 교육학회 연차 학술대회 기관 세션 자료집).

새교육공동체위원회(2000. 7. 11). 지식기반사회의 교육공동체 구축을 위한 교육 정책보고서(대통령보고서).

서영미(2023). 한국의 유아교육 및 보육(Early Childhood Education and Care: ECEC) 통합에 대한 정책적 고찰. 정책개발연구. 23(2), 331-368.

서정화(1994. 11. 8). 초·중등사학의 활성화 방안. 교육개혁위원회. 사학의 자율과 책임의 제고방안(제2차 공청회 자료집), 1-28.

송경오(2015. 5. 22). 한국 교육정책 결정 구조의 정치학에 관한 토론. 한국교육 정치학회. 한국 교육정책 결정 구조의 정치학(38차 춘계학술대회 자료집), 174-179.

송경원(1999). 1990년대 한국의 신자유주의적 교육개혁에 대한 비판적 고찰. 한국교원대 석사학위논문.

송기창(2002. 2. 5). 새 정부의 교육행·재정 개혁 과제(제5주제). 한국교육행정학회. 새정부의 교육개혁 과제(한국교육행정학회 교육개혁 세미나 자료집), 127-154.

송기창(2021).「지방교육재정교부금법」50년의 쟁점과 과제. 교육법학연구. 33(3), 101-135.

송기창(2022). 지방교육재정교부금 재원과 규모의 변화가 교부금 제도 개편에 주는 시사점 분석. 교육재정경제연구. 31(2), 211-265.

송기창(2022. 1. 24). 지방교육재정교부금제도 개선의 쟁점과 과제. 지방교육재정
　　제도 개선 전문가 토론회 자료집, 3-20.

송기창·윤홍주(2022). 초·중등 교육재정의 전망과 과제. 교육재정경제연구.
　　31(1), 79-107.

송기춘(2019). 국가교육위원회 설치와 운영에 관한 법률안의 법적 문제점 검토:
　　「국가교육위원회의 설치 및 운영에 관한 법률안」(조승래의원 대표발의,
　　2019. 3. 25.)을 중심으로. 교육법학연구. 31(2), 17-39.

송화선(2005. 1. 18). 집 나간 교육아 하루빨리 돌아와라. 주간동아. 469, 14-17.

신재철(1989). 한국 교육정책 결정에 대한 비판이론의 적용. 한국교육행정연구회.
　　한국교육정책의 분석과 평가(1989년 춘계학술발표회 논문집), 1-12.

신현석(1994). 교육정치학의 연구 동향(Ⅰ): 미국의 경우를 중심으로. 교육정치학
　　연구. 창간호, 35-56.

신현석(2012. 12. 8). 교육정치학의 학문적 정체성: 진단과 과제의 탐색(제1주제
　　발표), 한국교육정치학회. 교육정치학의 학문적 성격에 대한 재조명(제33
　　차 연차학술대회 자료집), 3-51.

신현석(2017). 대통령 선거의 교육정치학적 탐구의 의미와 시사점. 교육정치학연
　　구. 24(2), 107-134.

신현석(2022). 미래지향적 교육거버넌스 정립을 위한 교육부 조직개편 방안. 교
　　육정치학연구. 29(2), 65-89.

신현석·박수아·선애경(2023). 미국 교육정치학의 연구동향(Ⅱ): 학문적 도약과
　　정착 시기의 주제 분석을 중심으로. 교육정치학연구. 30(3), 147-186.

신현석·정용주(2013). 교육정치학의 학문적 정체성: 진단과 과제의 탐색. 교육정
　　치학연구. 20(3), 217-257.

신현석·정용주(2022). 교육정치학의 학문적 성격 재고: 정체성과 경계 확장의 사
　　이에서. 교육정치학연구. 29(3), 47-81.

심연미(2015. 5. 22). 역대 정부 교육정책결정 구조 분석의 시사점. 한국교육정
　　치학회. 한국 교육정책 결정 구조의 정치학(38차 춘계학술대회 자료집),
　　185-191.

심우민(2017. 1. 26). 「지능정보사회 중장기 종합대책」의 의미와 입법과제. 이슈
　　와 논점. 1249.

안기성(1975). 일본의 민주주의 교육제도 수용과정에 대한 교육정치학적 고찰.
　　교육학연구. 13(3), 167-179.

안기성(1994). 한국 교육정치학의 과제. 교육정치학연구. 창간호, 55-77.

안기성(1994. 4. 20). 한국교육정치학회 창립에 즈음하여. 한국교육정치학회. 한
　　국교육정치학회보(뉴스레터 창간호), 1-3.

안기성(1997). 교육에서의 '거버넌스(governance)'의 문제와 그의 장래. 교육정

치학연구. 4(1), 1-20.

안병영(2010). 한국 교육정책의 수월성과 형평성의 조화를 위하여. 사회과학논
　　집. 41(2), 1-13.

안병영(2015. 5. 29). 5·31 교육개혁: 회고와 전망. 5·31교육개혁 위원 및 전문위
　　원. 5·31교육개혁과 미래 한국교육의 방향(5·31 교육개혁 20주년 기념 학
　　술세미나).(http://hyungang.tistory.com/345 에서 2018. 4. 19 내려받음)

안병영(2020. 6. 19). 거시(巨視) 교육개혁의 길을 찾다. 한국교육학회. 광복 75
　　년·교육법 70년, 한국 교육이 걸어온 길과 남겨진 과제(2020 한국교육학
　　회 연차학술대회), 3-22.

안병영·하연섭(2014). 한국의 교육개혁: 평가와 과제(2014 교육정책네트워크 교
　　육현장지원연구). 한국교육개발원(수탁연구 CR 2014-36).

안성경(2017). 교육에서 정치적 중립성이란 무엇인가?-독일 바이텔스바흐 합의의
　　함의. 법과인권교육연구. 10(1), 25-38.

안영은·김준수·강대용·신정철(2017). 교육정책연구의 동향 분석: 2011년-2015
　　년 주요 학술지 논문을 중심으로. 교육행정학연구. 35(2), 253-274.

안해균(1989). 현대행정학: 행정의 기본개념과 이론. 서울: 다산출판사.

양희준(2015). 한국 교육개혁의 이념 지향 분석: 1990년대 교육개혁 문서의 재음
　　미. 교육정치학연구. 22(2), 81-100.

양희준(2022. 6. 23). 2022년 교육감 선거의 특징과 평가. (사)한국교육정책연구
　　원·서울특별시교육연구정보원. 2022년 교육감 선거 이후 지방교육자치의
　　진로(한국교육정책연구원 창립 기념 세미나 자료집), 51-66.

염민호(2023). 대학구조개혁의 상수와 변수 : '라이즈'와 '글로컬대학 30'의 의미.
　　대학: 담론과 쟁점. 11, 24-56.

오욱환(2020. 6. 19). 한국 교육의 딜레마: 신화화 극복과 현실 직시의 절박. 한국
　　교육학회. 광복 75년·교육법 70년, 한국 교육이 걸어온 길과 남겨진 과제
　　(2020 한국교육학회 연차학술대회), 23-41.

유경훈(2022. 5. 19). 유 초 중등 교육권한 배분에 따른 지역 교육거버넌스의 변
　　화와 과제. 월간 교육정책포럼, 14-18.

유낙근 외(1983). 신행정론: 새로운 행정이론의 흐름과 관점. 서울: 박영사.

윤정일·송기창·조동섭·김병주(2008). 교육행정학원론. 서울: 학지사.

윤천주(1960. 6). 한국인의 정치행태: 권력행사를 불균등하게 하는 요인을 중심
　　으로. 아세아연구. 3(1), 1-31.

이덕난·유지연(2022). 국가교육위원회 출범의 의미와 법적·정책적 과제 분석. 교
　　육법학연구. 34(3), 103-121.

이병환(2002). 신자유주의 교육개혁의 성격과 평가. 한국교육. 29(2), 33-55.

이상만(2023). 국가교육위원회의 법적 성격과 관련 법제의 개선방안. 교육법학연

구. 35(2), 149-174.

이상명(2017). 국가교육위원회 설치 입법에 관한 고찰. 법과 정책연구. 17(3), 131-154.

이상희·김재웅(2012). 수석교사제의 법제화 과정에 나타난 정책갈등 분석. 교육정치학연구. 19(3), 1-22.

이승재(2023). 논변논법으로 본 국가교육위원회 신설의 합리성 연구: 국회의 입법과정을 중심으로. 교육법학연구. 35(2), 175-206.

이일용(1989). 체제동태분석학을 이용한 한국 고등교육 정책분석. 한국교육행정학연구회. 한국교육정책의 분석과 평가(1989년 춘계학술발표회 논문집), 13-28.

이일용(2004). 한국교육정치학의 연구 동향. 교육정치학연구, 11, 22-45.

이일용(2006). 교육정치학의 지식의 구조와 범위. 교육정치학연구. 13(2), 7-29.

이일용(2007. 11. 13). 참여정부의 교육정책 평가 및 향후 과제에 대한 토론. 한나라당 중앙위원회 교육분과위·한국교육비전포럼. 참여정부의 교육정책 평가 및 향후 비전(제2차 한국교육비전포럼 자료집), 56-60.

이정연·엄문영·성유저·이평구(2022). 교육행정학과 교육정치학 관점에서의 한국 교육정책 연구동향 비교 분석. 교육정치학연구. 29(3), 113-137.

이정우(2005. 8. 10). 개혁·성장·분배는 함께 굴러가는 세 발 자전거(국정브리핑 기고문).

이종각(1990). 한국교육학의 논리와 운동. 서울: 문음사.

이종재(1985). 교육정책의 탐구논리에 관한 연구. 교육행정학연구. 3(1), 93-126.

이종태(2003. 5. 21). 참여정부의 교육혁신, 어떻게 할 것인가?(주제발표). 교육인적자원부. 참여정부 교육개혁의 방향과 과제(공청회 자료집), 5-27.

이종헌(2020). 한국사회의 공정성 인식과 민주주의에 관한 연구: 소비주의 확산과 교육개혁의 사례를 중심으로. 서강대학교 박사학위논문.

이주호 교육부장관 임명 반대 교육시민사회단체(2022. 10. 28). MB 교육의 상징, 공교육 황폐화 주범, 경쟁만능주의자 이주호 교육부장관 임명을 반대한다!(공동 기자회견문).

이주호 부총리 겸 교육부장관(2023. 1. 30). 유보통합 추진 방안 발표(대한민국 정책브리핑 속기자료).

이주호 외(2006). 평준화를 넘어 다양화로. 서울: 학지사.

이주호(2002. 4. 15). 고교평준화 정책의 개선 방안. 대통령자문 교육인적자원정책위원회. 교육의 질 향상을 위한 고교평준화 정책 개선 방안(정책토론회 자료집), 41-59.

이주호(2015. 5. 8). 교육개혁의 의제와 실천: 한국교육의 과거 20년과 미래 20년(발제1). 국회미래인재육성포럼·교육개혁포럼·한반도선진화재단. 5·31교육개혁 20주년 미래인재육성 대토론회(자료집), 21-56.

이주호·박정수·우천식(2004). 대학개혁의 청사진: 제2단계의 개혁. 박세일·이주호·우천식. 자율과 책무의 대학개혁: 제2단계의 개혁(한국개발연구원-교육개혁포럼 공동연구), 3-21., 23-52.

이주호·정제영·정영식(2021). AI 교육혁명: 무엇을 배우고 어떻게 가르쳐야 하나?. 서울: 시원북스.

이지혜·허준·이경민(2017). 정치 변동에 따른 교육복지 이슈 구조의 변화: 국민의정부 이후 신문기사에 대한 의미연결망 분석. 교육정치학연구. 24(4), 213-240.

임연기(2014). 한국 교육행정학 연구의 성과와 과제. 교육행정학연구. 32(4), 415-437.

임의영(1994). 행정학의 규범적 논의의 형성 계기로서 왈도의 정체성 위기에 관한 일고찰. 한국행정학보. 28(1), 21-35.

임의영(2003). 민주주의와 행정윤리. 대구: 홍익출판사.

임의영(2006). 행정철학. 서울: 대영문화사.

임의영(2009). 행정에 관한 규범적 연구. 박종민·정무권 편. 한국행정연구: 도전과 과제(서울: 박영사), 119-146.

장아름(2013). 다중흐름모형을 통한 유아교육·보육 통합 논의의 변동과정 분석: 만 5세 누리과정 고시까지의 과정을 중심으로. 교육정치학연구. 20(3), 159-187.

전국시도교육감협의회장 서울특별시교육감 조희연(2023. 4. 3). 교육자치를 심각하게 훼손하는 특별법 조항 재검토 요구(입장문).

전국시도교육감협의회장 조희연(2022. 12. 23). 고등·평생교육지원 특별회계법 여·야 합의에 대한 전국시도교육감협의회장 입장문.

전국시도교육감협의회장 조희연(2022. 9. 6). 국가교육위원회는 설립 취지에 맞는 직제를 갖추어야 합니다(입장문).

전제상(2022). 윤석열 정부의 교원정책 방향 탐색: 교육의 자주성, 전문성, 정치적 중립성을 중심으로. 한국교원교육연구. 39(2), 199~220.

전지수(2023). 국가교육위원회와 교육부의 공법적 관계. 교육법학연구. 35(2), 235-252.

정근영(2015). 학벌사회와 능력사회: 대통령자문 교육혁신위원회 2년을 돌아본다.(http://www.ohmynews.com)

정범모(1990). 미래의 선택. 서울: 나남출판.

정범모(1991). 교육난국의 해부. 서울: 나남출판.

정범모(1997). 교육과 교육학. 서울: 배영사.

정범모(2000). 한국의 교육세력. 서울: 나남출판.

정범모(2006). 학문의 조건: 한국에서 학문이 가능한가. 서울: 나남출판.

정상우(2015). 헌법상 교육의 정치적 중립성과 공법적 과제. 공법연구. 44(1), 1-25.

정순원(2023). AI 디지털교과서 법령 현황 및 법적과제. 교육법학연구. 35(3), 171-197.

정용남(2013). 정부변동과 정책변동 관계 이해 연구: 영국 사례를 중심으로. 한국 사회와 행정연구. 23(4), 102-141.

정원영(1991. 12). 정부와 교육운동단체 간의 갈등과 그 대응에 관한 연구: 문교 부와 전교조의 사례를 중심으로. 고려대학교 박사학위논문.

정유성(2008. 2. 1). 노무현 2003-2008, 빛과 그림자-교육. 신동아. 581, 180-187.

정인홍 외(1990). 증보 정치학대사전. 서울: 박영사.

정일환 외(2020). 교육정치학: 이론과 적용. 서울: 학지사.

정일환(2004). 교육정치학의 학문적 정체성 탐색. 교육정치학연구. 11, 1-20.

정일환·주철안·김재웅(2016). 교육정책학: 이론과 사례. 서울: 동문사.

정정길·최종원·이시원·정준금·정광호(2016). 정책학원론(개정증보10판). 서울: 대명출판사.

제20대 대통령직인수위원회(2022. 5). 윤석열정부 110대 국정과제.

제20대 대통령직인수위원회(2022. 5b). 겸손하게 국민의 뜻을 받들겠습니다(제 20대 대통령직인수위원회 백서).

조광제(1991). 교육행정학 연구의 발전과 주요 패라다임의 특성. 교육행정학연구. 8(2), 112-126.

조정호(2022). 국가교육위원회의 이상과 현실: 교육이념을 중심으로. 인격교육. 16(4), 191-204.

조흥순(2011). 사립고자율화 정책 변동의 특성과 정치적 요인 분석. 교육정치학 연구. 18(3), 145-170.

주삼환(1987). 교육행정학의 과제: 한국교육행정학의 연구방향. 교육행정학연구. 5(1), 40-58.

주휘정·김택형(2023). 정책실패 예방 관점에서의 지역인재 투자협약제도 요구분 석: 지역혁신 중심 대학지원체계(RISE)에 주는 시사점. 한국교육학연구. 29(3), 249-280.

지방교육재정 수호를 위한 공동대책위원회(2022. 10. 24). 학생들의 밝은 미래와 선진국 수준의 교육환경 조성을 위해 지방교육재정교부금은 지금보다 더 확대되어야 합니다(성명서).

지철규(1992. 12). 미국에서의 정교분리에 관한 연구. 고려대학교 박사학위논문.

진동섭(2003. 11. 15). 세계적 수준의 학문적 역량 결집을 기대하며. 한국교육정치학회. Newsletter. 6(1), 1.

채윤정(2023). 윤석열 정부의 지방대학 정책의 전망과 과제: RISE와 글로컬대학 30 정책 추진을 중심으로. 한국산학기술학회논문지. 24(9), 360-366.

최경희(2006. 8. 29). 참여정부 교육부문 정책 과제. 한국교육개발원. 한국 교육 정책 현안과 연구과제 탐색(제34차 KEDI 교육정책포럼, 창립 34주년 기념 포럼), 19-28.

최은봉(1994). 정치와 교육: 1980년대 일본 교육개혁의 정치과정과 정책적 시사점. 성공논총. 25(2), 1519-1577.

최장집 지음, 박상훈 엮음(2016). 민주주의의 민주화: 한국 민주주의의 변형과 헤게모니(4쇄). 서울: 후마니타스.)

최장집(2003. 5. 29). 한국의 민주주의와 노무현정부: 열망·실망의 악순환을 끊을 수 있나?(기조발표). 대통령자문정책기획위원회. 참여정부 100일, 현재와 미래. 5-23.

최장집(2005). 민주화 이후의 민주주의: 한국민주주의의 보수적 기원과 위기. 서울: 후마니타스.

최장집·조희연(2016). 한국 민주주의의 현실(특별대담). 아시아문화. 22, 23-94.

최지혜·강민수(2021). 교육감 자격제한에 관한 판례의 쟁점 분석. 교육문제연구. 34(1), 273-298.

최희선(1983). 한국의 교육정책결정과정에 관한 연구: 개념모형에 의한 교육세 신설과정 분석. 서울대학교 박사학위논문.

최희선·한상진·윤기옥 편역(1989). 교육정책의 철학적 탐구. 서울: 성원사.

하연섭(2015). 5·31 교육개혁 20년, 한국교육의 오늘과 내일. 교육개발. 봄호, 61-67.

하인호(1982). 교육정책과 행정. 서울: 문우사.

한국교육개발원(1998). OECD 교육지표(해외정보자료 IEI98-1).

한국교육정치학회 편(1994). 교육정치학론. 서울: 학지사.

한국교육정치학회(1994. 4. 20). 한국교육정치학회보(뉴스레터 창간호).

한국교육정치학회(1994. 11. 11). 한국교육정치학회보(뉴스레터 제1권 제2호).

한국교육정치학회(2014). 한국 교육개혁 정치학(연서 제1권). 서울: 학지사.

한국교육정치학회(2018. 5. 12). 정권교체에 따른 교육정책 변동현상: 문제와 대안(춘계학술대회 자료집).

한국교육정치학회(2023. 10. 28). 제21대 한국교육정치학회 제2차 이사회(자료집).

한국교육정치학회(2023. 2. 9). 제21대 한국교육정치학회 제1차 이사회(자료집).

한국교육정치학회(2024). 역대 임원진 명단(내부자료).

한국철학사상연구회 편(1989). 철학대사전. 서울: 동녘.

한만중(2003). 노무현 정부 8개월 교육정책 평가: 개혁의 실종과 교육시장화의 전면화. 교육비평. 14(겨울호), 28-64.

한반도선진화재단 교육개혁패널 편(2007). 대한민국 교육개혁의 선진화 구상과 실천. 서울: 한반도선진화재단.

한상진(1985). 교육정책결정의 현상학적 해석. 동국대학교 박사학위논문.

한은석·하봉운(2014). 정책옹호연합모형(Advocacy Coalition Framework)을 적용한 경기도 무상급식 정책형성과정 분석. 교육정치학연구. 21(2), 159-185.

함승한(2019). 정당 없는 정당효과?: 교육감 선거 후보자의 당선경쟁력 결정요인 재검토. 지방정부연구. 23(1), 325-342.

허병기(1989). 자유주의적 평등론에 의한 한국 교육정책의 공정성 평가. 한국교육행정학연구회. 한국교육정책의 분석과 평가(1989년 춘계학술발표회 논문집), 29-47.

허인수(2023. 9. 20). 출범 1년 국가교육위, 이대로는 안 된다. 교육언론 창.

황성돈·박노호·임도빈·문명재·정용남(2011. 2). 정권교체와 정책변동. 미래한국재단(연구보고서 10-06).

● **일간지 및 언론기사**

KBS 뉴스(2023. 6. 27). 이주호 "수능원칙 바로잡는 과정 …'대통령께 배운다' 발언 사과".

YTN(2022. 9. 29). 교육장관 이주호·경사노위 김문수 … 지명과 동시에 논란.

경향신문(2022. 12. 15). "사회적 합의한다더니 결국 교육부 거수기" 첫 업무부터 '태생적 한계' 노출한 국교위.

경향신문(2022. 6. 5). 박순애 교육부장관 후보자 '면허 취소' 수준 음주운전하고도 '선고유예'.

경향신문(2022. 8. 8). 6번째 낙마 부른 윤 대통령 '오기 인사' … 지지율 하락 자초.

경향신문(2023. 3. 23). [윤석열 정부 교육 개혁 1년] 국교위 출범 반년 … 교육부보다 낮은 존재감, 내홍만 반복.

뉴시스(2023. 2. 16). 지연되는 '교육개혁' … 이주호 "과제 구체화해 추진".

동아일보(2022. 9. 30). 이주호 교육장관 후보 지명, MB정부때 교육정책 설계.

문화일보(2005. 10. 5). '강정구 교수 통일전쟁 발언' 파문 확산.

서울신문(2022. 12. 15). 정부 안대로 교육과정 확정 …"국교위, 정권 거수기인가".

서울신문(2022. 5. 31). 교장도 결격 사유인데… 박순애 교육장관 후보 음주운전 전력 논란.

시사IN(2022. 3. 1). 교육 공약 속에서 동상이몽 찾기 [2022 대선 의제⑦].

에듀프레스(2022. 10. 24.). 이주호의 아시아교육협회 사교육 업체서 억대 후원금

받아.

연합뉴스(2022. 5. 26). [프로필] 박순애 사회부총리 겸 교육부장관 후보자 …
　　공공행정 전문가.

조선일보(2021. 11. 22). "전교조, 교육권력 10년 독과점하며 변화 외면 … 분열
　　한 보수도 책임."

조선일보(2022. 5. 4). 김인철 결국 사사퇴 … 尹내각서 첫 낙마.

조선일보(2022. 6. 8). 尹의 반도체 특명 "교육부, 인재양성 목숨걸라 … 법무장
　　관도 공부하라".

조선일보(2024. 4. 22). 폐교 수준 학교까지 年 1000억 지원하는 '글로컬 대학'
　　후보로.

조선일보(2024. 5. 1). 교육부, 골프접대 받은 의혹 공무원 대기발령 수사의뢰.

중앙일보(2023. 10. 7). "뭉쳐야 1000억 잡는다" … 설명회만 97번, 글로컬 대학 총
　　력전.

중앙일보(2023. 6. 19). '경질론' 이주호 "나도 전문가이지만 尹한테 입시 배운다"

프레시안 2002. 9. 24일자. 긴급진단: 초중등 교육재정 '빚더미' 이대로 방치할 것
　　인가(김홍열 서울시교육위원 기고)

프레시안(2005. 9. 26). "무능한 정부가 양극화 심화" vs "양극화 해소에 주력", 최
　　장집-이정우, 盧정부 정책평가 놓고 '진검 승부'.

한겨레(2022. 5. 3). [단독] 김인철 사회부총리 후보자 자진사퇴 … 윤석열 내각
　　첫 낙마.

堀 和郎(1972). 米國教育政治學の成立とその理論的構成: 教育と政治への新しい
　　視覺. 教育學研究. 39(3), 31-45.

堀 和郎(1983). アメリカ現代教育行政學研究. 福岡: 九州大學出版會.

堀 和郎(1993). アメリカ教育政治學の新しい動向. 中島直忠 編著. 教育行政學の
　　課題(東京: 教育開發研究所), 371-413.

石田 純三(1993). マイクロポリテイックスの世界-ジョセプレイズの學校組織論. 中
　　島直忠 編著. 教育行政學の課題(東京: 教育開發研究所), 415-445.

足立幸男, 김항규 옮김(1992). 정책과 가치: 현대의 정치철학. 서울: 대영사.

忖田翼夫(2004). 日本における教育改革の動向. 한국비교교육학회. 비교교육연구.
　　14(3), 13-19.

平凡社 譯(1990). 西洋思想大事典(제 1권, 제 3권). 東京: 平凡社.

Abernethy, David and Commbe, Trevor(1965). Education and politics in
　　developing countries. *Harvard educational review*. 35(3), 287-302.

Anderson, James E.(1984). *Public policy-making*(3rd edition). Huston: Holt,
　　Rinehart and Winston. 이종수·이대희 역, 『政策形成論』, 서울: 대영문화

사, 1985.

Aronowitz, Stanley(2000). *Knowledge factory: dismantling the corporate university and creating true higher learning*. Boston: Beacon Press.

Ball, Stephen J.(1987). *The Micro-politics of the school: towards a theory of school ogarnization*. London and New York: Methuen & Co.Ltd.

Ball, Stephen J.(1990). *Politics and policy making in education: explorations in policy sociology*, London and New York: Routledge.

Ball, Stephen J.(2017). *The education debate*(third edition). Bristol: Policy Press.

Ball, Stephen J., Thrupp, Martin, and Forsey, Martion(2010). Review syposium(Hidden markets: the new education privatization). *British journal of sociology of education*. 31(2), 229-241.

Berkhout, Sarie J. and Wielemans, Willy(1999). Towards understanding education policy: an integrative approach. *Educational policy*. 13(3), 402-420.

Bieber, Tonia(2016). *Soft governance, international organizations and educational policy convergence: comparing PISA and the Bologna and Copenhagen Processes*. London: Palgrave Macmillan.

Blase, Joseph ed.(1991). *The politics of life in schools: power, conflict, and cooperation*. London, New Delhi: SAGE Publications.

Bleiklie, Ivar(2000). Policy regimes and policy change: comparing higher education reform policy in three European countries. *Comparative social research*. 19, 191-138.

Bok, Derek(2003). *University in the marketplace*. 김홍덕 외 옮김(2005). 파우스트의 거래: 시장만능시대의 대학가치. 서울: 성균관대 출판부.

Boyd, William Lowe(1978). The study of educational policy and politics: much ado about nothing? *Teachers college record*. 80(2), 249-271.

Boyd, William Lowe(1982). The political economy of public schools. *Educational administration quarterly*. 18(3), 111-130.

Boyd, William Lowe(1983). Rethinking educational policy and management: political science and educational administration in the 1980s. *American journal of education*. 92(1), 1-29.

Boyd, William Lowe(1988). Policy analysis, educational policy, and management: through a glass darkly?. Boyan, Norman J. (ed.). *Handbook of research on educational administration: a project of the American educational research association*(New York & London:

Longman), 501-522.

Boyd, William Lowe(1992). The power of paradigms: reconceptualizing educational policy and management. *Educational administration quarterly.* 28(4), 504-528.

Brademas, John(1987). *The politics of education: conflict and consensus on Capitol Hill.* 이일용 역(1991). 교육정치. 서울: 문음사.

Burch, Patricia(2021). *Hidden market: public policy and the push to privatize education*(2nd edition). New York and London: Routledge.

Burlingame, Martin(1988). The politics of education and educational policy: the local level. Boyan, Norman J. (ed.). *Handbook of research on educational administration: a project of the American educational research association*(New York & London: Longman), 439-451.

Campbell, Ronald F., Fleming, Thomas, Newell, L. Jackson, Bennion, John W.(1987). *History of thought and practice in educational administration.* New York and London: Teachers College Press.

Carr, Edward H.(1961). *What is history.* 황문수 역(1981). 역사란 무엇인가?. 서울: 범우사.

Chitty, Clyde(2014). *Education policy in Britain*(3rd edition). Basingstroke (UK)·New York: Palgrave Macmillan.

Chomsky, Noam(1994). *The prosperous few and the restless many.* 강주헌 (2004). 촘스키, 세상이 권력을 말하다. 서울: 시대의 창.

Cibulka, James G.(1995). Policy analysis and the study of the politics of education. Scribner Jay D. and Layton, Donald H.(eds.). *The study of educational politics*(PEA Yearbook 1994. Washington, DC·London: The Falmer Press), 105-125.

Cross, Christopher T.(2014). *Political education: setting the course for state and federal policy.* New York and London: Teachers College Press.

Crowson, Robert L. and Scribner, Jay(2003). The future of the politics of education association: a committee report(http://www.fsu.edu/~pea/committee.html).

Duke, Daniel L. and Canady, Robert L.(1991). *School policy.* New York, Tokyo, Toronto: McGraw-Hill, Inc..

Dye, Thomas R.(2011). *Understanding public policy(13th edition).* Boston·Seoul·Tokyo: Longman.

Easton, David(1965). *A framework for political analysis.* Englewood Cliffs, NJ: Prentice-Hall.

Eliot, Thomas H.(1959). Towards an understanding of public school politics. *The American political science review.* 52, 1032-1051.

Entwistle, Harold(1971). *Political education in a democracy.* London: Routledge & Kegan Paul.

Fitzgerald, Tanya and Gunter, Helen(2016). *Educational administration and history: the state of the field.* London and New York: Routledge.

Frederickson, H. George(1980). *New public administration.* Alabama: The Univ. of Alabama Press.

Frederickson, H. George(1980). *New public administration.* 유낙근 외 공역 (1983). 신행정론-새로운 행정이론의 흐름과 관점. 서울: 박영사.

Garson G. David(1971). *Handbook of political science methods.* Boston: Holbrook Press Inc..

Giddens, Athony(2000). *The third way and its critics.* 박찬욱 외 옮김(2002). 제3의 길과 그 비판자들. 서울: 생각의 나무.

Gore, Al(1995). *Common sense government: works better and costs less.* New York: Random House.

Gunther, Richard(1996). The impact of regime change on public policy: the case of Spain. *Journal of public policy.* 16(2), 157-201.

Hansot, Elisabeth and Tyack, David(1982). A usable past: using history in educational policy. Ann Liberman and Milbrey W. Mc Laughlin (eds.). *Policy making in education*(Chicago · Illinois: The University of Chicago Press), 1-22.

Harber, Clive(1987). *Political education in Britain.* London, New York and Philadelphia: The Falmer Press.

Hauptli, Meghan V. and Cohen-Vogel, Lora(May 2013). The federal role in adolescent literacy from Johnson through Obama: a policy regimes analysis. *American journal of education.* 119, 373-404.

Hoy, Wayne K. and Miskel, Cecil G.(1996). *Educational administration: theory, research, and practice*(5th edition). New York · London · Tokyo: McGraw-Hill.

Hoy, Wayne K. and Miskel, Cecil G.(2001). *Educational administration: theory, research, and practice*(6th edition). New York · London · Tokyo: McGraw-Hill.

Iannaccone, Laurence and Lutz, Frank W.(1995). The crucible of democracy: the local arena. Scribner Jay D. and Layton, Donald H. (eds.). *The study of educational politics*(Washington, DC · London:

The Falmer Press), 39-52.

Iannaccone, Laurence(1984). *Political legitimacy and the administration of education*. Victoria: Deakin Universtiy Press.

Ingleby, Ewan(2021). *Neoliberalism across education: policy and practice from early childhood through adult learning*. Middlesbrough: Palgrave Macmillan.

Isaak Alan C.(1981). *Scope and methods of political science: an introduction to the methodology of political inquiry*. Illinois: The Dorsey Press.

Jenkins, W. I.(1978). *Policy anaylsis: a political and organizational perspective*. New York: St. Martin's Press.

Johnson Jr., B. L.(2003). Those nagging headaches: perennial issues and tensions in the politics of education field. *Educational administration quarterly*. 39(1), 41-67.

Karabel J. & Halsey A. H. eds.(1977). *Power and ideology in education*. New York: Oxford University Press.

Kaufman, Herbert(1971). Administrative decentralization and political power. Waldo, Dwight (ed.). *Public Administration in a time of turbulence*(San Francisco: Chandler Publishing Co.), 1-18.

Kirst, M. W.(1970). *The politics of education at the local, state and federal levels*. Berkeley: McCutchan Publishing Corporation.

Kirst, M. W., & Mosher, E. K.(1969). Politics of education. *Review of educational research*. 39, 623-641.

Kirst, Michael(2006). A forty-year perspective on the politics of education and its association. Politics of Education Association. *Bulletin*. 31(1), 1-6.

Langeveld, Willem(1979). *Political education*. 박용헌1982). 정치교육. 서울: 대한교과서주식회사.

Lasswell H. D.(1951). *Politics: Who gets, what how?*, Glencoe, Illinois: The Free Press.

Lasswell H. D. 이극찬 역(1960). 정치동태의 분석. 서울: 일조각.

Layton, Donald H.(1987). Survey of politics of education courses in the United States and Canada(Paper presented at the Annual Meeting of the Eastern Educational Research Association). Boston.

Low, Robert and Whipp, Joan(2002). Examining the Milwaukee parent choice program: options and opportunities?. *Educational researcher*. 31(1), 33-39.

Lutz Frank W.(1977). Methods and conceptualizations of political power in education. Scribner Jay D.(ed.), *The politics of education*(Illinois, Chicago: The University of Chicago Press), 30-66.

MacKiinnon, Frank(1960). *The politics of education: a study of the political administration of the public schools*. Toronto: University of Toronto Press.

Malen, Betty(1995). The micropolitics of education: mapping the multiple dimensions of power relations in school polities. Scribner Jay D. and Layton, Donald H.(eds.). *The study of educational politics*(Washington, DC·London: The Falmer Press), 147-167.

Marshall, Catherine and Anderson, Gary L.(1995). Rethinking the public and private spheres: feminist and cultural studies perspectives on the politics of education. Scribner Jay D. and Layton, Donald H.(eds.). *The study of educational politics*(Washington, DC·London: The Falmer Press), 169-182.

Massialas, Byron G.(1969). *Education and political system*. California, London: Addison-Wesley Publishing Company.

May, Peter J. and Jochim, Ashley E.(2013). Policy regime perspective: policies, politics, and governing. *The policy studies journal*. 41(3), 426-452.

Mazzoni, Tim L.(1993). The changing politics of state education policy making: a 20-year Minnesota perspective. *Educational policy and policy evaluation*. 15(4), 357-379.

Mazzoni, Tim L.(1995). State policy-making and school reform: influences and influentials. Scribner Jay D. and Layton, Donald H.(eds.). *The study of educational politics*(Washington, DC·London: The Falmer Press), 53-73.

McGuinn, Patrick and Manna. Paul(2013). Education governance in America: who leads when everyone is in charge?. McGuinn and Manna(eds.). *Education governance for the twenty-first century: overcoming the structural barriers to school reform*(Washington, D.C.: The Brookings Institute), 1-17.

McGuinn, Patrick J.(2006a). *No child left behind and the transformation of federal education policy, 1965-2005*. Lawrence: University Press of Kansas.

McGuinn, Patrick J.(2006b). Swing issues and policy regimes: federal education policy and the politics of policy change. *The journal of policy history.* 18(2), 205-240.

McNay, Ian & Ozga, Jenny(eds.)(1985). *Policy-making in education: the breakdown of consensus.* Oxford, New York: Pergamon Press.

Meyer, Adolph E.(1950). *The development of education in the twentieth century*(2nd edition). New York: Prentice-Hall, Inc..

Michaelsen, Jacob B.(1981). The political economy of school district administration. *Educational administration quarterly.* 17(3), 98-113.

Ministry of Education, Culture, Sports, Science and Technology(2005). *Japan's education at a glance 2005.*

Mitchell, Douglas E.(1982). Governance of schools. Mitzel, Harold E. et al. (eds.). *Encyclopedia of educational research*(New York: The Fress Press), 730-737.

Mitchell, Douglas E.(1984). Educational policy analysis: the state of the art. *Educational administration quarterly.* 20(3), 130-165.

Mitchell, Douglas E.(1988). Educational politics and policy: The state level. Boyan, Norman J. (ed.). *Handbook of research on educational administration: a project of the American educational research association*(New York & London: Longman), 453-466.

Mitchell, Douglas E.(1990). Education politics for the new century: past and future directions. Mitchell Douglas E. and Goerts Margaret E.(ed.). *Education politics for the new century*(PEA Yearbook 1989, London·New York·Philadelphia: The Falmer Press), 153-167.

Mulvey, Janet D. and Cooper, Bruce S.(2016). *Understanding the power and politics of public education: implementing policies to achieve equal opportunity for all.* Lanham·New York·London: Rowman & Littlefield.

Münch, Richard(2020). *Governing the school under three decades of neoliberal reform: from educracy to the education-industrial complex.* London and New York: Routledge.

Obasa, Stephen Oluwafemi(2018). Regime change, policy inconsistency and educational developments in Nigeria. *International journal of politics and good governance.* 11(9), 1-24.

Page, Richard S.(1971). The ideological-philosophical setting of American public administration. Waldo, Dwight (ed.). *Public administration in a time of turbulence*(San Francisco: Chandler Publishing Co.), 59-73.

Patterson, James T.(2001). *Brown v. board of education: a civil rights milestone and its troubled legacy*. Oxford·New York: Oxford University Press.

Peim, Nick(2022). *Rethinking the politics of education*. London and New York: Routledge.

Politics of Education Association(Feb. 1995). Petition drive. in PEA mail.

Rada, Roger D.(1988). A public choice theory of school board member behavior. *Educational evaluation and policy analysis*. 10(3), 225-236.

Reese, William J.(2011). *America's public schools: from the common school to "No child left behind"*. Baltimore: The Johns Hopkins University Press.

Reich, Robert B.(2000). *The future of success*. 오성호 옮김(2001). 부유한 노예: 고속 성장경제, 그 풍요의 환상 속에 감추어진 냉혹한 현실. 서울: 김영사.

Rhodes, Jesse H.(2012). *An education in politics: the origin and evolution of no child left behind*. Ithaca and London: Cornell University Press.

Rifkin, Jeremy(1994). *The end of work: the decline of the global labor force and the dawn of the post-market era*. 이영호 옮김(1996). 노동의 종말. 서울: 민음사.

Roskin, Michael G., Cord, Robert L., Medeiros, James A., and Jones, Walter S.(2017). *Political science: an introduction*(4th global edition). Boston·Tokyo: Pearson.

Salsbury, Robert H.(1967). School and politics in the big city. *Harvard educational review*. 37(3), 408-424.

Saltman, Kenneth J.(2020). Foreword. Wilkins, Andrew and Olmedo, Antonio(eds.). *Education governance and social theory*(London·New York: Bloomsbury Academic), xx-xiv.

Sartori, Giovanni(1969). Politics, ideology, and belief systems. *The American political science review*. 63(2), 398-411.

Scapp, Ron(2001). For democracy: why corporatizing public schools puts a nation at risk. *Educational researcher*. 30(9), 32-35.

Scribner Jay D. & Englert Richard M.(1977). The politics of education: an introduction. Scribner Jay D. (ed.). *The politics of education*(Chicago, Illinois: The University of Chicago Press), 1-29.

Scribner Jay D. and Layton, Donald H.(eds.) (1995). *The study of educational politics*(PEA Yearbook1994). Washington, DC·London: The Falmer Press. 127-145.

Scribner Jay D. ed.(1977). *The politics of education*(The seventy-sixth yearbook of the National Society for the Study of Education). Illinois·Chicago: The University of Chicago Press.

Scribner, Jay D., Aleman, E., and Maxcy, B.(2003). Emergence of the politics of education field: making sense of the messy center. *Educational administration quarterly*. 39(1), 10-40.

Scribner, Jay D., Reyes, Pedro, and Fusarelli, Lance D.(1995). Educational politics and policy: and the games goes on. Scribner Jay D. and Layton, Donald H.(eds.). *The study of educational politics* (Washington, DC·London: The Falmer Press), 201-212.

Sergiovanni, T. J., Keller, P., McCarthy, M. M., and Wirt, F. M.(2004). *Educational governance and administration*(firth edition). Boston·New York: Pearson Education, Inc.

Shapiro, Jonathan Z. and Berkerly, Terry R.(1986). Communication: alternative perspective on policy analysis: a response to Douglas E. Mitchell's "educational policy analysis: the state of the art". *Educational administration quarterly*. 22(4), 80-90.

Spring, Joel(2010). *The politics of American education*. 정일환·김혜숙·이혜미 역.(2016). 미국 교육 정치학. 서울: 교육과학사.

Spring, Joel(2021). *Today's guide to educational policy*. New York and London: Routledge.

Stiglitz, Joseph E.(2012). *The price of inequality*, 이순희 역(2013). 불평등의 대가: 분열된 사회는 왜 위험한가. 파주: 열린책들.

Stout, Robert T., Tallerico, Marilyn, and Scribner, Kent Paredes(1995). Values: the 'what?' of the politics of education. Scribner Jay D. and Layton, Donald H.(eds.). *The study of educational politics*(PEA Yearbook 1994. Washington, DC·London: The Falmer Press), 5-20.

Taylor, Frederick Winslow(1911). *The principles of scientific management*. New York and London: Harper & Borthers Publishers.

Thomas, R. Murray(1983). The symbolic linking of politics and education. Thomas Murray R.(ed.), *Politics and education*(Oxford, New York, Toronto, Frankfurt: Pergamon Press), 1-30.

Thomson(1989). Commentary. Hannaway J. and Crowson R. (eds.). *The politics of reforming school administration: The 1988 yearbook of the politics of education association*(New York, London: The Family Press), 202-205.

Tienken, Christopher H. and Mullen, Carol A.(eds.).(2022)). *The risky business of education policy*. New York and London: Routledge.

Tyler, Willam(1988). *School organization: A sociological perspective*. 김형관·김용일 공역(1997). 학교조직론: 사회학적 접근. 서울: 양서원.

Waldo, Dwight(1966). *Perspectives on administration*(2nd edition). Alabama: University of Alabama Press.

Waldo, Dwight(1968). Public administration. *The journal of politics*. 30, 443-479.

Waldo, Dwight(1971). Some thoughts on alternatives, dilemmas, and paradoxes in a time of turblence. Waldo, Dwight (eds.). *Public administration in a time of turbulence*(San Francisco: Chandler Publishing Co.), 257-285.

Waldo, Dwight(1992). *The enterprise of public administration: a summary view*. 김영성·심재권 옮김(1997). 왈도의 행정학강의. 서울: 한울아카데미.

Whitty, Geoff(2002). *Making sense of education policy: studies in the sociology and politics of education*. 김달효 역(2012). 신자유주의 교육정책의 비판. 서울: 학지사.

Wilson, Woodrow(1887). The study of administration. *Political science quarterly*. 2(2), 197-222.

Wirt Frederck M. and Kirst Michael W.(1972). *Political and social foundations of education*. Berkeley, California: McCutchun Publishing Corporation.

Wirt, Frederick M.(1977a). Reassessment needs in the study of the politics of education. *Teachers college record*. 78(4), 403-406.

Wirt, Frederick M.(1977b). The uses of political science in the study of educational administration. Immegart, Glenn L. and Boyd, Willam Lowe (eds.). *Problem-finding in educational administration: trends in research and theory*(Lexington, Massachusetts, Toronto: LexingtonBooks), 133-154.

Wong, Kenneth K.(1995). The politics of education: from political science to multi-disciplinary inquiry. Scribner Jay D. and Layton, Donald H.(eds.). *The study of educational politics*(PEA Yearbook 1994, Washington, DC·London: The Falmer Press), 21-35.

Wong, Kenneth K.(2013). Politics and governance: evolving systems of school accountability. *Educational policy*. 27(2), 410-421.

Woods, Philip A.(2002). Space for idealism: politics and education in the United Kingdom. *Educational policy*. 16(1), 118-138.

찾아보기(인명)

찾아보기(용어)

삶의 행복을 꿈꾸는 교육은
어디에서 오는가?

● **교육혁명을 앞당기는 배움책 이야기** 혁신교육의 철학과 잉걸진 미래를 만나다!

● **비고츠키 선집** 발달과 협력의 교육학 어떻게 읽을 것인가?

혁신학교	성열관·이순철 지음 | 224쪽 | 값 12,000원
행복한 혁신학교 만들기	초등교육과정연구모임 지음 | 264쪽 | 값 13,000원
서울형 혁신학교 이야기	이부영 지음 | 320쪽 | 값 15,000원
혁신교육, 철학을 만나다	뤌렌트 데이비스·데니스 수마라 지음 | 현인철·서용선 옮김 | 304쪽 | 값 15,000
대한민국 교사, 어떻게 가르칠 것인가?	윤성관 지음 | 320쪽 | 값 15,000원
아이들을 어떻게 가르칠 것인가	사토 마나부 지음 | 박찬영 옮김 | 232쪽 | 값 13,000원
모두를 위한 국제이해교육	한국국제이해교육학회 지음 | 364쪽 | 값 16,000원
경쟁을 넘어 발달 교육으로	현광일 지음 | 288쪽 | 값 14,000원
혁신교육 존 듀이에게 묻다	서용선 지음 | 292쪽 | 값 16,000원
다시 읽는 조선교육사	이만규 지음 | 750쪽 | 값 37,000원
교실 속으로 간 이해중심 교육과정	온정덕 외 지음 | 224쪽 | 값 13,000원
대한민국 교육혁명	교육혁명공동행동 연구위원회 지음 | 224쪽 | 값 12,000원
포스트 코로나 시대의 교육	성열관 외 지음 | 224쪽 | 값 15,000원
내일 수업 어떻게 하지?	아이함께 지음 | 300쪽 | 값 15,000원
핀란드 교육의 기적	한넬레 니에미 외 엮음 | 장수명 외 옮김 | 456쪽 | 값 23,000원
한국 교육의 현실과 전망	심성보 지음 | 724쪽 | 값 35,000원
독일의 학교교육	정기섭 지음 | 536쪽 | 값 29,000원
교실 속으로 간 이해중심 통합교육과정	온정덕 외 지음 | 224쪽 | 값 15,000원
초등 백워드 교육과정 설계와 실천 이야기	김병일 외 지음 | 352쪽 | 값 19,000원
학습격차 해소를 위한 새로운 도전 보편적 학습설계 수업	조윤정 외 지음 | 240쪽 | 값 15,000원

● 경쟁과 차별을 넘어 평등과 협력으로 미래를 열어가는 교육 대전환! 혁신교육 현장 필독서

학교의 미래, 전문적 학습공동체로 열다	새로운학교네트워크·오윤주 외 지음 | 276쪽 | 값 16,000원
마을교육공동체 생태적 의미와 실천	김용련 지음 | 256쪽 | 값 15,000원
학교폭력, 멈춰!	문재현 외 지음 | 348쪽 | 값 15,000원
학교를 살리는 회복적 생활교육	김민자·이순영·정선영 지음 | 256쪽 | 값 15,000원
삶의 시간을 잇는 문화예술교육	고영직 지음 | 292쪽 | 값 16,000원
미래교육을 디자인하는 학교교육과정	박승열 외 지음 | 348쪽 | 값 18,000원
코로나 시대, 마을교육공동체운동과 생태적 교육학	심성보 지음 | 280쪽 | 값 17,000원

혐오, 교실에 들어오다	이혜정 외 지음 | 232쪽 | 값 15,000원
수업, 슬로리딩과 함께	박경숙 외 지음 | 268쪽 | 값 15,000원
물질과의 새로운 만남	베로니카 파치니-케쳐바우 외 지음 | 이연선 외 옮김 | 218쪽 | 값 15,000원
그림책으로 만나는 인권교육	강진미 외 지음 | 272쪽 | 값 18,000원
수업 고수들 수업·교육과정·평가를 말하다	박현숙 외 지음 | 368쪽 | 값 17,000원
아이들의 배움은 어떻게 깊어지는가	이시이 준지 지음 | 방지현·이창희 옮김 | 200쪽 | 값 11,000원
미래, 공생교육	김환희 지음 | 244쪽 | 값 15,000원
들뢰즈와 가타리를 통해 유아교육 읽기	리세롯 마리엣 올슨 지음 | 이연선 외 옮김 | 328쪽 | 값 17,000원
혁신고등학교, 무엇이 다른가?	김현자 외 지음 | 344쪽 | 값 18,000원
시민이 만드는 교육 대전환	심성보·김태정 지음 | 248쪽 | 값 15,000원
평화교육 과거, 현재 그리고 미래를 그리다	모니샤 바자즈 외 지음 | 권순정 외 옮김 | 268쪽 | 값 18,000원
마을교육공동체란 무엇인가?	서용선 외 지음 | 360쪽 | 값 17,000원
강화도의 기억을 걷다	최보길 지음 | 276쪽 | 값 14,000원
체육 교사, 수업을 말하다	전용진 지음 | 304쪽 | 값 15,000원
평화의 교육과정 섬김의 리더십	이준원·이형빈 지음 | 292쪽 | 값 16,000원
마을로 걸어간 교사들, 마을교육과정을 그리다	백윤애 외 지음 | 336쪽 | 값 16,000원
혁신교육지구와 마을교육공동체는 어떻게 만들어지는가?	김태정 지음 | 376쪽 | 값 18,000원
서울대 10개 만들기	김종영 지음 | 348쪽 | 값 18,000원
선생님, 통일이 뭐예요?	정경호 지음 | 252쪽 | 값 13,000원
함께 배움 학생 주도 배움 중심 수업 이렇게 한다	니시카와 준 지음 | 백경석 옮김 | 280쪽 | 값 15,000원
다정한 교실에서 20,000시간	강정희 지음 | 296쪽 | 값 16,000원
즐거운 세계사 수업	김은석 지음 | 328쪽 | 값 13,000원
학교를 개선하는 교장 지속가능한 학교 혁신을 위한 실천 전략	마이클 풀란 지음 | 서동연·정효준 옮김 | 216쪽 | 값 13,000원
선생님, 민주시민교육이 뭐예요?	염경미 지음 | 244쪽 | 값 15,000원
교육혁신의 시대 배움의 공간을 상상하다	함영기 외 지음 | 264쪽 | 값 17,000원
도덕 수업, 책으로 묻고 윤리로 답하다	울산도덕교사모임 지음 | 320쪽 | 값 15,000원
교육과 민주주의	필라르 오카디즈 외 지음 | 유성상 옮김 | 420쪽 | 값 25,000원
교육회복과 적극적 시민교육	강순원 지음 | 228쪽 | 값 15,000원
비판적 미디어 리터러시 가이드	더글러스 켈너·제프 셰어 지음 | 여은호·원숙경 옮김 | 252쪽 | 값 18,000원
지속가능한 마을, 교육, 공동체를 위하여	강영택 지음 | 328쪽 | 값 18,000원